新编

新编高职高专旅游管理类专业规划教材

谢彦君　总主编

JIUDIAN SHICHANG YINGXIAO GUANLI

酒店市场营销管理

（第2版）

石增业　主　编

尹　萍　张　朋　王磊磊　副主编

康传德　纪志华　参　编

北京·旅游教育出版社

责任编辑:郭珍宏

图书在版编目(CIP)数据

酒店市场营销管理/石增业主编. —北京:旅游教育出版社,2012.5(2015.2)
新编高职高专旅游管理类专业规划教材
ISBN 978-7-5637-2392-8

Ⅰ.①酒…　Ⅱ.①石…　Ⅲ.①饭店—市场营销学　Ⅳ.①F719.2

中国版本图书馆 CIP 数据核字(2012)第 067585 号

新编高职高专旅游管理类专业规划教材
谢彦君　总主编
酒店市场营销管理
(第 2 版)
石增业　主编
尹萍　张朋　王磊磊　副主编
康传德　纪志华　参编

出版单位	旅游教育出版社
地　　址	北京市朝阳区定福庄南里 1 号
邮　　编	100024
发行电话	(010)65778403　65728372　65767462(传真)
本社网址	www.tepcb.com
本社网址	www.tepcb.com
E-mail	tepfx@163.com
印刷单位	河北省三河市灵山红旗印刷厂
经销单位	新华书店
开　　本	787 毫米×960 毫米　1/16
印　　张	16.25
字　　数	290 千字
版　　次	2015 年 2 月第 2 版
印　　次	2015 年 2 月第 1 次印刷
定　　价	33.00 元

(图书如有装订差错请与发行部联系)

新编高职高专旅游管理类专业规划教材编委会

总序

经过将近三年的策划与组织，旅游教育出版社的"新编高职高专旅游管理类专业规划教材"终于要整体付梓印行了。本套丛书不管是在编写宗旨的确立还是在撰著者的遴选方面，都经历了一个较为严谨而细致的过程，这也为保证丛书的质量奠定了一个良好的基础。

中国的高等旅游教育和旅游产业发展，已经度过了三十多个春秋。从20世纪70年代末的筚路蓝缕到今天已蔚为大观的局面，这当中包含了几代学人和业者共同努力、共同创业的艰辛。在今天看来，尽管在这个知识和行业共同体中曾经并依然存在着观点、思想和认识上的碰撞和摩擦，但一路前行的步伐却始终没有停止过。这也是中国旅游教育界、旅游产业界呈现于世人的最令人鼓舞的风貌和景观。

在整个高等旅游教育体系中，职业教育的发展，只是在最近的十几年中才真正被政府纳入到大力发展的战略框架当中，并在今天形成了占据旅游高等教育半壁江山的势头。如果站在整个旅游高等教育的视野来审视旅游职业教育和普通教育在整个旅游高等教育中的局面，大家会有一个基本的共识：旅游高等职业教育在人才培养方面，无疑更加体现了专业细分、供需对接、学为所用的人才培养效率和效果，并不像旅游本科教育那样，每年的毕业生有70%以上流入其他行业或领域，从而造成社会教育资源的极大浪费。这个问题学界多有认识、阐述和呼吁，并一致认为，其根源在一定程度上是由本科专业目录管理过于僵化的行政机制所造成。值得欣慰的是，最新的本科专业目录调整方案中，已经增设了饭店管理专业，这一举措借鉴了旅游专业高等职业教育按照旅游大类进行专业细化的成功方面，进一步昭示了旅游大类下设专业(二级学科)进一步有限度细化的趋势。

不过，尽管旅游专业的高等职业教育有其成功的地方，但也不是没有问题。在专业格局有了科学摆布的前提下，人才培养的质量就取决于具体的人才培养方案了。在这当中，各个学校所拥有的教学资源、师资队伍、教材、教学法等方面的准备，就成为关键的教育因素。如果仔细盘点目前我国旅游专业高等职业教育在这一方面的家底，其实还很不容乐观。在我看来，由于我们对职业教育在认识上还不够成熟，准备上还不够充分，操作上还有待完善，加之旅游职业教育向来多以接待服务为教育的主体内容，缺乏硬技术、高门槛，因此，中国的旅游职业教育，依然显得离岗位培训距离不远、差异不大。在知识体系和职业技能的衔接方面，始终没有找到最好的途径和策略。因此，旅游职业教育在培养人的职业深度发展空间方面，始终有浅薄无力的缺欠。这是一个需要警觉，同时也是一个需要时间才能加以解决的问题。

旅游教育出版社在策划本套丛书的初期，就曾意识到这个问题，并有努力解决这一问题的想法。在本套丛书的书目确定、作者遴选、写作宗旨的厘定等方面，都试图对上述问题作出回应。从各位作者所做的努力来看，本套丛书还是在一定程度上解决了这个问题。整套丛书中，不乏在这方面做得很好的，也有在其他方面展现了充分特色的著作。因此，希望本套丛书的面世能够给旅游职业教育提供一套比较适用的教材资源。

本套丛书的作者都来自职业教育工作的教学与科研第一线，他们在各自所长的学科领域也都多有建树。作为本丛书的主编，我十分感谢他们在编写过程中所作出的巨大努力以及展现出来的合作与奉献精神。

由于水平所限，加之本人对旅游职业教育的理解缺乏深度，因此，本套丛书还是会存在总体架构、基本思想和具体编写工作方面的诸多不足甚至错谬。希望广大读者和其他人士对本书的缺欠不吝赐教，以图再版时予以修正，避免贻误学生。

是为序。

谢彦君

2011 年 7 月 22 日于灵水湖畔

第2版前言

《酒店市场营销管理》从编写到出版使用,已历时近3年,本书的整个编写过程非常严谨和细致,遴选了青岛酒店管理职业技术学院优秀的师资力量,强调理论与实际的紧密结合,所有编写人员均有丰富的行业和课堂教学经验,本书在使用中也获得了相关院校和社会的良好评价。

2014年本书进行了修订,酒店行业的发展日新月异,信息技术与互联网的发展和应用给酒店营销实践带来了一系列的冲击和变革。在网络环境下,顾客购买方式、酒店销售模式更加变幻莫测,出现了许多不同以往的营销新方式、新技术、新方法和新动向,这也给整本书的编写带来了极大的挑战,营销环境的变革、网络技术的应用,都要求酒店以营销创新来应对,营销创新要求酒店从营销理念、营销程序、营销组织、营销技术、营销流程、营销模式等多层面着手。事实上,国外酒店在营销模式的创新方面已经取得进展,如网络营销、病毒营销、口碑营销、定制营销、整合营销传播、一对一营销、交叉销售、数据库营销、客户价值分析、客户关系管理、供应链管理等新概念、新手段的采用,都为酒店适应网络经济的新环境、提升核心竞争力奠定了坚实基础。

对《酒店市场营销管理》进行修订,迫使我们要努力有所创新、有所进步、有所发展,尽力为读者创造更多的学习价值,所有这些都应及时体现在教材中,反映在课堂上,给学生以新的理论、新的案例、新的数据和新的启发。

修订后的第2版,继续保持了第1版的如下特点:

1. 系统性

由浅入深,分量适中,结构合理,全面系统地介绍市场营销的基本概念、理论和方法等。

2. 科学性

运用定性与定量相结合的方法,准确地阐述市场营销原理,充分体现市场营销学科的科学性。尤其是在定价理论、营销调研、需求预测等问题的论述上,尽量运用数量方法加以分析、说明。

3. **前瞻性**

阐述市场营销学的最新理论及其发展,充分考虑到21世纪市场营销环境的新发展,超前预测到信息化社会给市场营销带来的新机会和新挑战。

4. **实践性**

面对中国酒店市场营销管理的现实,借助一些权威观点、见解,论述市场营销的基本概念、原理和方法,使学生容易掌握、消化、吸收和应用。

全书共十章,分别介绍了酒店营销环境、酒店营销信息系统、产品策略、酒店市场定位、酒店定价策略、酒店销售渠道等内容,另外还介绍了酒店市场营销的一些新理念。为了方便教学,每章都配有与本章内容密切相关的案例导入,并在正文中穿插了案例分享、拓展知识等,这些是章节内容的补充与延伸。本书编写工作分工如下:石增业、尹萍负责全书框架设计、拟定编写大纲和组织稿件,尹萍负责书稿总纂,尹萍、王磊磊、张朋、康传德、纪志华负责本书的主要编写工作。其中,尹萍负责第四章、第十章的编写;王磊磊负责第一章、第二章、第三章、第九章的编写;张朋负责第五章、第七章的编写;康传德负责第八章的编写;纪志华负责第六章的编写。

修订后的第2版充分体现了市场营销学实践性强的特点,突出案例描述与讨论,反映国内外市场营销研究的最新发展,并且试图通过市场营销的最新研究成果来指明学科发展的基本方向和研究重点。

编者

2015年1月1日

目录

第一章 酒店市场营销概述

引 言

酒店市场营销是酒店经营管理极为重要的组成部分。酒店市场营销的理论和方法对酒店在竞争激烈的市场中,认识经营环境、分析市场、选择目标市场、制定经营策略、提高酒店经营管理水平,使酒店在竞争中立于不败之地,能起到关键性作用。而作为酒店市场营销这一经营管理活动的实施者——酒店营销人员,只有全面了解营销管理,并持有正确的营销观念开展营销活动、通过不断学习武装自己以提高自身各方面的素质和能力、具有一定的法律意识并遵守相应的职业道德规范,才能在酒店营销大军中站稳脚跟。

教学目标

● 知识目标

掌握酒店市场营销的含义。

了解营销观念的演变与发展。

● 能力目标

理解酒店市场营销管理的功能。

了解酒店市场营销的发展趋势。

● 素质目标

掌握酒店营销人员所应具备的素质。

案例导入

卡尔·阿尔布雷克特和罗詹姆克合著的《为美国服务》一书是向美国介绍服务管理的最畅销书籍。这本书提出了服务三角形模型,其组成部分是顾客、服务策略、职员和系统。模型中心部分是顾客,书中鲜明地提出了现代服务管理必须以顾客为中心，以满足顾客需求为首要任务，全心全意为顾客提供服务。希尔顿集团将这本书作为管理人员必读书，并把它作为服务宗旨向全员灌输。位于美国俄亥俄州卡顿市的希尔顿酒店的每间客房里都有一张《致顾客》的卡片，上面写道："希尔顿酒店是为顾客服务的有感情的组织，而不是赚钱的机器。希望这儿成为您的第二个家，希望那些您爱的人梦里或头脑中和您在一起，也许我们不能相识，但希望您像在家里一样舒适、愉快。也许是工作把您带到这里，希望您一切顺利，如果您将离开，那祝福您一路平安。我们每个人都是人生的旅行者，从出生走向人生终点。希望您在每一个驿站都生活得充实、有益于社会并与那些深爱您的人一同分享。"这封短信文采飞扬，感情真挚，极富感染力。在希尔顿酒店看来，每一位顾客在生活的每一个驿站，都有得到家庭般温暖的愿望，酒店要把顾客看作是自己的家庭成员一样给予关心和爱护，这是赢得顾客的关键。正是这一深入顾客心理深层次的服务，使得希尔顿酒店生意兴隆，并与众不同。要做到把顾客当作家人，仅仅强调文明、礼貌服务显然是不够的。只有每一位员工都把顾客装在心里，才能做到微笑时亲切、自然，对客人提出的每一个问题都能给予最大的帮助，尽量为顾客提供超值服务，如记住顾客的生日，发现他们的难处并给他们带来意外的快乐等。有了这些，顾客每到这个城市，就会自然而然地感觉到像回家一样。

（资料来源：品质旅游的内涵及未来发展探析. http://www.14edu.com.）

思考：你对酒店市场营销了解多少？在上文的案例中，希尔顿酒店的营销理念是什么？你还了解其他酒店比较有特色的营销理念吗？

第一节　酒店市场营销概念

市场营销，是指企业在市场环境中从事的一种经营活动，是在市场营销观念指导下产生的一种现代企业行为。对于这种行为活动的确切含义，国外市场学界做过多种不同的解释和表述。这些论述反映了不同时期人们对市场营销的认识及其发展过程。

早期的认识是比较肤浅的，正如美国市场学家史丹顿所指出的："一个推销员或销售经理谈到市场营销，他真正讲到的可能是销售；一个广告客户业务员所说的市场营销，可能就是广告活动；百货公司部门经理谈到的可能是零售商品计划。"显然，在上述片面认识的基础上，很难形成较为完整的市场营销定义。

1960年，美国市场营销协会（AMA）定义委员会给市场营销下过如下定义：市场营销是引导产品及劳务从生产者到达消费者或使用者手中的一切企业经营活动。这一定义以产品制成后作为市场营销的起点，以送达消费者手中为终点，把市场营销仅仅看作是沟通生产环节与消费环节的商业活动过程，因而也存在明显的局限性。

英国市场学协会曾指出:一个企业如果要生存、发展和赢利,就必须有意识地根据用户和消费者的需要来安排生产。这一论述把市场营销与生产经营决策直接联系起来,比以往的认识有了明显的突破。

日本有关学者认为:市场营销是在满足消费者利益的基础上,适应市场的需要而提供商品和服务的整个企业活动。美国市场营销学家菲利普·科特勒教授则进一步指出:市场营销是个人和集体通过创造,提供出售,并同别人交换产品和价值,以满足其需要和欲望的社会过程和管理过程。上述定义从活动基础和最终目的层面对市场营销的含义做了更深刻的揭示。

美国哈佛大学教授马尔康·麦克纳尔提出了独到的见解:市场营销是为社会创造和传递新的生活标准。这一定义从社会功效的角度表达了市场营销活动的深层内涵和追求的理想境界。

市场营销的含义不是固定不变的,它随着企业市场营销实践的发展而发展。美国市场营销协会(AMA)1985 年将其定义为:市场营销是关于构思、货物和服务的设计、定价、促销和分销的规划与实施过程,目的是创造能实现个人和组织目标的交换。在交换双方中,如果一方比另一方更主动、更积极地寻求交换,则前者称为市场营销者,后者称为潜在顾客。

由以上列举的定义可以看到,随着社会经济的发展和人类认识的深化,市场营销的内涵和外延已经极大地丰富和扩展,其过程向前延伸到生产领域和产前的各种活动,向后延伸到流通过程结束后的消费过程;其内容扩大到市场调研、市场细分、产品开发、制定价格、选择分销渠道、广告、促销、售后服务、信息反馈等诸多方面;其目的上升为保证消费者的需要得到全部和真正满足,并为社会创造更高的生活标准;其运行表现为在现代市场营销观念指导下有计划、有组织地自觉加以调节和控制的理性活动。

根据现代市场营销的发展,给出如下酒店市场营销的定义:酒店市场营销是酒店在变化的市场环境中,为满足顾客需求和实现酒店目标,综合运用各种营销手段,把酒店产品和服务整体地销售给顾客的一系列市场经营活动与过程。由此可以看出,酒店市场营销具有下列要点:

一、酒店市场营销是包括酒店营销战略决策、生产、销售等阶段在内的总循环过程

第一阶段——营销战略决策。主要是解决制定或调整经营方向、进行经营规模的合理优化、选择有利的经营时机、评价营销战略方案的经济效益等重大战略问题。营销战略决定着酒店市场营销活动的方向和效果。为保证战略决策的科学和正确,必须进行科学的市场调查和预测,在市场细分的基础上选定目标市场,根据

目标市场的需求决定酒店的经营方向和经营规模，制订相应的营销战略方案。因此，顾客需求是酒店开展营销活动的起点和制定营销战略的根本依据。

第二阶段——生产阶段的营销活动。此阶段主要的营销活动在生产领域进行，重点是根据市场分析与预测的结果，确定酒店产品品种组合决策，制订酒店新产品开发计划，注重酒店生产和经营的数量、质量、品牌、形象等方面的设计与实施。同时加强生产过程中的各项管理，降低成本和经营费用，为提高酒店的市场竞争力和酒店经济效益奠定坚实基础。

第三阶段——销售阶段。主要在销售领域完成，同时向消费领域延伸。在激烈竞争的市场环境中，产品能否销售出去，直接决定酒店营销活动的成效与经济效益。为此，在这一阶段需要综合运用价格、促销、渠道、广告、服务等各种营销手段和策略，在全面满足顾客需求的基础上，促成酒店产品和服务的最终销售。

以上三个阶段在时间上继起，在空间上并存，既紧密联系，又相互制约，从而实现和保证营销过程的循环往复，连续不断。

二、酒店市场营销是以顾客需求为基础和中心的酒店经营行为

与传统的经营活动相比，现代市场营销的一个显著特点是以顾客需求为中心，需求成为左右酒店一切生产经营活动的出发点。酒店市场营销活动是以营利为基本目标的，但这一目标的实现，必须以满足顾客需求为基础，获取利润的手段必须有利于顾客消费需求的满足。因此，在营销活动中，酒店追求的首先是产品或服务满足顾客的消费需求，然后根据需求的被满足程度来确定酒店的赢利。

事实上，满足需求与获取赢利并非相互对立，而是彼此依存、相辅相成的。顾客需求被满足的程度越高，酒店的赢利随之越多。基于上述认识，酒店在市场营销中，无论从事市场调研、产品开发或是制定价格、广告宣传都强调以酒店顾客的需求为出发点，不仅满足已有的现实需求，还要激发、转化各种潜在需求，进而引导和创造新的需求；不仅满足顾客的近期、个别需求，还要顾及广阔的长远需求，维护社会公众的整体利益。

三、酒店市场营销是以整体营销组合作为运行手段和方法的有机系统

在传统的经营活动中，酒店往往集中运用一种或几种经营手段达成预定目标。例如，仅借助产品本身来扩大市场，只依靠推销手段来促进销售。与传统方式不同，市场营销不主张采用单一手段从事经营活动，而认为应在产品设计、品牌形象、商标、定价、财务、销售、服务、公关、分销渠道等各个环节和方面都要制定相应的营销策略，以综合性的策略组合进行整体营销，这些策略和手段又归结为几个方面，即产品策略、定价策略、分销渠道策略、促销策略，以及近年来迅速发展的公共关系

策略、财务控制策略、服务营销策略、信息化营销策略等，整体营销组合即由这些策略结合而成。

不仅如此，在每种策略中又包含了一系列具体手段，如产品策略中包含产品组合、产品生命周期、新产品开发等手段；定价策略中包含成本核算、价格构成、定价技巧等手段；分销渠道策略中包含销售地点、销售渠道等手段；促销策略中包含广告、人员推销、营业推广等手段；公共关系策略中包含政府关系、新闻界关系、社区关系、顾客关系、经销商关系等，这些具体手段又构成该策略的下一层次的组合。整体营销组合与各个策略组合相互联系，共同作用，构成市场营销手段和方法的完整系统。

第二节　酒店市场营销人员的基本素质

酒店营销人员首先是一个市场营销人员，应该具备一名市场营销人员的基本素质，究竟一个合格的营销人员需要具备哪些基本素质呢？一般而言，正确的营销理念、一定的营销特质、专业知识和能力以及相应的个人特质是成为一名合格营销人员的基本要求，此外，作为一名酒店行业的营销人员，还应符合酒店行业的一些特殊的要求。总的来说，一名合格的酒店营销人员应具备以下基本素质：

一、拥有正确的酒店营销观念

（一）营销观念的演变与发展

与一般的市场营销一样，酒店营销观念的演变大致经历了五个阶段：生产导向；产品导向；销售导向；营销导向；社会营销导向。

1. 生产导向阶段

在生产导向阶段，酒店以生产观念作为经营指导思想。生产观念是指酒店所有的经营活动都围绕生产而进行，强调酒店产品的生产，至于顾客的需求则无暇顾及。简言之，生产观念就是一种“我生产什么，就卖什么”的观念。

2. 产品导向阶段

产品导向观念也是一种古老的经营思想，与生产观念并行。这种经营思想看重产品，认为只要产品好，质高价廉，又有特色，就一定可以售得出，不需要考虑推销等活动。如果说生产观念重生产量，只想“以量取胜”，那么产品观念则是强调“以质取胜”。这种观念显然使市场上的同类产品有了竞争，想以自己优质的、有特色的产品取得优势，较生产观念前进了一小步。然而，若是永远迷恋自己产品的优良品质，看不到市场的动态变化，就会使产品得不到新的开发，终究会使自己陷于困境。商品只是经久耐用、货真价实，并不会永久畅销。酒店经营只顾客房整洁，餐食质量，不研究日新月异的市场变化，不研究消费者不断变化的需求，终究要走向失败之路。

3. 销售导向阶段

随着旅游业的不断发展，酒店业也因此得到高速发展，各地建了许多酒店，酒店开始面临竞争局面。市场形态开始发生转化，由原来的卖方市场向买方市场转化。旅游者的可任意支配收入和余暇时间也有很大的增加，他们对酒店产品的需求也发生了一定的改变，旅游者开始有了选择酒店的机会。形势变化，迫使酒店经营者不能守在酒店，等待顾客上门登记，而是采取积极主动的推销手段来招徕客人。酒店的工作重点开始从产品生产向产品销售转化，进入了以销售为导向的经营阶段。

在销售导向阶段，酒店以销售观念（或推销观念）作为经营指导思想。销售观念也就是一种"我卖什么，你就买什么"的观念。在这种观念的指导下，酒店纷纷组织销售队伍，使用各种强有力的推销手段特别是广告和价格手段进行酒店产品的销售。

销售观念强调采用大众销售渠道的销售，强调酒店推销工作，强调将酒店已经生产好的产品推销出去。虽然，这种观念对酒店产品的销售和酒店经营起到很大的作用，但这种观念与生产观念、产品观念一样忽略了市场需求的变化，都是以产品的生产为导向的，都未超出"以产定销"的经营思想范围。

4. 营销导向阶段

营销导向，也可称为顾客导向，是指所有的营销都必须围绕着顾客需求进行，以顾客为中心。

目前，国际上发生了各种社会经济的变革，各国之间政治、经济往来日益频繁，旅游活动越来越普及，大众化旅游产生，促使酒店业的需求类型增多、数量增加。多种类型的酒店，如豪华宾馆、度假村、经济型酒店、全套间酒店等建造起来，分别去迎合各种不同类型的顾客需求。顾客选择酒店的机会越来越多，顾客的需求也日益复杂。在这种市场环境下，酒店单纯地从自己获利的需要出发去大力推销产品的想法，已不能适应形势了。从长远观点来看，这样的酒店产品会逐渐地不适应市场的需要。为了使酒店产品能较持久地适应市场需要，酒店经营者必须以营销观念作为经营指导思想，根据顾客的需求，系统地研究酒店整体营销活动和营销计划，使酒店的产品、价格等都适应顾客的需求。营销观念要求酒店与市场不断相互进行信息交流，并根据市场新的需求去改善酒店的产品。它还要求酒店进行市场细分，寻找目标市场，针对目标市场中顾客的需求来确定酒店营销计划和策略。酒店通过其产品为一个或几个目标市场服务，而不是没有目标地招徕顾客。这一阶段的核心观念是"顾客需要什么就生产什么、销售什么"，企业的经营思想开始发生从"以产定销"到"以销定产、适销对路、产销结合"的根本性转变。

从20世纪70年代起,世界上许多酒店经营者纷纷以营销观念作为酒店的经营指导思想。在这种新型的经营思想指导下,经营者改变了传统的经营方式和经营态度,并对酒店的组织机构做重大调整。随着新的经营思想和经营方式得到应用,酒店经营也就从销售导向阶段向营销导向阶段转化,这是酒店经营史上的一次伟大变革。

5. 社会营销导向阶段

社会营销导向的观念是在20世纪70年代出现的。人口无计划生育,资源过分利用,生态环境恶化,使人们越来越清楚地认识到环境与资源保护的重要性。社会营销导向主要是在这种背景下提出的。这一观念认为,置身于社会整体中的酒店和别的任何企业一样,不能独立地追求一己的利益,而必须使自己的行为符合整个社会与经济发展的需要,力求在创造酒店或企业的经济效益的同时,能为整个社会发展作出贡献,创造社会效益。一些国际连锁酒店在这方面已经开始作出值得赞赏的努力。如为了节约纸张从而减少森林砍伐,它们提供的卫生纸是再生纸做的;办公室的一些非正式文件使用电传纸的反面;在客房里放置小册子,宣传保护环境与资源的日常方法;组织员工参加植树活动等。世界旅游组织也鼓励酒店业参与环境保护,曾在1990年表彰了在这方面作出成绩的美国华美达酒店集团。

从整体而言,世界酒店业已经广泛地接受了营销导向和社会营销导向这两种比前三种更先进、更科学的营销观念。我国一些管理出色的酒店或酒店集团也实施了营销导向或社会营销导向,并取得了一定成绩。

（二）正确的酒店市场营销观念

1. 以顾客为导向

这是指酒店所有营销活动都必须围绕顾客而展开,即以顾客为中心。它要求酒店首先要对市场需求进行调研,选择合适的目标市场,了解这些目标市场中顾客的需要,然后根据他们的需求来设计和提供产品和服务。另外,还要尽可能充分地利用酒店营销渠道成员如旅行社等,保证顾客方便地预订酒店产品。

2. 不断地使顾客满意

酒店顾客的需求会随着时代的不同而发生变化,当酒店原有的产品和服务不能满足顾客变化的需求,就要求酒店根据顾客需求的变化来改进和更新酒店的设施,完善酒店的服务。酒店的生存、经营的成败取决于顾客。如果顾客的需求已经变化,而酒店产品不变,顾客就不会喜欢你的产品,也不会来购买,酒店经营就会失败。因此,酒店营销人员要不断地研究顾客的需求,随着顾客需求的变化而改进酒店设施和服务。

3. 实现酒店营销目标

酒店营销观念强调在使顾客满意的前提下,实现酒店营销目标。假如酒店只注重满足顾客的需求，而不同时考虑酒店自身营销目标的实现，那么，这样的酒店是不会长期生存下去的。酒店利润增长、市场占有率提高、销售量增加等都是营销目标，酒店必须通过顾客的满意来实现这些营销目标。酒店既要重视顾客需求的满足，又要强调自己营销目标的实现，两者不可分割开来，要做到使顾客满意，酒店受益。

二、具备一定的营销特质

市场营销就是一种创造价值的交易，它销售着产品的同时，也在销售着服务，在市场越来越细分化，竞争越来越加剧的今天，如何使企业的产品和服务让消费者接受和认可，除了正确的营销战略外，市场一线营销人员对企业营销战略和战术的理解和发挥，也就是市场营销艺术特质，此时就起了重要作用。

（一）具有营销灵敏性

有人说市场营销在美国及西方国家是80%的制度加20%的艺术，而在中国是80%的艺术加20%的制度，这个观点有一定的道理。中国的企业现在虽然逐步引进国外先进的市场营销经验，注重制度化的建立，但是由于中国与西方拥有不同的文化背景，因此假如过分注重制度化的建立而忽视市场营销的艺术行为，必然会与消费市场脱节。

灵敏性是指敏锐的观察能力，是市场营销艺术的基础。一个具有灵敏悟性的营销人员，他的销售行动并不是呆板地执行公司的营销计划，而是创造性调整计划以满足客户的需要，从而达成营销的目的。在此过程中，具有说服力的口才虽然可以配合自己的成功，但是假如没有灵敏地感受到顾客的反应，而只是口若悬河，没有进行必要的合理的沟通，就达不到预期的营销效果。而假如你能很成功地猜测出你的目标客户的所思所想，并能得出一个行之有效的诱导方法使目标客户达到自己想达到的期望，便能很好地维持客户关系。可见灵敏性特质是市场营销人员必须具备的特质之一。

（二）自我驱动力

营销人员必须具有的第二个营销特质就是自我驱动力，其实驱动力是建立在自信心的基础上的一种自我达成的成功精神。他必须有一种强烈的成功欲望，而这种欲望同时需要物质和精神的激励。假如一个营销人员没有足够的自信心和强烈的成功欲望，只是为了物质上的需求，则当他达到一定的营销业绩时，必然会失去以往的冲劲，达到了自己的销售曲线的高峰期就停滞不前，失去对市场的责任感，而沾沾自喜于过去的成就中，不再耐心地去维护市场。

而具有自我驱动力的营销人员，将成功作为一种自我满足的方式，就像一个竞技场上的竞技者，他的主要目的就是为了发挥自身的潜能，对于市场上的任何困难，都会想尽办法克服，积极主动地开拓市场，金钱是外在驱动力的一部分，而成功的欲望则是自我驱动力的核心。在营销人员自我驱动力这一营销特质发挥作用过程中，外在的精神激励及更大的物质激励起到重要作用。

（三）一定的个人特质

作为一名合格的营销人员，除了具备以上两种营销特质外，一般情况下，还需要一定的个人特质，如外向开朗、善于交际、头脑灵活、伶牙俐齿、能说会道、谈吐不凡等。此外，圆滑的社交能力、自信心和决心、对工作的责任心等也是成功营销的关键因素。

总之，要想成为一名成功的营销人员，除了与生俱来的一些性格特质外，还需要不断充实、磨炼自己，提高自身的综合素质，才能在营销大军中站稳脚跟。

三、掌握营销工作需要的相关知识

（一）一定的营销管理知识

作为一名专业营销人员，即使是基层的员工，也要掌握一定的营销管理知识，才能为工作的开展铺平道路。这些知识包括基本的营销理论，酒店市场营销管理的主要内容等。

1. 酒店营销组合理论——4P 理论

美国市场营销学家麦卡锡教授把各种市场营销要素归纳为四大类，即产品（Product）、价格（Price）、渠道（Place）和促销（Promotion），这几个词的英文首字母都是 P，故简称 4P。市场营销学主要以 4P 理论为核心，许多基本原理和内容都是围绕着这 4 个营销要素展开的。

产品策略是企业为了在激烈的市场竞争中获得优势，在生产、销售产品时所运用的一系列措施和手段，包括产品定位、产品组合策略、产品差异化策略、新产品开发策略、品牌策略以及产品的生命周期运用策略。

价格策略包括确定定价目标、制定产品价格原则与技巧等内容，其影响因素包括营销渠道、区域分布、中间商类型、运输方式和存储条件等。

渠道策略主要研究使商品顺利到达消费者手中的途径和方式等方面的策略，包括付款方式、信用条件、基本价格、折扣、批发价和零售价等。

促销策略是指主要研究如何促进顾客购买商品以实现扩大销售的策略广告、人员推销、宣传、营业推广和公共关系等。

此外，必须指出的是，市场营销组合不是固定不变的静态组合，而是经常变化的动态组合。企业应善于动态地利用可以控制的市场营销因素，制定市场营销组合策略，以适应外部不可控因素的变化，在市场上争取主动，从而提高市场竞争力，使企业能更好地生存和发展。

还要注意营销组合要适合企业特定的目标顾客群，要适合酒店自身的特点，即企业组织的人、文化、财力和生产能力等。

上述四个方面的策略组合起来总称为营销组合策略。市场营销组合策略的基本思想在于从制定产品策略方面入手，同时制定价格、促销及营销渠道策略，组合成策略总体，以便达到以合适的商品、合适的价格、合适的促销方式把产品送到合适地点的目的。

2. 酒店市场营销管理的主要内容

酒店市场营销管理是一项科学管理活动，作为一名营销人员，应该熟悉酒店营销管理的内容，大体可以归纳为三个部分：酒店环境与市场分析，酒店营销活动、营销战略与策略研究，酒店营销计划、组织与控制。

酒店环境与市场分析着重研究酒店与市场的关系，分析影响和制约酒店营销活动的社会、经济、文化等各种环境因素，分析酒店顾客的特征和购买行为，如顾客的社会文化背景、价值观念、宗教信仰、年龄特点、职业、收入、消费水平、购买习惯及偏好等，进而提出酒店市场细分和选择目标市场的理论和方法，并就市场调查和市场预测的方法作出介绍。

酒店营销活动、营销战略与策略研究是酒店市场营销学的核心内容，主要研究为满足顾客的需求和实现酒店的经营目标，酒店怎样运用各种营销手段，采用何种营销战略和市场营销组合。

酒店营销计划、组织与控制的研究，主要阐述了酒店为保证营销活动的成功而应在计划、组织、控制等方面采取的措施与方法。

（二）其他方面的知识

1. 全面了解酒店产品知识

作为酒店的营销人员，应该全面了解所在酒店的产品和服务，尤其是所负责的产品类别的专业知识(一般酒店的营销人员会专门负责不同的产品，如宴会销售、客房销售、贵宾卡销售等)，只有这样，才能向客户全面地介绍酒店产品，开展营销工作。

2. 相关的法律知识和职业道德规范

营销人员在工作期间应有一定的法律意识、遵守一定的职业道德规范。

(1)避免商业诽谤。在拜访顾客时，营销人员有时会被问及有关竞争者的问题，营销人员极有可能会贬低竞争者，从而使自己可能面临更大的信用风险。老顾客已经决定购买竞争者的产品，对竞争者进行贬损，必然会引起顾客反感。

商业诽谤主要包括：

口头中伤，指口头向第三者(如顾客)进行有竞争的不公正或不符合事实的陈述，即对竞争者的商誉或个人名誉的损害。

书面诽谤，指在与顾客的书面文字交流中出现的对竞争者不公正或不符合事实的陈述，包括给顾客的信件、销售文字资料、广告或公司手册。

产品贬损，指对竞争者的产品或服务进行不切实际或欺骗性的比较和歪曲性的评论。

不公平竞争，营销人员进行产品介绍时对竞争者的产品的性能或质量作出的不当的表述。

(2)如实描述酒店产品。营销人员在向客户介绍产品时，如果陈述不当，就有可能卷入法律纠纷。所以要尽量如实陈述产品和服务的情况。但可以运用一定的营销技巧对自己的产品进行"推销"，即所谓"营销中的吹嘘"。

四、职业化的仪容仪表

恰当的装束给人以美感，而作为一名酒店营销人员，仪容仪表更显重要。在与客户洽谈时，一身行头必须能够代表所在酒店，包括职业装(一般是酒店工装，有时根据需要可穿着恰当的职业装)、标明身份的胸牌(往往最低级别是服务经理，以显示酒店对洽谈客户的重视程度)、带有酒店标志的办公用具(有些酒店可能忽视这一点，例如拿普通的签字笔和纸张与客户交流，给对方留下不够专业的印象，从而影响了业务的开展)等。

恰当的谈吐能够很好传递酒店的信息。酒店营销人员在接洽客户时，除了注意待人接物的基本礼仪礼貌之外，还要特别注意职业化的语言表达和优雅的谈吐，反映酒店职业化程度的同时，也能传递酒店的独特文化魅力。

第三节　酒店市场营销管理的功能

一、市场营销的功能

市场营销作为一种活动，有以下四项基本功能：

(一)发现和了解顾客的需求

现代市场营销观念强调市场营销应以顾客为中心，酒店也只有通过满足顾客的需求才可能实现酒店的目标。因此，发现和了解顾客的需求是酒店市场营销的首要功能。

(二)指导酒店进行决策

酒店决策正确与否是其成败的关键，酒店要谋得生存和发展，就要重视做好经营决策。酒店通过市场营销活动，分析外部环境的动向，了解顾客的需求和欲望，了解竞争者的现状和发展趋势，结合自身的资源条件，指导酒店在产品、定价、分销、促销和服务等方面做出相应的、科学的决策。

（三）开拓市场

酒店市场营销活动的另一个功能就是通过对顾客现在需求和潜在需求的调查、了解与分析，充分把握和捕捉市场机会，积极开发产品，建立更多的分销渠道及采用更多的促销形式，开拓市场，增加销量。

（四）满足顾客的需求

满足顾客的需求是酒店市场营销管理的出发点和中心，也是市场营销的基本功能。酒店通过市场营销活动从顾客的需求出发，并根据不同的目标市场，采取不同的市场营销策略，合理地组织人力、财力、物力等资源，为顾客提供适销对路的产品，搞好售后服务，让顾客满意。

二、酒店市场营销管理过程

酒店是在复杂、不断变化着的市场环境中从事营销活动的。为了有效地适应市场环境的变化，充分利用营销机会，搞好营销管理工作，酒店必须有良好的市场营销管理程序。

所谓酒店市场营销管理过程，就是识别、分析、选择与发掘市场营销机会，以实现酒店任务和目标的管理过程，以及酒店与最佳市场机会相适应的过程。这一过程包括以下 4 个步骤。

（一）酒店市场营销环境分析

酒店市场营销管理过程的第一步是对酒店营销环境进行分析。只有对酒店环境进行正确的分析，才能发现市场营销机会，制订可行的酒店市场营销计划。市场营销环境分为宏观环境和微观环境。宏观环境是指对酒店产生较大影响的因素，包括政治、经济、文化、人口、法律、技术等因素。比如我国实行的黄金周制度，就对我国酒店业产生了不同的影响，热点地区的酒店黄金周期间人满为患，造成过度需求，而其他地区的酒店则生意冷淡，出现需求不足。微观环境指直接影响酒店经营、管理和服务的因素，包括酒店的产品的供应商、旅行社等销售渠道、顾客、竞争、社会公众以及酒店自身的文化、资源和组织等。

（二）选择酒店目标市场

在发现酒店市场营销机会和明确酒店应向市场提供的产品和服务之后，酒店应进一步了解顾客的需要和愿望以及其所在的地区，了解他们的购买方式和行为等，然后分析市场规模和结构，选定最适合酒店发展的目标市场。选择目标市场包括下列步骤：

1. 预测市场需求

对酒店所选择的市场机会，必须对其现有和未来的市场容量作出客观的分析、预测，其中包括当前其他酒店的销量、酒店产品可达到的市场份额等。由于未来的市场需求增长与经济发展、收入水平、人口等宏观因素有着密切的关系，所以还要分析这些因素来预测市场是否具有发展前途，最后再决定是否进入这一市场。

2. 细分市场

酒店顾客有着多种不同的需求，要适应这种多样化、个性化的需求，酒店管理人员就必须辨别具有不同需求的顾客群体，根据地理、人口、心理、行为等因素将整个市场划分成不同类别的细分市场。

3. 选择目标市场

一般说来，酒店是无法同时满足整个市场的需求的。因此，酒店经营管理者应在市场细分的基础上，根据各细分市场的吸引力，评估酒店的营销机会，从中选定一个或几个细分市场作为自己的目标市场，然后制定适当的市场营销策略，尽全力满足目标市场的独特需求。

4. 市场定位

市场定位就是根据竞争者现有的产品在市场上所处的位置，针对顾客对该产品某种属性的重视程度，塑造出酒店产品与众不同的、个性鲜明的、符合顾客需求的市场形象。酒店的市场定位策略可以强调产品特征方面的差别，如酒店的地理位置、餐饮设施、酒店规模；也可以强调服务对象、服务水平、价格、价值等方面的差别，以便顾客将本酒店的产品与竞争对手的产品区别开来。

（三）确定酒店市场营销组合

市场营销组合，就是为了满足目标市场的需求，酒店对自己可以控制的市场营销因素进行优化组合，以完成酒店经营目标。酒店可以控制的市场因素是多种多样的，包括产品、价格、销售渠道和促销等。市场营销组合是一个变量组合，构成营销组合的各因素就是各个自变量，是决定市场营销效益的决定性因素，而营销组合的最终结果都是这些变量的函数，即因变量。从这个关系上看，市场营销组合是一个动态组合。只要改变其中一个因素，就会出现一个新的组合，产生不同的营销效果。

市场营销组合发挥的是整体协同作用。酒店必须在准确地分析、判断所处的特定的市场营销环境、酒店资源及目标市场需求特点的基础上，才能制定出最佳的营销组合策略。所以，最佳市场营销组合的作用，绝不是产品、价格、销售渠道和促销等营销因素的简单数字相加，而是使它产生一种整体协同的作用，成为酒店市场营销战略。

（四）管理酒店市场营销活动

酒店市场营销管理的最后一个程序是对市场营销活动的管理。对酒店市场营销活动来说，需要有个管理系统的支持，因为分析市场营销环境，选择目标市场，确定和实施营销组合等活动在实际的操作与运行中都离不开营销管理支持系统的支持。

1. *酒店市场营销信息系统*

酒店市场营销信息系统是计划、组织和控制系统的基础,酒店如不能及时准确地掌握有关的市场信息,就不可能制订正确的计划,更谈不上计划的执行与控制。市场营销信息系统是指这样一些机构:从事收集、整理、分析和评估有关的市场信息,实时准确地提供给营销决策者,以便改善市场营销计划的制订、执行和控制。营销信息系统包括内部报告系统、营销情报系统、营销调研系统和营销分析系统等4个子系统。通过4个子系统的操作与运行,实现信息系统在市场营销管理工作中的作用与职能。

2. *酒店市场营销计划系统*

现代酒店管理计划系统的内容有两方面,既要在战略的指导下制定长远规划,决定发展方向和目标,又要有较为具体的市场营销计划管理来具体实施战略计划目标。因此,酒店应依靠两个计划系统的支持,即战略和市场营销计划系统的支持。

3. *酒店市场营销组织系统*

计划制订以后,需要有一个强有力的营销组织系统来执行市场营销计划。酒店的规模大小不同,营销组织系统可由几个或几个层次的若干专业人员来组成。市场营销的效率,不仅取决于它的组织机构,而且取决于对营销人员的挑选、培训、激励和评估等一系列的营销组织的内部管理。

4. *酒店市场营销控制系统*

在营销计划实施过程中,可能出现许多意想不到的问题,所以需要一个控制系统来保证市场营销目标的实现。营销控制系统包括年度计划控制、赢利控制和战略控制。总之,市场营销管理的4个系统是相互联系、相互制约的。营销信息是制订营销计划的依据,营销组织负责实施营销计划,而实施的结果又被考察与控制。这4个系统构成了完整的酒店市场营销管理体系。

第四节　酒店市场营销面临的挑战与发展趋势

市场营销是在一个动态的全球环境中进行的。每一个历史阶段都需要营销管理人员以一种崭新的思路去思考营销的目标和实践,过快的变化很快会使昨天的制胜战略过时。目前,酒店在市场营销中面临下列主要挑战。

一、全球化的挑战

随着交通和通信技术的发展,各国之间交往日益频繁,世界经济社会一体化趋势进一步加强,各国市场之间的需求也越来越具有相似性。就某些产品和服务而言，各国市场之间的差异性甚至将完全消失。企业要想在激烈的优胜劣汰的竞争中赢得生存发展，就必须以世界市场为导向，采取全球化市场营销战略。

（一）市场的全球化

随着苏联的解体、东欧剧变以及中国的改革，市场经济体制已为世界上各主要国家所接受。市场开放程度不断加大，各国政府对外国产品进口及外国公司直接投资的限制逐渐放宽，国际贸易迅猛发展。加入世界贸易组织，使我国同世界各国之间的贸易往来更加频繁。国际金融市场也已全球化，各国货币可自由兑换。欧盟、北美自由贸易区、亚太经合组织的出现及发展在经济上淡化了国界，走向区域经济一体化。此外，随着世界贸易组织及其他国际组织成员国的不断增加，越来越多的国家的经济政策将受到国际法规与条约的约束。这一切都使得世界经济、政治、法律环境的差异性减少，使得酒店在开展营销活动时，逐渐模糊了国界的概念。

（二）顾客的全球化

一方面，世界各国消费者的需求日益趋同。有调查发现，许多国家青少年一代的消费具有惊人的相似性。他们都喝可口可乐、吃麦当劳、穿牛仔裤、听摇滚乐……卫星电视、国际互联网使得各国消费者不出国门也能了解到异域风情，各种流行时尚能够迅速风靡全球。另一方面，国际商务旅行和旅游度假活动也日益增多，旅行者希望在世界各地都能买到他们熟悉的值得信赖的品牌的产品，享受到标准化的服务。这使得酒店市场营销人员能够更多地考虑各国消费者需求的共同点而非不同点，更加注重全球产品、价格、广告、服务的标准化而非差异化。当然，全球营销者也不能完全忽视需求的差异性。

（三）竞争的全球化

开放就意味着酒店要承受外来竞争的压力，要与外国的跨国酒店集团竞争。产业、市场、顾客的全球化使酒店面临的不是要不要全球经营的问题，而是如何全球经营的问题。如果酒店没有意识到这一点，并积极地采取行动，那么酒店在所面临的全球竞争中势必会处于劣势，甚至威胁到自身的生存。因此，竞争的全球化是越来越多的酒店开展全球营销的又一动因。

二、环境要求和社会责任营销的挑战

酒店具有双重身份，当作为独立自主、自负盈亏的商品生产者和经营者时，它具有自己独特的经济利益，其经济利益在于追求利润的最大化，从此意义而言，酒店是“经济人”。作为经济人的企业，势必以追求利润为标准衡量自己的经营成果及决定自身的价值取向。同时，酒店又是社会经济细胞，是社会财富最基本的创造者，酒店的这种社会性决定了它是“社会人”。酒店的生存与发展所需的各种资源（包括人、财、物等）及酒店所生产的产品的实现条件都有赖于社会提供，因而酒店应当承担一定的社会责任,其经营行为应当受到约束和限制。

有关酒店社会责任的看法众说纷纭,可概括为3大类,即保护消费者权益、保护社会的利益和发展、保护自然环境及社会生态平衡。

(一)保护消费者权益

保护消费者权利和利益是酒店的主要社会责任。具体说,要求酒店为广大消费者提供优质的产品和服务,以满足其各种不同的需求。为此,要求酒店要树立起以顾客为导向的经营哲学,并根据市场需求的变化,不断调整市场营销策略,以适应消费者不断变化的需求。

(二)保护社会的利益和发展

保护社会的利益和发展是酒店义不容辞的社会责任。酒店从事生产经营活动,一方面为社会创造日益丰富的物质财富,以保证社会各经济部门及国民经济的正常运转;另一方面,酒店为国家及各级政府提供一定的税收,即从价值形态上为国家做贡献,以增加国家资金积累,促进国家建设事业迅速发展。此外,酒店还应当对社会公益事业进行支持和捐赠,帮助教育、娱乐、社会贫困地区的发展,这是近年来酒店社会责任的延伸。

(三)保护自然环境及社会生态平衡

保护社会自然环境免遭污染,实现社会生态平衡是酒店重要的社会责任。随着商品经济的发展,酒店在为社会创造巨大财富、给广大消费者提供物质福利的同时,也在一定程度上破坏了自然生态平衡,污染了环境,并造成恶劣的社会环境。因此,保护自然环境,治理环境污染,解决恶劣的社会环境,实施社会可持续发展战略势在必行。通过绿色营销从微观方面实施可持续发展战略是酒店的社会责任,通过绿色营销来保证消费者的绿色消费亦成为酒店的社会责任。

三、科学技术发展的挑战

计算机、电话、电视、互联网技术的迅速发展,以及这些技术的联合应用,对酒店的生产和营销活动产生了重要的影响,尤其随着互联网技术的迅速发展、网络营销技术的不断成熟和完善,给市场营销带来更广泛和更深刻的变革,酒店面临着网络带来的无限商机和激烈的挑战。因此,谁能领先一步认识、发掘与利用互联网络,谁就将在市场营销和竞争中获得主动权,从而创造出全新的市场和机会,为市场营销带来崭新的格局。

四、酒店市场营销的发展趋势

(一)顾客消费趋于流行化

就像时装消费一样,人们的酒店消费观念已经发生了很大的变化。顾客的品位变化极快，新颖的、借助某些抽象化的题材来迎合人们心理的服务，可能会成为时尚而风行一时，但是它们犹如昙花一现，旋即湮没在变化的海洋中。变化如此迅速，预测如此艰难，使得酒店的市场营销工作变得非常具有挑战性。

（二）市场细分越来越个性化

随着经济的发展，人们的收入水平和消费水平同步上升，消费需求也向高级阶段发展，消费者已从原有的数量消费、质量消费向个性化消费转变。消费个性化使得酒店在设计产品和服务时，必须考虑“量身定制”的问题。

（三）顾客预期不断上升

21 世纪酒店的竞争更加激烈。为了吸引顾客，各酒店将不断创新。激烈的竞争使得酒店提供的产品质量、服务质量应不断提高，消费者对所提供的产品和服务的期望也随之提高，顾客变得更加挑剔，酒店要真正令顾客满意越来越困难。

（四）酒店之间的竞争加剧

随着应用技术能力的提高和市场信息的快速传递，市场障碍不断弱化，行业渗透性越来越强，竞争在酒店业会愈来愈激烈。竞争加剧使得酒店利润率降低，面临更大的压力。因此，酒店必须加强与上下游企业的互惠关系，这成为酒店未来营销工作的重要内容之一。

（五）酒店产品和服务很容易被模仿

由于赢利性产品和服务很快被模仿，今日看是特殊服务，明日就成了标准化服务。模仿能力强、模仿速度快使得酒店通过开发新产品来开拓新市场的难度加大。只有维持一定数量的忠诚顾客才能保证酒店获取稳定利润。在营销战略上，酒店将把顾客置于组织结构的中心，通过向顾客提供超值服务来与顾客建立长期的伙伴关系。

另外，网络化、全球化以及政治经济形势和社会的变化等各种因素也会给营销环境带来变化，从而对酒店营销战略和策略产生不可忽视的影响。要适应这些变化，酒店必须时时注意市场变化，了解顾客需求变化，高瞻远瞩，立足于当下，放眼于未来，这样才能使酒店立于不败之地。

拓展知识

酒店营销与其他行业营销的区别

酒店需求受顾客的主观评价影响很大，使酒店供求在质量上存在着很大的矛盾和差距。顾客需求主要取决于其个人特质，酒店无法满足千差万别的顾客的需求，因此，如何能在供给大于需求的竞争激烈的市场上将顾客吸引到本企业，对酒店经营者而言，必须更能影响和操纵顾客的需求，这种做法又称为“管理需求”，是酒店业经营工作的一大特点，即通过市场营销工作将酒店供给和需求联系起来。虽然许多顾客的购买决策不都受企业营销活动的影响，但一个旅游企业必须善于运用市场营销组合尽可能大地去影响顾客，了解顾客的行为和需求，这是酒店营销工作的核心。

酒店业自己凭借着固定的接待能力去提供非常易损的酒店产品，同时由于其高固定成本的特点，因此更要重视短期营销，因为每增加一个顾客就会带来一份实际收入。因此，酒店业一旦正确地实施了市场营销工作，比竞争者更快、更有效地调整经营组合，就会获得很大成功。酒店业所提供的是人与人、面对面的服务产品，酒店服务过程是企业员工与顾客间的互动过程。对顾客而言，产品质量的好坏在于他们享受到的酒店服务能否使其获得预期的满足。而酒店产品生产、消费同一性特点决定了酒店服务人员与顾客之间的密切关系。顾客参与了酒店产品生产的全过程，从顾客进入酒店开始，就和酒店接触，一直相伴到离开，员工质量直接反映到酒店服务质量上，顾客是直接感受者。为此，酒店营销管理具有一般行业营销管理的不同特点。员工热爱、忠诚自己的本职工作，并使自己的服务对象满意，对提高酒店服务质量起主导作用，因此重视员工和顾客间的相互作用，是酒店业营销工作的重要内容。为此，在酒店业乃至所有服务性行业中都应重视企业的“内部营销”工作，把企业的“内部营销”与传统的“外部营销”活动结合起来，加强顾客对企业产品的满意度和忠诚度。外部营销是根据目标市场需求，设计使顾客满意的产品，制定顾客认可的价格，通过广告、人员推销、企业形象和严格控制的产品质量，以保持、扩大市场占有率的一系列对外经营活动。而内部营销则是把酒店的员工作为企业的“内部顾客”，把酒店各部门的岗位工作视为企业的“内部产品”，酒店则致力于使“内部顾客”满意他们的“内部产品”，通过招募、培训、激励、沟通和留任等酒店内部营销活动去影响员工的态度和行为，从而达到影响酒店外部顾客，满足服务质量的目标。在服务性行业中很难确定员工行为，因为服务性行业不像其他行业可以确定生产任务标准。在酒店业中尽管制定了服务规范和操作规程，但不同员工给予顾客的感受不同，满意程度不同，这是由于不同员工的个人素质和对待工作的自觉性、热爱程度不同，因此酒店业必须把内部营销工作作为组织的整体行动去实施，使市场营销者在内部营销工作中发挥作用，尤其是酒店的最高管理层要树立内部营销观念，各个部门人员都要在与顾客接触中发挥直接作用。大家都要清楚地理解，酒店市场营销计划的实施在很大程度上依靠员工的行动。员工的态度和行为直接影响顾客的态度和行为，影响市场占有率，从而影响酒店的整体效益。

（资料来源：酒店内部营销经营理念的发展前景. http://www.sllunwen.com.）

思考与练习

1. 根据本章的相关内容,思考营销与销售的异同,并举例说明。(以小组讨论形式)
2. 市场营销只是营销部门的工作吗？为什么？
3. 通过课外学习,了解其他的市场营销组合理论,进行课堂分享。
4. 思考酒店营销与其他行业营销的区别。

实践与训练

实训项目主题:酒店营销管理导论

实训目的

1. 建立酒店市场营销的基本概念
2. 形成酒店营销观念
3. 建立酒店营销职业意识,学习用营销的思想分析问题

实训内容与要求

1. 实训组织

据教学班级学生人数来确定数个小组,每一小组人数以 5 ~8 人为宜,小组中要合理分工。在教师指导下统一认识、统一口径、基本统一判断标准;而后进行选题并分别采集不同的资料和数据,并以小组为单位组织研讨,在充分讨论的基础上,形成小组的课题报告。

2. 实训要求

综合认识酒店营销职业。酒店市场营销的种种称呼;在我国,人们如何认识这种职业,社会的进步是否需要这种职业？从事这种职业有无特殊的知识和个性品质要求？

营销基本原理的应用。结合地区经济发展的状况,对一特定的酒店企业市场行为进行调查,应用营销基本原理分析其企业行为的科学性。应用已学习过的营销原理,对所调研的酒店未来的市场行为提出营销发展建议。

成果与检测

通过对各个小组最终形成的课题报告打分来确定小组实训成绩,分学生互评和老师评阅两部分,各占 50% ,主要从以下几个方面进行考查:1. 小组分工的合理性和成员积极性;2. 资料准备的充分性,报告书内容的深度和广度,格式的规范性;3. 小组汇报表现。

第二章 酒店市场营销中的环境分析

引　言

酒店营销活动始终处于各种外部宏观环境与行业微观环境的影响之中，这就要求酒店必须通过有效的市场调研和预测，掌握影响酒店营销活动的各种环境因素、现状和变化趋势，并依此制定科学的营销决策，通过决策的实施使顾客满意，使酒店在不断适应市场环境中向前发展。

教学目标

● 知识目标

了解酒店的营销环境及其特点。

掌握酒店微观营销环境因素及其对酒店营销的影响。

掌握酒店宏观营销环境因素及其对酒店营销的影响。

● 能力目标

掌握酒店营销环境的分析方法。

● 素质目标

了解酒店如何预测未来需求。

案例导入

金融危机对酒店业的影响

始于泰国的东南亚金融危机已经持续了一年多，并迅速向东亚其他一些国家扩散。由于货币大幅度贬值，东亚民众出境旅游及对外投资的欲望大大降低。这些国家为了避免外汇流失而限制国民出国旅游，如提高申办费用，提高国际航线机票价格等。从旅游酒店的角度看，旅华市场所受影响主要表现在以下几个方面：

一是日本、韩国、东南亚旅华客源明显减少。以青岛为例，日本、韩国及新马泰等东南亚国家一直是青岛国际旅游市场的主要客源国，其中日本、韩国是第一大市场，新马泰等国也是重要市场。但金融危机爆发以来，仅青岛海关酒店一店，在接待日本、韩国、东南亚地区的旅客方面就逐月递减，至1997年12月份比上一年同期降幅分别为37.98%、13.11%、39.4%。

二是客源消费水平明显下降。上述这些国家在青岛投资的企业，因本币（本国货币）大幅度贬值而遭到严重打击，各公司不得不大力压缩食宿、办公费用，弥补损失。如酒店长住户纷纷提出降低租金，帮助他们渡过难关的要求。一些原定的商务会议也被迫取消，无形中减少了酒店应得的收入。1997年7月至12月，日本、韩国和东南亚国家宾客人均消费比上半年分别下降了4.57%、11.32%、11.97%。

三是人均停留年天数明显缩短。1997年7月至12月，日本、韩国和东南亚地区客源人均停留天数比上年同期分别缩短0.41、0.78、1.01天。

从以上情况说明，东南亚金融危机对旅华市场客源的影响是客观存在的，并成为酒店经济效益下降的一个较为重要的原因。1998年将更加严峻，我们必须高度重视，提早采取措施。

（资料来源：2009年全球金融危机对中国酒店行业影响测评与企业应对策略及专家点评报告. http://www.hdcmr.com.）

思考：外部经济环境对酒店发展有何影响，酒店应如何应对？

第一节　酒店市场营销环境概述

酒店的一切营销活动总要受到各种环境因素的影响，社会、文化、政治、法律、经济发展、科技水平、自然资源等宏观因素和竞争状况、公共关系、顾客需求、营销中介等微观因素以及酒店的内部条件，都以不同的方式制约和影响着酒店的市场营销过程。酒店应持久地研究酒店市场营销环境特征及其变化，从而寻求和把握市场机会，避免环境威胁，制定有效的市场营销战略，扬长避短，在市场竞争中取得有利的地位，更好地满足市场需求，实现酒店的经营目标。

一、酒店市场营销环境的概念

美国著名市场学家菲利普·科特勒认为市场营销环境是指影响企业的市场和营销活动的不可控制的参与者和影响力。具体地说就是影响企业的市场营销管理能力，使其能卓有成效地发展和维持与其目标顾客交易及关系的外在参与者和影响力。因此，我们认为酒店市场营销环境是指推动或影响酒店营销管理的各种酒店内部和外部因素组成的酒店生态系统。

酒店市场营销环境的内容既广泛又复杂。不同的因素对市场营销活动各个方面的影响和制约也不尽相同,同样的环境因素对不同的酒店所产生的影响和形成的制约也会大小不一。一般来说,酒店市场营销环境主要包括两方面的构成要素:一是微观环境要素,即指与酒店紧密相连,直接影响其市场营销能力的各种参与者,这些参与者包括酒店的供应商、营销中间商、顾客、竞争者以及社会公众和影响市场营销管理决策的酒店内部的各个部门;二是宏观环境要素,即影响酒店微观环境的巨大社会力量,包括人口、经济、政治、法律、科学技术、社会文化及自然地理等多方面的因素。微观环境直接影响和制约酒店的市场营销活动,而宏观环境主要以微观营销环境为媒介,间接影响和制约酒店的市场营销活动。

二、酒店市场营销环境的特点

(一)客观性

酒店总是在特定的社会经济和其他外界环境条件下生存、发展的,其市场营销活动总是要受到其周边客观环境因素的影响。

(二)差异性

市场营销环境的差异性不仅表现在不同的酒店受不同环境的影响,而且同样一种环境因素的变化对不同酒店的影响也不相同。例如,不同的国家、民族、地区之间在人口、经济、社会文化、政治、法律、自然地理等各方面存在着广泛的差异性。这些差异性对酒店营销活动的影响显然是不相同的。由于外界环境因素的差异性,酒店必须采取不同的营销策略才能应付和适应这种情况。

(三)相关性

市场营销环境是一个系统,在这个系统中,各个影响因素是相互依存、相互作用和相互制约的。这是由于社会经济现象的出现,往往不是由某一单一的因素所能决定的,而是受到一系列相关因素影响的结果。例如,酒店开发新产品时,不仅要受到经济因素的影响和制约,更要受到社会文化因素的影响和制约。

(四)动态性

营销环境是酒店营销活动的基础和条件,这并不意味着营销环境是一成不变的、静止的。以中国所处的间接营销环境来说,今天的环境与十多年前的环境已经有了很大的变化。例如国家产业政策,过去重点放在重工业上,现在已明显向农业、轻工业、服务业倾斜,这种产业结构的变化给酒店的营销活动带来了决定性的影响。再如我国消费者的消费倾向已从追求物质的数量化为主流正在向追求物质的质量及个性化转变,也就是说,消费者的消费心理正趋于成熟。这无疑对酒店的市场营销行为产生了最直接的影响。当然,市场营销环境的变化是有快慢大小之分的。例如科技、经济等因素的变化相对快而大,因而对酒店市场营销活动的影响相对短且跳跃性大；而人口、社会文化、自然因素等相对变化较慢较小，对酒店市场营销活动的影响相对长而稳定。因此，酒店的市场营销活动必须适应环境的变化，不断地调整和修正自己的市场营销策略，否则，将会使其丧失市场机会。

（五）不可控性

酒店的外部市场营销环境是无法控制的。因此，对酒店而言，环境将会发生怎样的变化及对酒店营销有何影响，都是难以预料的。例如，酒店的经营必须符合一个国家的政治法律制度、人口增长以及一些社会文化习俗等。

（六）可影响性

酒店可以通过对内部环境要素的调整与控制，来对外部环境施加一定的影响，最终促使某些环境要素向预期的方向转化。酒店经营成败的关键，在于酒店能否适应不断变化着的市场营销环境。强调酒店对所处环境的反应和适应，并不意味着酒店对于环境是无能为力或束手无策的，而是应从积极主动的角度出发，去适应营销环境。或者说运用自己的经营资源去影响和改变营销环境，为酒店创造一个更有利的活动空间，然后再使营销活动与营销环境相互适应。

美国著名市场学家菲利普科特勒正是针对该种情况，提出了“大市场营销”理论。认为企业为了成功地进入特定市场或者在特定市场经营，应用经济的、心理的、政治的和公共关系技能，影响造成营销障碍的人或组织，争取有关方面的支持，使之改变做法，从而改变营销环境。

第二节　酒店微观营销环境因素

酒店的微观营销环境主要由酒店的供应商、营销中间商、顾客、竞争对手、社会公众以及酒店内部参与营销决策的各部门组成。

“供应商—酒店—营销中间商—顾客”这条链条构成了酒店的核心营销系统。一个酒店的成功，还受到另外两个群体的影响，即竞争对手和公众。

一、酒店

酒店的市场营销活动是由市场营销部和销售部管理的，它由品牌经理、市场营销研究人员、广告及促销人员、销售经理及销售代表等组成。市场营销部负责制订现有各个产品、各个品牌及新产品、新品牌的研究开发的营销计划。营销管理部门在制订营销计划时，必须考虑到与酒店其他部门的协调，如与最高管理部门、财务部门、研究开发部门、采购部门、生产部门等的协调，因为正是这些部门构成了营销计划制订者的酒店内部微观环境。

二、供应商

供应商是影响酒店市场营销的微观环境的重要因素之一。供应商是指向酒店及其竞争者提供生产产品和服务所需资源的企业或个人。供应商所提供的资源主要包括原材料、设备、能源、劳务、资金等。

供应商对酒店营销活动的影响主要表现在：

（一）供货的稳定性与及时性

原材料、能源及设备等货源的保证，是酒店市场营销活动顺利进行的前提。酒店的日常经营活动需要外界许多供货商提供原材料和各种产品，才能使酒店的生产、服务活动正常开展。供应量不足、供应短缺，都可能影响到酒店对客人的服务。

（二）供货的价格变动

毫无疑问，供货的价格直接影响酒店的成本。如果供应商提高原材料价格，酒店亦将被迫提高其产品服务价格，由此可能影响到酒店的销售量和利润。

（三）供货的质量水平

供应货物的质量直接影响到酒店产品和服务的质量。

针对上述影响，酒店在寻找和选择供应商时，应特别注意两点：第一，酒店必须充分考虑供应商的资信状况。要选择那些能够提供品质优良、价格合理、交货及时、信用良好、质量和效率方面都信得过的供应商，并且要与主要供应商建立长期稳定的合作关系，保证酒店生产资源供应的稳定性。第二，酒店必须使自己的供应商多样化。酒店过分依赖一家或少数几家供应商，受到供应变化的影响和打击的可能性就大。为了减少对酒店的影响和制约，酒店就要尽可能多地联系供货人，向多个供应商采购，尽量注意避免过于依靠单一的供应商，以免当与供应商的关系发生变化时，使酒店陷入困境。

三、营销中间商

营销中间商是协助酒店推广、销售和分配产品服务给最终顾客的企业。它们包括中间商、营销服务机构及金融机构等。

（一）中间商

中间商是协助酒店寻找顾客或直接与顾客进行交易的商业企业。中间商分两类：代理中间商和经销中间商。代理中间商专门介绍客户或与客户磋商交易合同，但并不拥有产品的持有权。经销中间商——如批发商、零售商，先拥有了产品持有权，再售出产品。中间商对酒店产品从生产领域流向消费领域具有极其重要的影响。在与中间商建立合作关系后，要随时了解和掌握其经营活动，并可采取一些激励性合作措施，推动其业务活动的开展，而一旦中间商不能履行其职责或市场环境发生变化时,酒店应及时解除与中间商的关系。

(二)市场营销服务机构

市场营销服务机构指市场调研公司、广告公司、各种广告媒介及市场营销咨询公司,它们协助酒店选择最恰当的市场,并帮助酒店向选定的市场推销产品和服务。一旦酒店决定委托专业公司办理某些事务时,需要谨慎地选择公司,因为各个公司都各有自己的特色,所提供的服务内容不同,服务质量不同,价格也不同。酒店还要定期检查它们的工作,倘若发现某个专业公司不能胜任,则须另找其他专业公司来代替。

(三)金融机构

金融机构包括银行、信贷公司、保险公司以及其他对货物购销提供融资或保险的各种公司。酒店的营销活动会因贷款成本的上升或信贷来源的限制而受到严重的影响。

四、顾客

酒店与供应商和中间商保持密切关系的目的是为了有效地向目标市场提供产品与服务。酒店的目标市场可以是下列顾客市场中的一种或几种。如度假旅游者、商务旅游者、会议旅游者、体育旅游者等。这些旅游者的要求是不同的,因此,购买和使用酒店服务的方式也不同。酒店营销人员应根据酒店本身的特点来分析本酒店所提供的产品和服务最适合于哪一种旅游者类型、购买行为以及消费方式。

五、竞争者

每家酒店都要面对各种各样为数众多的竞争者。营销观念认为,一个企业要想成功,必须要能够比竞争者更好地满足目标市场的需求。营销人员不仅要针对目标顾客的需求适时作出调整,而且还要针对同一市场上竞争者的服务战略来作出相应的调整。酒店必须通过将其产品的形象铭刻在顾客头脑当中的策略来建立起自己的战略优势。没有哪个单一的竞争性营销策略能适合所有酒店的需要。每一家酒店都要分析自身的状况,比较它与竞争对手的相对产业地位。在酒店业中占有显要位置的大酒店集团所能应用的某些战略,对一些小酒店而言可能望尘莫及,但小酒店可以选一些能形成某些竞争优势的战略。

酒店应该关注环境的总趋势。许多酒店的注意力总是集中在品牌竞争因素上,而对如何抓住机会扩大整个市场,或者说起码不让市场萎缩,却都忽略不顾。

对于进行有效竞争的基本观察,现在可以作如下的概括。一家酒店在制定营销策略时必须时刻牢记4个基本方面:即被称为市场定位的4C,也就是必须考虑到客户(Customers)、销售渠道(Channels)、竞争(Competition)和酒店(Company)自身的特点。成功的营销实际上就是有效地安排好酒店与顾客、销售渠道及竞争对手之间的关系位置。

六、公众

公众就是对一个组织完成其目标的能力有着实际或潜在兴趣或影响的群体。公众可能有助于增强酒店实现自己目标的能力,也可能有妨碍实现目标的能力。鉴于公众会对酒店的命运产生巨大的影响,精明的酒店管理者就会采取具体的措施成功地处理与主要公众的关系,而不是去等待。大多数酒店都建立了公共关系部,专门筹划与各类公众的建设性关系。公共关系部门负责搜集与酒店有关的公众的意见和态度,发布消息,沟通信息,以建立信誉。如果出现不利于酒店的反面言论,公共关系部门就会成为排解纠纷者。

实际上,对一家酒店来说,如果把公共关系事务完全交给公共关系部门处理,那将是一种错误。酒店的全部雇员,从负责接待一般公众的高级职员到向投资者发表讲话的财务副总经理,到走访客户的销售代表都应该参与公共关系的事务。酒店的公众一般包括金融界、媒介、政府机构、公民行动团体、地方公众、一般公众和内部公众等。

第三节　酒店宏观营销环境因素

酒店宏观环境包括人口、经济、自然、技术、政治与法律和社会与文化等因素。

一、人口环境

人口是构成市场的第一位因素。市场是由那些想购买商品同时又具有购买力的人构成的。因此,人口的多少直接决定市场的潜在容量,人口越多,市场规模就越大。而人口的年龄结构、地理分布、婚姻状况、出生率、死亡率、人口密度、人口流动性及其文化教育等特性,会对市场格局产生深刻影响,并直接影响酒店的市场营销活动和酒店的经营管理。酒店必须重视对人口环境的研究,密切关注人口特性及其发展动向,不失时机地抓住市场机会。当出现威胁时,酒店应及时、果断调整营销策略,以适应人口环境的变化。

二、经济环境

经济环境指酒店营销活动所面临的外部社会经济条件,其运行状况及发展趋势会直接或间接地对酒店营销活动产生影响。

(一)直接影响市场营销活动的经济环境因素

一定的购买力水平是市场形成并影响其规模大小的决定因素,它也能影响酒店营销活动的直接经济环境。主要包括：

1. 消费者收入水平的变化

消费者的购买力来自消费者的收入，但消费者并不是把全部收入都用来消费的，购买力只是收入的一部分。因此，在研究消费收入时，要注意分析国民生产总值、人均国民收入、个人可支配收入、个人可任意支配收入、家庭收入等影响实际消费能力的经济指标。需要注意的是，酒店营销人员在分析消费者收入时，还要区分“货币收入”和“实际收入”。只有“实际收入”才影响“实际购买力”。

2. 消费者支出模式和消费结构的变化

随着收入的变化，消费者的支出模式也会发生相应变化，继而使一个国家或地区的消费结构发生变化。西方一些经济学家常用恩格尔系数来反映这种变化。食物开支占总消费量的比重越大，恩格尔系数越大，生活水平越低；反之，食物开支所占比重越小，恩格尔系数越小，生活水平越高。这种消费支出模式不仅与消费者收入有关，而且还受到家庭生命周期处于不同阶段和家庭所在地点的影响。

3. 消费者储蓄和信贷情况的变化

消费者的购买力还要受储蓄和信贷的直接影响。当收入一定时，储蓄越多，现实消费量越小，但潜在消费量就越大；反之，储蓄越少，现实消费量越大，但潜在消费量就越小。酒店营销人员应当全面了解消费者的储蓄情况，尤其是要了解消费者储蓄目的的差异。储蓄目的不同，往往影响到潜在需求量、消费模式、消费内容、消费发展方向的不同。这就要求酒店营销人员在调查、了解储蓄动机与目的的基础上，制定不同的营销策略，为消费者提供有效的产品和服务。

所谓消费者信贷，就是消费者凭信用先取得商品使用权，然后按期归还贷款，以购买商品。这实际上就是消费者提前支取未来的收入，提前消费。消费者信贷主要方式有短期赊销、购买住宅分期付款、购买昂贵的消费品分期付款、信用卡信贷等几类。信贷消费允许人们购买超过自己现实购买力的商品，从而创造了更多的就业机会、更多的收入以及更多的需求；同时，消费者信贷还是一种经济杠杆，它可以调节积累与消费、供给与需求的矛盾。当市场供大于求时，可以发放消费信贷，刺激需求；当市场供不应求时，必须收缩信贷，适当抑制、减少需求。消费信贷把资金投向需要发展的产业，刺激这些产业的生产，带动相关产业和产品的发展。

（二）间接影响营销活动的经济环境因素

除了上述因素直接影响酒店的市场营销活动外，还有一些经济环境因素也对酒店的营销活动产生或多或少的影响。

1. 经济发展水平

酒店的市场营销活动要受到一个国家或地区的整个经济发展水平的制约。经济发展阶段不同，居民的收入水平不同，顾客对产品的需求也不一样，从而会在一定程度上影响酒店的营销。因此,对于不同经济发展水平的地区,酒店应采取不同的市场营销策略。我国目前正处于经济起飞前的准备阶段,酒店应当注意经济起飞阶段市场中的变化,把握时机,主动迎接市场的挑战。

2. 地区与行业发展状况

我国地区经济发展很不平衡,逐步形成了东部、中部、西部三大地带和东高西低的发展格局。同时在各个地区的不同省市,还呈现出多极化发展趋势。这种地区经济发展的不平衡,对酒店的投资方向、目标市场以及营销战略的制定等都会带来巨大影响。

我国行业与部门的发展也有差异。今后一段时间,我国将重点发展农业、原料和能源等基础产业。这些行业的发展必将带动商业、交通、通信、金融等行业和部门的相应发展,也给酒店市场营销带来一系列影响。因此,酒店一方面要处理好与有关部门的关系,加强联系;另一方面,则要根据与本酒店联系紧密的行业或部门的发展状况,制定切实可行的营销措施。

3. 城市化程度

城市化程度是指城市人口占全国总人口的百分比,它是一个国家或地区经济活动的重要特征之一。城市化是影响酒店市场营销的环境因素之一。目前我国大多数农村居民消费的自给自足程度仍然较高,而城市居民则主要通过货币交换来满足需求。此外,城市居民一般受教育较多,思想较开放,容易接受新生事物,而农村相对闭塞,农民的消费观念较为保守,故而一些新产品、新技术往往首先被城市所接受。酒店在开展营销活动时,要充分注意到这些消费行为方面的城乡差别,相应地调整营销策略。

三、自然环境

物质自然环境包括矿产资源、森林资源、土地资源、水力资源等。自然环境的影响表现在4个方面,即日益逼近的某些原料短缺、能源成本的增加、污染的增加和政府对自然资源管理方面有力的干预。这些变化均要求酒店树立社会营销观念,在经营中注意节约能源,实行绿色营销,处理好酒店、顾客和社会三者之间的关系。

四、技术环境

科学技术是社会生产力的最活跃的因素,作为营销环境的一部分,科技环境不仅直接影响酒店内部的生产和经营,还同时与其他环境因素相互依赖、相互作用,特别是与经济环境、文化环境的关系更紧密,尤其是新技术革命,给酒店市场营销既造就了机会,又带来了威胁。酒店的机会在于寻找或利用新的技术,满足新的需求，而它面临的威胁则可能有两个方面：一方面新技术的突然出现，使酒店现有产品变得陈旧；另一方面新技术改革了酒店人员原有的价值观。

（一）新技术引起的酒店市场营销策略的变化

新技术给酒店带来巨大的压力，同时也改变了酒店生产经营的内部因素和外部环境，从而引起以下酒店市场营销策略的变化。

1. 产品策略

由于科学技术的迅速发展，新技术应用于新产品开发的周期大大缩短，产品更新换代速度加快。在世界市场的形成和竞争日趋激烈的今天，开发新产品成了酒店开拓新市场和赖以生存发展的根本条件。因此，要求酒店营销人员不断寻找新市场，预测新技术，时刻注意新技术在产品开发中的应用，从而开发出给消费者带来更多便利的新产品。

2. 分销策略

由于新技术的不断应用，技术环境的不断变化，使人们的工作及生活方式发生了重大变化。尤其是国际互联网技术的发展及应用，使得酒店在分销方面发生了革命性的变化，通过互联网可以在瞬间将自己的客房销售给位于世界各个地方的顾客。

3. 价格策略

科学技术的发展及应用，一方面降低了产品成本使价格下降，另一方面使酒店能够通过信息技术，加强信息反馈，正确应用价值规律、供求规律、竞争规律来制定和修改价格策略。

4. 促销策略

科学技术的应用引起促销手段的多样化，尤其是广告媒体的多样化，广告宣传方式的复杂化。如人造卫星成为全球范围内的信息沟通手段。信息沟通的效率、促销组合的效果、促销成本的降低、新的广告手段及方式将成为今后促销研究的主要内容。

（二）新技术引起的酒店经营管理的变化

技术革命是管理改革或管理革命的动力，它向管理提出了新课题、新要求，又为酒店改善经营管理、提高管理效率提供了物质基础。目前许多发达国家的酒店在经营管理中都使用计算机系统、传真机等设备，这对于改善企业经营管理，提高企业经营效益起到了很大作用。

（三）新技术对购买习惯的影响

国际互联网技术在酒店销售领域中的应用，使得消费者的购买习惯也发生了变化。消费者更倾向于通过互联网在家里或办公室进行酒店预订，并且消费者在购买过程中的自主性有了极大的提高。

五、政治与法律环境

政治与法律是影响酒店营销的重要的宏观环境因素。政治因素像一只有形之手,调节着酒店营销活动的方向,法律则为酒店规定经营活动行为准则。政治与法律相互联系,共同对酒店的市场营销活动产生影响和发挥作用。

(一)政治环境因素

政治环境指酒店市场营销活动的外部政治形势和状况以及国家方针政策的变化对市场营销活动带来的或可能带来的影响。一个国家的政局稳定与否会给企业营销活动带来重大的影响,不仅会影响经济发展和人民的购买力,而且对酒店的营销心理也有重大影响。因此,社会是否安定对酒店的市场营销关系极大,特别是在对外营销活动中,一定要考虑东道国政局变动和社会稳定情况可能造成的影响。各个国家在不同时期,根据不同需要颁布一些经济政策,制定经济发展方针,这些方针、政策不仅要影响本国企业的营销活动,而且还要影响外国企业在本国市场的营销活动。

(二)法律环境因素

对酒店来说,法律是评判酒店营销活动的准则,只有依法进行的各种营销活动,才能受到国家法律的有效保护。因此,酒店开展市场营销活动,必须了解并遵守国家或政府颁布的有关经营、贸易、投资等方面的法律、法规。如果从事国际营销活动,酒店就既要遵守本国的法律制度,还要了解和遵守市场国的法律制度和有关的国际法规、国际惯例和准则。法律环境因素对国际型酒店的营销活动有深刻影响。

六、社会与文化环境

每个人都生长在一定的社会文化环境中,并在一定的社会文化环境中生活和工作,他的思想和行为必定要受到这种社会文化的影响和制约。市场营销学中所说的社会文化因素,一般指在一种社会形态下已经形成的信息、价值、观念、宗教信仰、道德规范、审美观念以及世代相传的风俗习惯等被社会所公认的各种行为规范。酒店的市场营销人员应分析、研究和了解社会文化环境,以针对不同的文化环境制定不同的营销策略。

(一)教育状况

教育状况对酒店市场营销活动的影响,可以从以下几个方面加以考虑。

1. 对酒店选择目标市场的影响

处于不同教育水平的国家或地区,对酒店产品和服务的需求不同。

2. 对酒店产品和服务的影响

文化不同的国家和地区的消费者,对酒店的设施、装潢、气氛和服务的要求有差异。通常文化素质高的地区或顾客要求酒店典雅华贵，对附加功能也有一定要求。

3. 对酒店市场营销调研的影响

酒店的市场营销调研在受教育程度高的国家和地区可在当地雇用调研人员或委托当地的调研公司或机构完成具体项目，而在受教育程度低的国家和地区，酒店开展调研要有充分的人员准备和适当的方法。

4. 对经销方式的影响

酒店的产品、服务的设计与提供，要考虑到目标市场的受教育状况。

（二）宗教信仰

纵观历史上各民族的消费习惯的产生和发展，可以发现宗教是影响人们消费行为的重要因素之一。某些国家和地区的宗教组织对购买决策也有重大影响。一种新产品出现，宗教组织有时会提出限制，禁止使用，认为该产品或服务与宗教信仰相冲突。所以，酒店可以把影响大的宗教组织作为自己的重要公共关系对象，在经销活动中也要针对宗教组织设计适当方案，以避免由于矛盾和冲突给酒店营销活动带来的损失。

（三）价值观念

价值观念是人们对社会生活中各种事物的态度和看法。不同的文化背景下，人们的价值观念相差很大，消费者对商品的需求和购买行为深受价值观念的影响。对于不同的价值观念，酒店的市场营销人员就应该采取不同的策略。一种新产品的消费，会引起社会观念的变革。而对于一些注重传统、喜欢沿袭传统消费方式的消费者，酒店在制定促销策略时应把产品与目标市场的文化传统联系起来。

（四）消费习俗

消费习俗是人类各种习俗中的重要习俗之一，是人们历代传递下来的一种消费方式，也可以说是人们在长期经济与社会活动中所形成的一种消费风俗习惯。不同的消费习俗，具有不同的需要。研究消费习俗，不但有利于酒店组织好产品和服务的生产与销售，而且有利于正确、主动地引导健康的消费。了解目标市场消费者的禁忌、习俗、避讳、信仰、伦理等是酒店进行市场营销的重要前提。

（五）审美观念

人们进行消费的过程，实际上也是一次审美活动。近年来，我国人民的审美水平随着物质水平的提高，发生了显著的变化。因此，酒店营销人员应注意人们审美观的变化，把顾客对酒店的评价作为重要的反馈信息，使酒店的艺术功能与经营场所的美化效果融为一体，以更好地满足消费者的审美要求。

在研究社会文化环境时，还要重视亚文化群对消费需求的影响。每一种社会文化的内部都包含若干亚文化群。因此,酒店市场营销人员在进行社会和文化环境分析时,可以把每一个亚文化群视为一个细分市场,提供符合顾客需求的产品和服务,满足顾客需求。

第四节 酒店市场营销环境分析方法

一、酒店市场营销环境分析方法

酒店市场环境分析的常用方法是 SWOT 分析法,即对酒店的优势(Strengths),劣势(Weakness),机会(Opportunities),威胁(Threats)进行分析。

(一)外部环境分析(机会与威胁分析)

环境机会的实质是指市场上存在着“未满足的需求”。它既可能来源于宏观环境也可能来源于微观环境。随着顾客需求不断变化和产品生命周期的缩短,使得老产品不断被淘汰,要求开发新产品来满足顾客的需求,从而市场上出现了许多新的机会。

环境机会对不同酒店是不相等的,同一个环境机会对这一些酒店可能成为有利的机会,而对另一些酒店可能就造成威胁。环境机会能否成为酒店可把握的机会,要看此环境机会是否与酒店目标、资源及任务相一致,酒店利用此环境机会带来的利益能否比其竞争者更大。

环境威胁是指对酒店营销活动不利或限制酒店营销活动发展的因素。这种环境威胁主要来自两个方面:一方面,是环境因素直接威胁着酒店的营销活动,如政府颁布某种法律,诸如《环境保护法》,它对造成环境污染的酒店来说,就构成了巨大的威胁;另一方面,酒店的目标、任务及资源同环境机会相矛盾。

(二)内部环境分析(优势与劣势分析)

识别环境中有吸引力的机会是一回事,拥有在机会中获得成功所必需的竞争能力是另一回事。每家酒店都要定期审视自己的优势与劣势。

在经营中,酒店不应去纠正它的所有劣势,也不是对其优势不加利用。主要的问题是酒店应研究它究竟是应只局限在已拥有优势的机会中,还是去获取和发展一些优势以找到更好的机会。有时,酒店发展慢并非因为其各部门缺乏优势,而是因为它们不能很好地协调配合。

二、酒店市场营销市场机会分析

市场机会是指在某种特定的营销环境条件下,酒店可以通过一定的市场营销活动创造利益。市场机会为酒店赢得利益的大小表明了市场机会的价值,市场机会的价值越大，对酒店利益需求的满足程度就越高。市场机会的产生来自营销环境的变化，如新市场的开发、竞争对手的失误以及新产品、新工艺的采用等，都可能产生新的等待满足的需求，从而为酒店提供市场机会。了解市场机会的特点，分析市场机会的价值，有效地识别市场机会，对于避免环境威胁及确定酒店市场营销战略具有重要的意义。

（一）市场机会的特点

市场机会作为特定的市场条件，是以其针对性、利益性、时效性、公开性等特征为标志的。

1. 针对性

特定的营销环境条件只对于那些具有相应内部条件的酒店来说是市场机会。因此，市场机会是具体酒店的机会，市场机会的分析与识别必须与酒店具体条件结合起来进行。确定某种环境条件是不是酒店的市场机会，需要考虑酒店业及酒店在行业中的地位与经营特色，包括酒店的产品类别、价格水平、销售形式、对外声誉等。

2. 利益性

可以为酒店带来经济的或社会的效益，是市场机会的又一特性。市场机会的利益性意味着酒店在确定市场机会时，必须分析该机会是否能为酒店真正带来利益、能带来什么样的利益以及多少利益。

3. 时效性

对现代酒店来讲，由于其营销环境的发展变化越来越快，它的市场机会从产生到消失的过程通常也是很短暂的，即酒店的市场机会往往稍纵即逝。同时，环境条件与酒店自身条件最为适合的状况也不会维持很长时间，在市场机会从产生到消失这一短短的时间里，市场机会的价值也快速经历了一个价值逐渐增加、再逐渐减少的过程。市场机会的这种价值与时而变的特点，便是市场机会时效性的体现。

4. 公开性

市场机会是某种客观的、现实存在的或即将发生的营销环境状况，是每家酒店都可以去发现和共享的。与酒店的特有技术、专利不同，市场机会是公开化的，是可以为整个营销环境中所有酒店所共用的。市场机会的公开化特性要求酒店尽早去发现那些潜在的市场机会。

市场机会的上述特性表明，在市场机会的分析和把握过程中，必须结合酒店自身的内部、外部环境的具体条件，发挥竞争优势，适时、迅速地作出反应，以争取使市场机会为酒店带来的利益达到最大化。

（二）市场机会的价值分析

不同的市场机会可以为酒店带来的利益大小也不一样，即不同市场机会的价值具有差异性。为了在千变万化的营销环境中找出价值最大的市场机会，酒店需要对市场机会的价值进行更为详细具体的分析。

市场机会的价值大小由市场机会的吸引力和可行性两方面因素决定。

1. 市场机会的吸引力

市场机会对酒店的吸引力是指酒店利用该市场机会可能创造的最大利益。它表明了酒店在理想条件下充分利用该市场机会的最大极限。反映市场机会吸引力的指标主要有市场需求规模、利润率、发展潜力。

(1)市场需求规模表明市场机会当前所提供的等待满足的市场需求总量的大小，通常用产品销售数量或销售金额来表示。事实上，由于市场机会的公开性，市场机会提供的需求总量往往由多家酒店共享，特定酒店只能拥有该市场需求规模的一部分。因此，这一指标可以由酒店在该市场需求规模中当前可能达到的最大市场份额代替。尽管如此，若提供的市场需求规模大，则该市场机会使每家酒店获得更大需求份额的可能性也大一些。因此，一般说来，该市场机会对这些酒店的吸引力也会在不同程度上更大一些。

(2)利润率是指市场机会提供的市场需求中单位需求量当前可以为酒店带来的最大利益(这里主要是指经济利益)。不同经营现状的酒店其利润率是不一样的。利润率反映了市场机会所提供的市场需求在利益方面的特性。它和市场需求规模一起决定了酒店当前利用该市场机会可创造的最大利益。

(3)发展潜力反映市场机会为酒店提供的市场需求规模、利润率的发展趋势及其速度情况。发展潜力同样也是确定市场机会吸引力大小的重要依据。即使酒店当前面临的某一市场机会所提供的市场需求规模很小或利润率很低，但由于整个市场规模或该酒店的市场份额或利润率有迅速增大的趋势，则该市场机会对酒店来说仍可能具有相当大的吸引力。

2. 市场机会的可行性

市场机会的可行性是指酒店把握住市场机会并将其转化为具体利益的可能性。从特定酒店的角度来讲，具有吸引力的市场机会并不一定能成为本酒店实际的发展良机，具有较大吸引力的市场机会必须同时具有较强的可行性才是酒店高价值的市场机会。市场机会的可行性是由酒店内部环境条件、外部环境条件两方面决定的。

(1)内部环境条件。酒店内部环境条件是能否把握市场机会的主要决定因素。它对市场机会可行性的决定作用表现在3个方面。首先，市场机会只有适合酒店的经营目标、经营规模与资源状况时才会具有较大的可行性。同时，市场机会对经营规模大、实力强的酒店与对经营规模小、实力弱的酒店的可行性也不一样。一个吸引力很大的市场机会很可能会导致激烈的竞争,所以,它对实力较弱的酒店来说,可行性可能并不大。其次,市场机会必须有利于酒店内部比较优势的发挥才具有较大的可行性。所谓酒店的内部比较优势,是指酒店比市场中其他酒店更优越的内部条件,通常是先进的管理、强大的规模、良好的声誉等。酒店应对自身的优势和弱点进行正确分析,了解自身的内部比较优势所在,并据此分析市场机会的可行性大小。此外,酒店还可以有针对性地改进自身的内部条件,创造新的比较优势。最后,酒店内部的协调程度也影响着市场机会可行性的大小。对市场机会的把握程度是由酒店的整体能力决定的。针对某一市场机会,只有酒店的组织结构及所有各部门的经营能力都与之相匹配时,该市场机会对酒店才会有较大的可行性。

(2)外部环境条件。酒店的外部环境从客观上决定着市场机会对酒店可行性的大小。外部环境中每一个宏观、微观环境要素的变化都可能使市场机会的可行性发生很大的变化。

思考与练习

对实习酒店的宏观营销环境进行分析,并分组讨论。

实践与训练

实训项目主题:酒店市场微观营销环境调研报告

实训目的

分析市场,了解酒店营销的内外环境,并通过实地调研得出酒店微观营销环境的调研报告。

实训内容与要求

1. 实训组织

对有关酒店进行调查,了解销售资料,由学生组织分析研究,得出结论。分析的具体内容由教师指导学生拟定。

2. 实训要求

根据商品类目分组,任课教师调控整个实训过程。

若条件允许,可联系酒店市场营销部的人员与学生进行深度沟通,使学生了解该酒店营销的微观环境,特别是对酒店自身和竞争对手的了解。

成果与检测

通过对各个小组最终形成的课题报告打分来确定小组实训成绩，分学生互评和老师评阅两部分，各占50%，主要从以下几个方面进行考查：1. 小组分工的合理性和成员积极性；2. 资料准备的充分性，报告书内容的深度和广度，格式的规范性；3. 小组汇报表现。

第三章 酒店营销中的心理学——人们为何购买酒店产品

引言

市场营销学是从卖者的角度来认识和理解市场的含义,它要研究的是如何采取有效的措施,满足顾客需求的同时达到将产品出售并赢利的目的。而在此过程中,了解顾客为何购买酒店产品,即分析顾客的购买心理和购买决策过程是非常必要的。成功的酒店总是那些能够“揣摩”顾客心理并针对性地开发对顾客有价值的产品和服务,并运用具有说服力和吸引力的方法将产品和服务有效地呈现给顾客的酒店,因而,掌握影响顾客购买心理的因素及其购买决策过程,对于酒店开展有效的市场营销活动是至关重要的。

教学目标

- 知识目标

理解刺激—反应模式。

掌握影响酒店顾客购买心理的因素。

- 能力目标

掌握酒店顾客的购买决策过程。

- 素质目标

掌握酒店商务市场、旅游市场和会议市场的需求特点。

案例导入

香格里拉酒店的超值服务

在豪华的北京香格里拉大酒店餐厅里,一名顾客对他的牛排不甚满意,于是叫来服务生。服务生在礼貌地听完他的抱怨后,平和而迅速地拿走牛排,吩咐厨房另烤一块更好的送来。

这似乎是一件很平常的事件,但它却反映了该酒店在亚洲进行的一次最广泛、最深入的组织变革项目。这次变革的目标是将这个已经是亚洲管理最好的公司之一,变为一个得到该区域顾客认可的、更好的公司。这家连锁酒店将提供更好的服务、更丰富全面的体验,并且更注重细节。

香格里拉酒店集团赢得业界和顾客赞誉的一个关键是:超值的酒店产品与服务。

集团长期坚持以优质的酒店产品与服务来塑造集团豪华酒店品牌形象,提高顾客忠诚。香格里拉的经营思想是以"殷勤好客亚洲情"为基石,以"为客人提供物有所值的特色服务和创新产品,令客人喜出望外"为指导原则,让员工在与客人的接触中表现出尊重备至、彬彬有礼、真诚质朴、乐于助人、善解人意的待客之道;对于管理人员,香格里拉要求其具有追求经营业绩的魄力,同时强调行政管理人员要与客人保持直接接触,强调和奖励那些能够令客人喜出望外的言谈举止。香格里拉酒店集团标准化的管理及个性化的服务赢得了国际社会的高度赞誉。正是由于香格里拉酒店集团长期坚持以超值的酒店产品与服务增强顾客的忠诚度,为其赢得了良好的市场声誉,塑造了豪华酒店品牌形象。

(资料来源:百度文库.)

思考:你认为香格里拉酒店成功的关键是什么?顾客深层次的心理需求是什么?酒店如何根据这些需求进行营销?

第一节　酒店营销中的黑箱——刺激—反应模式

酒店研究顾客行为的目的是为了能够更好地开展市场营销活动,以这一目的去分析顾客的消费行为时,须分析两个关键的要素——刺激和反应。刺激指顾客在进行有关消费决策过程中受到来自外部的直接影响,它包括环境因素和酒店的市场营销活动对顾客造成的影响;反应指顾客受刺激后的最终反应,也就是作出的关于酒店产品、数量、酒店选择等的购买决策。当然,顾客从受到刺激到作出反应,期间还要经历一个过程。由于顾客的购买动机属于主观的范畴,购买决策也是一个自觉的心理过程,他们与顾客的个体特征密切相关。因此,酒店对于这一内在的,看不见、摸不着的过程难以准确把握。这一带有某种神秘性的过程往往被称为顾客黑箱。

顾客的需求以及购买决策的心理过程是深藏于其内心的,营销人员无法直接了解,但却可以通过各种刺激手段(如广告、人员推销等)来促使他们作出各种反应,然后根据他们的反应来推断顾客的需求。这一刺激—反应模式对酒店市场营销人员研究顾客行为很有帮助。营销者的任务就是要了解在外部刺激和顾客最终的购买决策之间购买者的意识发生了什么变化。

从酒店营销者角度出发，各个酒店的许多市场营销活动都可以被视作对顾客行为的刺激，如产品、价格、销售地点和场所、各种促销方式等。所有这些，我们称为“市场营销刺激”，是酒店有意安排的、对顾客的外部环境刺激。除此之外，顾客还时时受到其他方面的外部刺激，如经济的、技术的、政治的和文化的刺激等。所有这些刺激，进入了顾客的“黑箱”后，经过了一系列的心理活动，产生了人们看得到的顾客反应：购买还是拒绝接受，或是表现出需要更多的信息。如顾客一旦已决定购买，其反应便通过其购买决策过程表现在顾客的购买选择上，包括产品选择、品牌选择、经销商选择、购买时间选择和购买数量选择，如图 3－1 所示。

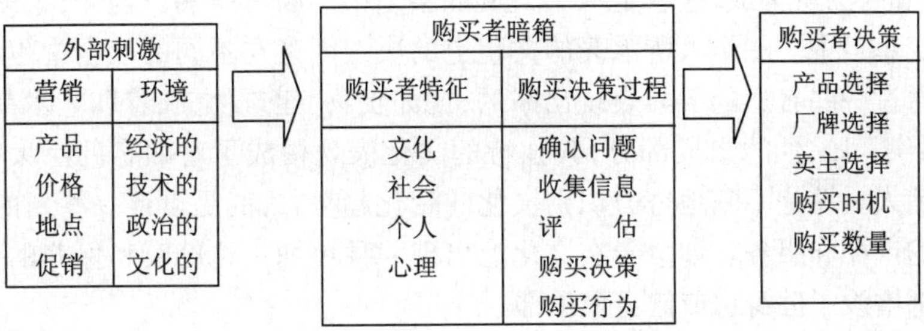

图 3－1　营销刺激与消费者反应模式

第二节　酒店顾客的购买决策——探究“黑箱”内幕

在刺激反应模式中，“黑箱”的“内幕”很难一窥究竟，但至少可以通过分析以下两方面的内容，达到了解顾客购买心理活动，从而制定相应的营销策略的目的。①顾客的心理活动。外部刺激和顾客的个人特征，会影响其购买活动中对外部事物的认识、情绪和意志并制约其反应。②顾客的购买决策过程。顾客的购买活动并非开始于某一家酒店，也并非结束于交款结账，它从顾客认识到需要开始，消费使用完毕告一段落，往复循环又不断产生新的变化，在这个过程中，顾客必须作出一系列的判断和决定，其决策会受到很多因素的影响。

一、影响酒店顾客购买心理的因素

酒店顾客在采取购买行为之前，其复杂的心理活动会受到各种因素的影响，这些因素通常包括文化、社会、个人和心理特征。

(一)文化因素

文化因素对顾客行为具有最广泛和最深远的影响。下面主要讨论顾客的文化、亚文化和社会阶层所起的作用。

1. 文化

一般认为,文化应有广义与狭义之分。广义文化是指人类创造的一切物质财富和精神财富的总和。狭义文化是指人类精神活动所创造的成果,如哲学、宗教、科学、艺术、道德等。在顾客行为研究中,由于酒店主要关心文化对顾客行为的影响,所以将文化定义为在一定社会中经过学习获得的、用以指导顾客行为的信念、价值观和习惯的总和。

文化是决定人们的欲望和行为的最基本的因素。它由基本的价值观、认知系统、欲望和行为所构成,这些是一个人从社会当中不断习得的。当今,大多数社会都处在变革当中。一个人所承袭的文化上的决定因素在不同的社会中也在变化。文化是通过一些有形的要素表现出来的,比如食物、建筑物、衣着和艺术品等。文化是酒店不可缺少的组成部分,其独特的文化表现构成了对顾客的巨大吸引力。酒店营销人员总是不断地努力识别文化的变化趋势,为的是设计一些新的能被顾客接受的产品和服务。如由于在文化上出现一种更加关注健康和保养的趋势,许多酒店都增设了健身房或健身俱乐部。

2. 亚文化

亚文化是一个不同于文化类型的概念。每一种文化都包含能为其成员提供更为具体的认同感和社会化的较小的亚文化群体。所谓亚文化,是指某一文化群体所属次级群体的成员共有的独特信念、价值观和生活习惯。每种亚文化都会坚持其所在的更大社会群体中大多数主要的文化信念、价值观和行为模式。目前,国内外营销学者普遍接受的是按民族、宗教、种族、地理划分亚文化的分类方法。

这些亚文化对顾客的行为影响也很大,作为主要接待国际旅游者的酒店来说,营销人员应详细了解各种不同的亚文化及这些不同亚文化对酒店顾客行为的影响。例如对于颜色,不同的亚文化群有不同的理解,红、黄、绿、蓝、紫、白、黑等都有各自的象征意义。例如,一般来说,白色代表纯洁,红色代表热情喜庆,黑色代表哀伤或庄重肃穆,绿色象征生命、青春与和平。但在不同的国家,相同的颜色可能具有完全不同的象征意义。例如,蓝色对绝大多数美国人来说,是最有男子汉形象的颜色,而在英国和法国,红色才具有相似的意义。在日本,灰色是同廉价商品联系在一起的,而对于美国人来说,灰色却代表着昂贵、高质量,并且值得信赖。还比如,礼仪与礼节代表社会交往中一般被接受的行为方式,但它也可能导致人们相互间的误解或不自在。在一个文化中被认为粗鲁无礼和令人讨厌的行为,在另一个文化中可能是十分正常和被人们普遍接受的。例如,在中国和其他一些东方国家,坐着时跷二郎腿在许多场合(如晚辈在长辈面前)会被认为是对他人的不尊敬或者是缺少教养和没有礼貌。对一个阿拉伯人亮出鞋底,也是不礼貌的。但在美国,则会被认为是普遍的和可以被接受的。因此,许多美国广告都有跷二郎腿,或者把双脚搁在桌子上的画面,而且画面中的人物优哉游哉,充满自信。又如,与印度人谈话时,不盯着对方看表示尊敬。而在美国,直盯着谈话者的眼睛才表示尊敬。

3. 社会阶层

顾客均处于一定的社会阶层。同一阶层的顾客在行为、态度和价值观念等方面具有同质性,不同阶层的顾客在这些方面存在较大的差异。因此,研究社会阶层对于深入了解顾客行为具有特别重要的意义。

不同社会阶层顾客的行为在支出模式、休闲活动、信息接收和处理、购物方式等方面均有较大的差异,对于酒店营销人员来说,社会阶层提供了一种合适的细分依据或细分基础。依据社会阶层制定市场营销战略的具体步骤,第一步是决定酒店的产品及其消费过程在哪些方面受社会地位的影响,然后将相关的地位变量与产品消费联系起来。为此,除了运用相关变量对社会进行分层以外,还要搜集顾客在产品使用、购买动机、产品的社会含义等方面的数据。第二步是确定应以哪一社会阶层的顾客为目标市场。这既要考虑不同社会阶层作为市场的吸引力,也要考虑酒店自身的优势和特点。第三步是根据目标顾客的需要与特点,为产品定位。最后是制定市场营销组合策略,以达成定位目的。

(二)社会因素

酒店顾客购买行为也受一些社会因素的影响,其中包括顾客参照群体、家庭、社会角色和社会地位等。由于社会因素在很大程度上影响人的反应,酒店在制定营销战略时都必须予以考虑。

1. 参照群体

顾客的很多行为受到群体及其规范的影响。群体或社会群体是指通过一定的社会关系结合起来进行共同活动而产生相互作用的集体。从顾客行为分析角度,研究群体影响至关重要。首先,群体成员在接触和互动过程中,通过心理和行为的相互影响与学习,会产生一些共同的信念、态度和规范,它们对顾客的行为将产生潜移默化的影响。其次,群体规范和压力会促使顾客自觉或不自觉地与群体的期待保持一致。即使是那些个人主义色彩很重、独立性很强的人,也无法摆脱群体的影响。最后,很多产品的购买和消费是与群体的存在和发展密不可分的。

参照群体实际上是个体在形成其购买或消费决策时,用以作为参照、比较的个人或群体。如同从行为科学里借用的其他概念一样,参照群体的含义也在随着时代的变化而变化。参照群体最初是指家庭、朋友等个体与之具有直接互动的群体,但现在它不仅包括这些具有互动基础的群体,而且涵盖了与个体没有直接面对面接触,但对个体行为产生影响的个人和群体。人们总希望自己富有个性和与众不同,然而群体的影响又无处不在。不管是否愿意承认,每个人都有与各种群体保持一致的倾向。尽管我们时常要有意识地决定是否遵从群体,通常情况下,我们是无意识地和群体保持一致的。参照群体对顾客的影响,通常表现为3种形式:

(1)行为规范上的影响。规范性影响是指由于群体规范的作用而对顾客的行为产生影响。规范是指在一定社会背景下,群体对其所属成员行为合适性的期待,它是群体为其成员确定的行为标准。无论何时,只要有群体存在,无须经过任何语言沟通和直接思考,规范就会迅即发挥作用。规范性影响之所以发生和起作用,是由于奖励和惩罚的存在。为了获得赞赏和避免惩罚,个体会按群体的期待行事。

(2)信息方面的影响。参照群体成员的行为、观念、意见被个体作为有用的信息予以参考,由此对其行为产生影响。当顾客对所购产品缺乏了解,别人的使用和推荐将被视为非常有用的证据。群体在这一方面对个体的影响,取决于被影响者与群体成员的相似性,以及施加影响的群体成员的专长性。

(3)价值表现上的影响。个体自觉遵循或内化参照群体所具有的信念和价值观,从而在行为上与之保持一致。个体之所以在无须外在奖惩的情况下自觉依照群体的规范和信念行事,主要是基于两方面力量的驱动。一方面,个体可能利用参照群体来表现自我,来提升自我形象。另一方面,个体可能特别喜欢该参照群体,或对该群体非常忠诚,并希望与之建立和保持长期的关系,从而视此群体价值观为自身的价值观。

2. 家庭

人的一生,大部分时间在家庭里度过。家庭成员之间的频繁互动对个体行为的影响广泛而深远。个体的价值观、信念、态度和言谈举止无不打上家庭影响的烙印。不仅如此,家庭还是一个购买决策单位,家庭购买决策既制约和影响家庭成员的购买行为,反过来家庭成员又对家庭购买决策施加影响。

一般而言,家庭消费决策过程中至少涉及以下5种角色:

(1)倡议者,提议购买某种产品或使其他家庭成员对某种产品产生购买兴趣的人。

(2)影响者,为购买提供评价标准和产品信息,从而影响挑选产品的人。

(3)决策者,有权决定购买什么及何时购买的家庭成员。

(4)购买者,实际进行购买的家庭成员。

(5)使用者,在家庭中实际消费或使用的人。

在有的购买活动中,大部分角色都由一个人来承担;在另外的购买中,则可能由多人分别承担不同的角色。

3. 角色与社会地位

每一个人都在社会或群体中占据一定的位置,围绕这一位置,社会对个体会有一定的要求或期待。当个体依照社会的期待去履行义务、行使权利时,他就是在扮演一定的角色。在现实生活中,人们需要扮演各种各样的角色。

角色是个体在特定社会或群体中占有的位置和被社会或群体所规定的行为模式。虽然角色直接与社会的人相联系,而且必须由处于一定社会地位的人来承担,但它是建立在位置或地位的基础上。对于特定的角色,不论是由谁来承担,人们对其行为都有相同或类似的期待。角色有先赋角色与自致角色之分。先赋角色是指那些不必经过角色扮演者的努力而由先天因素决定或由社会所规定的角色,如由遗传所决定的性别角色,封建时代通过世袭继承所形成的皇帝、公爵、伯爵等角色。自致角色或称获得性角色,是指个体通过自己的主观努力而获得的社会角色,如通过自己的奋斗当上总经理、大学教授等。

一定的角色总是和一系列的产品和服务相关联,这些产品或者有助于角色扮演,或者具有重要的象征意义。角色和产品与服务的关联性规定了哪些产品适合某一角色,哪些产品不适合某一角色。酒店市场营销者的主要任务,就是确保其产品能满足目标角色的实用或象征性需要,从而使人们认为其产品适用于该角色。

(三)个人因素

顾客购买决策也受个人因素的影响,如年龄、家庭生命周期阶段、职业、经济状况、生活方式、个性与自我概念等。

1. 年龄与家庭所处生命周期阶段

在一生中人们所购买的产品和服务的类型是不断变化的。比如人们在对进行何种休闲活动、旅游目的地的选择以及娱乐活动的喜好方面均同顾客的年龄和家庭状况相关。

酒店市场营销人员常常会忽略一些与年龄相关的重要因素,这也许是因为在那些制定市场营销战略的人与顾客之间存在着年龄上的很大差异。对各种不同年龄阶段顾客的成功营销也需要靠制定专门的和目标明确的战略来实现。

顾客购买行为还受到个人所处的家庭生命周期阶段、财务状况和产品偏好的影响。酒店市场营销人员经常根据家庭生命周期阶段来定义目标顾客,并制订适当的产品和营销计划。

家庭生命周期大致可分为以下阶段:

(1)单身阶段。年轻的单身者要么在大学念书,要么刚跨出校门开始工作。随着结婚年龄的推迟,这一群体的数量正在增加。虽然收入不高,但由于没有其他方面的负担,所以他们通常拥有较多的可自由支配收入。这一群体比较关心时尚,崇尚娱乐和休闲。

(2)新婚阶段。这一阶段始于新婚夫妇正式组建家庭,止于他们的第一个孩子出生。为了形成共同的生活方式,双方均需要做很多调整。一方面,共同的决策和分担家庭责任,对新婚夫妇是一种全新的体验,另一方面还会遇到很多以前未曾遇到和从未考虑过的问题,如购买家庭保险、进行家庭储蓄等。他们通常具有较高的消费能力,追求浪漫,拥有较多的可自由支配时间,是剧院门票、昂贵服装、高档家具、餐馆饮食、奢侈度假等产品和服务的重要市场,因此对酒店营销者颇有吸引力。

(3)满巢Ⅰ。这一阶段通常是指由年幼(6 岁以下小孩)和年轻夫妇组成的家庭。第一个孩子的出生常常会给家庭生活方式和消费方式带来很多变化。在西方,夫妻中的一方通常是女方会停止工作,在家照看孩子,因此家庭收入会减少。然而,孩子的出生确实带来很多新的需要,从而使家庭负担有所增加。家庭需要购买婴儿食品、婴儿服装、玩具等很多与小孩儿有关的产品。同时,在度假、用餐和家居布置等方面均要考虑小孩儿的需要。

(4)满巢Ⅱ。此阶段,最小的孩子已超过 6 岁,多在小学或中学念书。因为孩子不需要大人在家里照看,夫妻中原来专门在家看护孩子的一方也已重新工作,这样,家庭经济状况得到改善。

(5)满巢Ⅲ。通常是指年纪较大的夫妇和他们仍未完全独立的孩子所组成的家庭。此一阶段,小孩儿中有的已经工作,家庭财务压力相对减轻。由于户主及其配偶都工作,加上孩子也不时能给一些小的补贴,所以家庭经济状况明显改善。通常,处于此一阶段的家庭会更新一些大件商品,购买一些更新潮的家具,还会花很多钱用于旅游度假、在外用餐等方面。

(6)空巢阶段。空巢阶段始于小孩儿不再依赖父母,也不与父母同住,这一阶段延续的时间也比较长。很多父母可以做他们以前想做但由于孩子的牵累而无法做的一些事情,如继续接受教育、培养新的嗜好、夫妻单独出外旅游等。人生的这一阶段,也许是经济上和时间上最宽裕的时期。夫妻不仅可以频繁地外出度假,而且还会买一些高档的物品。在空巢的后期,户主到了退休年龄,经济收入随之减少。由于大多数人是在身体很好的情况下退休,而且退休后可用的时间特别多,所以不少人开始追求新的爱好和兴趣,如外出旅游、参加老年人俱乐部等。对度假型酒店有较大的需求。

(7)解体阶段。当夫妻中的一方过世,家庭进入解体阶段。如果在世的一方身体尚好,有工作或有足够的储蓄,并有朋友和亲戚的支持和关照,家庭生活的调整就比较容易。由于收入来源减少,此时在世的一方,过一种更加节俭的生活。而且,这样的家庭会有一些特殊的需要,如更多的社会关爱和照看。

2. 职业

一个人的职业影响他购买什么样的产品和服务。不同职业的顾客，对于酒店产品的需求与爱好往往不尽一致。

3. 经济状况

一个人的经济状况会在很大程度上影响其对酒店产品的选择。在经济低迷时期，顾客普遍会缩减其在餐馆、娱乐和度假等方面的消费。酒店营销人员需要关注个人的收入、储蓄和利息率的变化。相反，在经济繁荣时期，会有很多营销机会。

4. 个性与自我概念

个性是在个体生理素质的基础上，经由外界环境的作用逐步形成的。个性的形成既受遗传和生理因素的影响，又与后天的社会环境尤其是童年时的经验具有直接关系。顾客的自我概念或自我形象与个性有紧密的联系。自我概念是个体对自身一切的知觉、了解和感受的总和。每个人都会逐步形成关于对自身的看法。自我概念回答的是“我是谁”和“我是什么样的人”一类问题，它是个体自身体验和外部环境综合作用的结果。一般认为，顾客将选择那些与其自我概念相一致的酒店产品与服务，避免选择与其自我概念相抵触的酒店。正是在这个意义上，研究顾客的自我概念对酒店特别重要。顾客不只有一种自我概念，而是拥有多种类型的自我概念。

(1)实际的自我概念，指顾客实际上如何看待自己。

(2)理想的自我概念，指顾客希望如何看待自己。

(3)社会的自我概念，指顾客感到别人是如何看待自己。

(4)理想的社会自我概念，指顾客希望别人如何看待自己。

(5)期待的自我概念，指顾客期待在将来如何看待自己，它是介于实际的自我与理想的自我之间的一种形式。

由于期待的自我折射出个体改变“自我”的现实机会，对酒店营销者来说它也许较理想的自我和现实的自我更有价值。在很多情况下，顾客购买产品不仅仅是为了获得产品所提供的功能效用，而是要获得产品所代表的象征价值。

5. 顾客的生活方式

关于生活方式的说法很多。简言之，生活方式就是人如何生活。具体地说，它是个体在成长过程中，在与社会诸因素交互作用下表现出来的活动、兴趣和态度模式。个体和家庭均有生活方式。虽然家庭生活方式部分地由家庭成员的个人生活方式所决定，反过来，个人生活方式也受家庭生活方式的影响。

生活方式与前面讨论的个性既有联系又有区别。一方面，生活方式很大程度上受个性的影响。一个具有保守、拘谨性格的顾客，其生活方式不大可能太多地包容诸如登山、跳伞、丛林探险之类的活动。另一方面，生活方式反映的是人们如何生活、如何花费、如何消磨时间等外显行为,而个性则侧重从内部来描述个体,它更多地反映个体思维、情感和知觉特征。可以说,两者是从不同的层面来刻画个体。区分个性和生活方式对酒店市场营销具有重要的意义。一些研究人员认为,在市场细分过程中过早以个性区分市场,会使目标市场过于狭窄。因此,他们建议,市场营销者应先根据生活方式细分市场,然后再分析每一细分市场内顾客在个性上的差异。如此,可使营销者识别出具有相似生活方式特征的大量顾客。

研究顾客生活方式通常有两种途径:一种途径是研究人们一般的生活方式模式;另一种途径是将生活方式分析运用于具体的消费领域,如户外活动,或与酒店所提供的产品、服务最为相关的方面。在现实生活中,顾客很少明确地意识到生活方式在其购买决策中所起的作用。例如,在购买登山鞋、野营帐篷等产品时,很少有顾客想到这是为了保持其生活方式。然而,追求户外活动和刺激生活方式的人可能不需多加考虑就购买这些产品,因为这类产品所提供的利益与其活动和兴趣相吻合。

(四)心理因素

1. 需要与动机

顾客为什么购买某种产品,为什么对酒店的市场营销刺激有着这样而不是那样的反应,在很大程度上是和顾客的购买动机密切联系在一起的。购买动机研究就是探究购买行为的原因,即寻求对购买行为的解释,以使酒店营销人员更深刻地把握顾客行为,在此基础上作出有效的营销决策。

(1)顾客的需要。顾客需要是指顾客生理和心理上的匮乏状态,即感到缺少些什么,从而想获得它们的状态。需要是和人的活动紧密联系在一起的。人们购买产品,接受服务,都是为了满足一定的需要。一种需要满足后,又会产生新的需要。因此,人的需要绝不会有被完全满足和终结的时候。正是需要的无限发展性,决定了人类活动的长久性和永恒性。

需要虽然是人类活动的原动力,但它并不总是处于唤醒状态。只有当顾客的匮乏感达到了某种迫切程度,需要才会被激发,并促使顾客有所行动。需要已经唤醒,可以促使顾客为消除匮乏感和不平衡状态采取行动。但它并不具有对具体行为的定向作用。在需要和行为之间还存在着动机、驱动力、诱因等中间变量。因此,需要只是对应于大类备选产品,它并不为人们为什么购买某种特定产品、服务或某种特定牌号的产品、服务提供充分解答。

(2)顾客的动机。一般认为,动机是"引起个体活动,维持已引起的活动,并促使活动朝向某一目标进行的内在作用"。人们从事任何活动都由一定动机所引起。引起动机有内外两类条件,内在条件是需要,外在条件是诱因。需要经唤醒会产生驱动力,驱动有机体去追求需要的满足。由此可见,需要可以直接引起动机,从而导致人们向特定目标行动。

顾客具体购买动机包括：

①求实动机。它是指顾客以追求商品或服务的使用价值为主导倾向的购买动机。

②求新动机。它是指顾客以追求商品、服务的时尚、新颖、奇特为主导倾向的购买动机。

③求美动机。它是指顾客以追求商品欣赏价值和艺术价值为主导倾向的购买动机。

④求名动机。它是指顾客以追求名牌、高档商品，借以显示或提高自己的身份、地位而形成的购买动机。

⑤求廉动机。它是指顾客以追求商品、服务的价格低廉为主导倾向的购买动机。

⑥求便动机。它是指顾客以追求商品购买和使用过程中的省时、便利为主导倾向的购买动机。

⑦模仿或从众动机。它是指顾客在购买商品时自觉不自觉地模仿他人的购买行为而形成的购买动机。

⑧癖好动机。它是指顾客以满足个人特殊兴趣、爱好为主导倾向的购买动机。其核心是为了满足某种嗜好、情趣。

上述购买动机绝不是彼此孤立的，而是相互交错、相互制约的。在有些情况下，一种动机居支配地位，其他动机起辅助作用；在另外一些情况下，可能是另外的动机起主导作用，或者是几种动机共同起作用。因此，在调查、了解和研究过程中，对顾客购买动机切忌作静态和简单的分析。

2. 知觉

产品、广告等营销刺激只有被顾客知觉才会对其行为产生影响。顾客形成何种知觉，既取决于知觉对象，又与知觉时的情境和顾客先前的知识与经验密切联系。顾客的知觉过程包括 3 个相互联系的阶段，即展露、注意和理解。在信息处理过程中，如果一则信息不能依次在这几个阶段生存下来，它就很难储存到顾客的记忆中，从而也无法有效地对顾客行为产生影响。

(1)刺激物的展露指将刺激物展现在顾客的感觉神经范围内，使其感官被激活。对于顾客来说，展露并不完全是一种被动的行为，很多情况下是主动选择的结果。为了减少广告逃避现象和提高营销信息的展露水平，营销者和广告公司多采用如下办法，如增强广告本身的吸引力、在多种媒体和多个电视频道刊播广告、将广告置于最靠近节目开始或节目结束的位置、劝说电台、电视台等媒体单位减少广告刊播时间与数量等。

(2)注意及其影响因素。由于认识能力的限制,在某一特定时点,顾客不可能同时注意和处理所有展露在他面前的信息,而只是部分地对某些信息予以注意。注意是指个体对展露于其感觉神经系统面前的刺激物作出进一步加工和处理,它实际上是对刺激物分配某种处理能力,一般而言,影响注意的因素主要有3类,即刺激物因素、个体因素和情境因素。刺激物因素是指刺激物本身的特征,如大小、颜色、位置、运动等。由于刺激物因素是酒店可以控制的,因此,在市场营销实践中它们常被用来吸引顾客的注意。个体因素是指个人的特征,它们通常是酒店不能直接控制的,这些因素主要包括需要与动机、态度、适用性水平等。情境因素既包括环境中独立于中心刺激物的那些成分,又包括暂时性的个人特征如个体当时的身体状况、情绪等。

(3)对刺激物的理解。知觉的最后一个阶段,是个体对刺激物的理解,它是个体赋予刺激物以某种含义或意义的过程。理解涉及个体依据现有知识对刺激物进行组织分类和描述,它同样受到个体因素、刺激物因素和情境因素的制约和影响。

人们总是倾向于按一定的规则将新的刺激物与储存在头脑中的既有知识、经验相联系,并将新的刺激物当作是一个有意义的总体。人在对刺激物进行组织的过程中遵循一系列原则,其中3条原则非常重要:

简洁性原则:人在对知觉对象或刺激物理解的过程中,有一种将他的各种感知组织成简单的模式的倾向。

形、底原则:人们在对刺激物进行组织的过程中,倾向于把刺激物分成两部分:一部分是形或图,即在知觉范围内最受关注或得到最多注意的那些因素;另一部分,即刺激物中的其余部分或对特定个体来说具有较小意义的那些因素,它们构成了知觉背景或底色。

完形原则:完形原则是指即使在要素不全的情况下,顾客也有将刺激物发展成一幅完全画面或图景的趋势。

3. 学习

顾客的需要和行为绝大部分是后天习得的。通过学习,顾客获得了丰富的知识和经验,提高了对环境的适应能力。学习是指人在生活过程中,因经验而产生的行为或行为潜能的比较持久的变化。

当顾客消费一件产品时,也是他学习的过程。比如某公司准备在一家酒店召开一次重要的会议,那么公司通常会对各竞争酒店的服务进行调查,他们通过在餐厅进餐,观察员工的服务态度和技能,考察酒店的特色。根据所了解的信息,他们选择了开会的酒店。在开会期间,他们再一次体验酒店的服务。根据他们以及参加会议的人员的体验,他们会对酒店形成满意或不满意的评价。酒店应该帮助顾客了解其设施和服务的质量。有些豪华酒店安排人员领着首次入住的顾客到各个地方参观，告诉顾客酒店所能提供的各种服务及其特色。

4. *态度与信念*

态度是由情感、认知和行为构成的综合体。人们几乎对所有事物都持有态度，这种态度不是与生俱来的，而是后天习得的。顾客对产品、服务或酒店形成某种态度，并将其储存在记忆中，需要的时候，就会将其从记忆中提取出来，以应付或帮助解决当前所面临的购买问题。通过这种方式，态度有助于顾客更加有效地适应动态的购买环境，使之不必对每一新事物或新的产品、新的营销手段都以新的方式作出解释和反应。从这个意义上讲，形成态度能够满足或有助于满足某些消费需要，或者说，态度本身具有一定的功能。

(1)适应功能也称实利或功利功能。它是指态度能使人更好地适应环境和趋利避害。

(2)自我防御功能是指形成关于对某些事物的态度，能够帮助个体回避或忘却那些严峻环境或难以正视的现实，从而保护个体的现有人格和保持心理健康。

(3)知识或认识功能指形成某种态度，更有利于对事物的认识和理解。事实上，态度可以作为帮助人们理解世界的一种标准或参照物，有助于人们赋予变幻不定的外部世界某些意义。

(4)价值表达功能指形成某种态度，能够向别人表达自己的核心价值观念。顾客信念是指顾客持有的关于事物的属性及其利益的知识。不同顾客对同一事物可能拥有不同的信念，而这种信念又会影响顾客的态度。一些顾客可能认为名牌产品的质量比一般产品高出很多，能够提供很大的附加利益；另一些顾客则坚持认为，随着产品的成熟，不同企业生产的产品在品质上并不存在太大的差异，名牌产品提供的附加利益并不像人们想象的那么大。很显然，上述不同的信念会导致对名牌产品的不同态度。

一般而言，顾客态度对购买行为的影响，主要通过以下 3 个方面体现出来：首先，顾客态度将影响其对产品、品牌的判断与评价。其次，态度影响顾客的学习兴趣与学习效果。最后，态度通过影响顾客购买意向，进而影响购买行为。

二、酒店顾客的购买决策过程

在诸多因素的作用下，顾客最终要作出是否购买的决定，酒店管理者和营销人员则需要弄清楚顾客作出这一购买决定的过程，以便采取相应的措施，实现酒店的市场营销目标。

(一)购买决策的参与者

酒店需要了解哪些人参与到购买决策过程当中，每个人都扮演什么样的角色。

在很多交易当中,决策者都很容易识别出来。如商务人员往往自己选择在商务旅行中住哪一家酒店,或至少要决定住什么品牌或什么档次的酒店。在一次交易中往往涉及以下参与者:

发起者:首先想到或提议购买酒店产品或服务的人。

影响者:其看法或意见对最终决策具有直接或间接影响的人。

决定者:能够对买不买、买什么、买多少、何时买、何处买等问题作出全部或部分的最后决定的人。

购买者:实际采购的人。

使用者:直接消费或使用所购商品或劳务的人。

了解每一购买者在购买决策中扮演的角色,并针对其角色地位与特性,采取有针对性的营销策略,就能较好地实现营销目标。

(二)购买行为的类型

顾客在消费时,会因产品价格、购买频率的不同,而投入程度不同的购买行为。西方学者根据购买者在购买过程中参与者的介入程度和品牌间的差异程度,将顾客的购买行为分为4种类型。

1. 复杂的购买行为

当顾客初次选购价格昂贵、购买次数较少、冒风险和高度自我表现的产品时,则属于高度介入购买即复杂的购买行为。由于对这些产品的性能缺乏了解,为慎重起见,他们往往需要广泛地收集有关信息,并经过认真地学习,产生对这一产品的信念,形成对品牌的态度,并慎重地作出购买决策。对这种类型的购买行为,酒店应设法帮助顾客了解与酒店有关的知识,并设法让他们知道和确信本酒店在比较重要的性能方面的特征及优势,使他们树立对酒店的信任感。这期间,酒店要特别注意针对购买决定者做介绍酒店特性的多种形式的广告。

2. 减少不协调感的购买行为

当顾客高度介入某项产品的购买,但又看不出各品牌有何差异时,往往对所购产品产生失调感。因为顾客购买一些品牌差异不大的商品时,虽然他们对购买行为持谨慎的态度,但他们的注意力更多的是集中在品牌价格是否优惠、购买时间、地点是否便利,而不是花很多精力去收集不同品牌间的信息并进行比较,而且从产生购买动机到决定购买之间的时间较短。因而这种购买行为容易产生购买后的不协调感,即顾客购买某一产品后,或因产品自身的某些方面不称心,或得到了其他更好产品的信息,从而产生不该购买这种产品的后悔心理或心理不平衡。为了改变这样的心理,追求心理的平衡,顾客广泛地收集各种对已购产品的有利信息,以证明自己购买决定的正确性。为此,酒店应通过调整价格和渠道的选择,并向顾客提供有利的信息,帮助顾客消除不平衡心理,坚定其对所消费产品的信心。

3. 广泛选择的购买行为

广泛选择的购买行为又叫作寻求多样化购买行为。如果一个顾客购买的产品品牌间差异大，而且可供选择的品牌很多时，他们并不花太多的时间选择品牌，而且也不专注于某产品，而是经常变换品种。面对这种广泛选择的购买行为，当酒店处于市场优势地位时，应注意以各种渠道销售其产品，并通过提醒性的广告促成顾客建立习惯性购买行为；而当酒店处于非市场优势地位时，则应以降低产品价格、免费试用、介绍新产品的独特优势等方式，鼓励顾客进行多种品种的选择和新产品的试用。

4. 习惯性的购买行为

顾客有时购买某一商品，并不是因为特别偏爱某一品牌，而是出于习惯。当某些产品价格低廉、品牌间差异不大时，顾客购买它时，大多不会关心品牌，而是靠多次购买和多次使用而形成的习惯去选定某一品牌。针对这种购买行为，酒店要特别注意给顾客留下深刻印象，酒店的广告要强调其主要特点，要以鲜明的视觉标志、巧妙的形象构思赢得顾客对酒店产品的青睐。为此，酒店的广告要加强重复性、反复性，以加深顾客对产品的熟悉程度。

（三）购买决策过程

每一顾客在进行消费时，均会有一个决策过程，只是因所购产品类型、购买者类型的不同而使购买决策过程有所区别，但典型的购买决策过程一般包括以下几个方面。

1. 认识需求

认识需求是顾客购买决策过程的起点。当顾客觉得自己有某种不满足时，就会对某种产品产生需求以便填补其不满足，这样顾客就会产生对需求的认识。顾客这种对需求的认识可能来自本身的生理需要，也可能因外界因素刺激而产生（如酒店的广告、酒店销售人员的推销等因素）。当然，有时候顾客的某种需求可能是内、外因同时作用的结果。

酒店市场营销人员应注意识别引起顾客某种需要和兴趣的环境，并充分注意到两方面的问题：一是注意了解那些与本酒店的产品实际上或潜在的有关联的驱使力；二是顾客对某种产品的需求强度，会随着时间的推移而变动，并且被一些诱因所触发。在此基础上，酒店还要善于安排诱因，促使顾客对酒店产品产生强烈的需求，并立即采取购买行动。

2. 收集信息

当顾客产生了购买动机之后，便会开始搜集与购买动机相关的信息。顾客信息的来源主要有 4 个方面：

（1）个人来源。从家庭、亲友、邻居、同事等个人交往中获得信息。

(2)商业来源。这是顾客获取信息的主要来源,其中包括广告、推销人员的介绍、中间商的推介等。这一信息源是酒店可以控制的。

(3)公共来源。顾客从电视、广播、报纸杂志等大众传播媒体所获得的信息。

(4)经验来源。顾客从自己亲自接触、使用酒店产品的过程中得到的信息。

上述4种信息来源中,商业信息最为重要,从顾客角度看,商业信息不仅具有通知的作用,而且还具有针对性、可靠性,而个人和经验来源只能起验证作用。对酒店来说,商业信息是可以控制的。顾客可以通过商业信息的渠道了解本酒店的产品,进而购买本酒店的产品。

3. 评价方案

当顾客从不同的渠道获取有关信息后,便对可供选择的酒店进行分析和比较,并对各家酒店作出评价,最后决定购买。

顾客对收集到的信息中的各种产品的评价主要从以下几个方面进行:

(1)分析产品属性。产品属性即产品能够满足顾客需要的特性。顾客不一定对酒店的所有属性都视为同等重要。市场营销人员应分析本酒店产品应具备哪些属性,以及不同类型的顾客分别对哪些属性最关注,以便进行市场细分,对不同需求的顾客提供具有不同属性的产品,既满足顾客的需求,又最大限度地减少因生产不必要的属性所造成的资金、劳动力和时间的耗费。

(2)建立属性等级。即顾客对产品有关属性所赋予的不同的重要性权重数。市场营销人员应更多地关心属性权重,而不是属性特色。

(3)确定品牌信念。顾客会根据各酒店的属性及各属性的参数,建立起对各家酒店的不同信念。比如,确认哪家酒店在哪一属性上占优势,哪一属性相对较差。

(4)形成“理想产品”。顾客的需求只有通过购买和消费才能得以满足,而他们所期望从产品中得到的满足是随产品每一种属性的不同而变化的,这种满足程度与产品属性的关系,可以用效用函数描述。效用函数,即描述顾客所期望的产品满足感随产品属性的不同而有所变化的函数关系。它与品牌信念的联系是,品牌信念指顾客对某品牌的某一属性已达到何种水平的评价,而效用函数则表明顾客要求该属性达到何种水平他才会接受。每一顾客对不同产品属性的满足程度不同,形成不同的效用函数。

(5)作出最后评价。顾客从众多可供选择的酒店中,通过一定的评价方法,对各家酒店进行评价,从而形成对它们的态度和对某家酒店的偏好。在这一评价过程中,大多数的顾客总是将实际产品与自己的理想产品进行比较。也就是说,偏好和购买意图并不总是导致实际购买,尽管二者对购买行为有直接影响。

4. 购买决定

只让顾客对酒店产生好感和购买意向是不够的,真正将购买意向转为购买行为对酒店来说才是最重要的，其间还会受到两个方面的影响。

(1)他人的态度。顾客的购买意图，会因他人的态度而增强或减弱。他人态度对消费意图影响力的强度，取决于他人态度的强弱及他与顾客的关系。一般说来，他人的态度越强、他与顾客的关系越密切，其影响就越大。

(2)意外的情况。顾客购买意向的形成，总是与预期收入、预期价格和期望从产品中得到的好处等因素密切相关。但是当他欲采取购买行动时，发生了一些意外的情况，诸如因失业而减少收入，因产品涨价而无力购买，或者有其他更需要购买的东西等，这一切都将会使他改变或放弃原有的购买意图。

5. *购后行为*

产品在被购买之后，就进入了购后阶段，此时，市场营销人员的工作并没有结束。顾客购买产品后，通过自己的使用和他人的评价，会对自己购买的产品产生某种程度的满意或不满意。购买者对其购买活动的满意感(S)是其对产品期望(E)和该产品可觉察性能(P)的函数，即 $S=f(EP)$。若 $E=P$，则顾客会满意；若 $E>P$，则顾客会不满意；若 $E<P$，则顾客会非常满意。顾客根据自己从酒店、朋友以及其他来源所获得的信息来形成产品期望。如果酒店夸大其产品的优点，顾客将会感受到不能证实的期望。这种不能证实的期望会导致顾客的不满意感。在 E 与 P 之间的差距越大，顾客的不满意感也就越强烈。当他们感到十分不满意时，肯定不会再住这家酒店，甚至劝阻他人也不要住这家酒店。所以，酒店应使其产品真正体现出其可觉察性能，以使购买者感到满意。事实上，那些有保留地宣传其产品优点的酒店，反倒使顾客产生了高于期望的满意感，并树立起良好的产品形象和企业形象。顾客对其服务是否满意，将影响到以后的购买行为。如果对酒店满意，则继续下榻酒店，并向其他人宣传该酒店的优点。如果对酒店不满意，则会尽量减少不和谐感，因为人的机制存在着一种在自己的意见、知识和价值观之间建立协调性、一致性或和谐性的驱使力。具有不和谐感的顾客可以通过放弃来减少不和谐，也可以通过寻求证实酒店价值比其价格高的有关信息来减少不和谐感。市场营销人员应采取有效措施尽量减少购买者购买后不满意的程度，并通过加强售后服务、保持与顾客联系、提供使他们从积极方面认识产品的特性等方式，以增加顾客的满意感。

研究和了解顾客的需要及其购买过程，是市场营销成功的基础。市场营销人员通过了解购买者如何经历引起需要、寻找信息、评价行为、决定购买和购后行为的全过程，就可以获得许多有助于满足顾客需要的有用线索，通过了解购买过程的各种参与者及其对购买行为的影响，就可以为其目标市场设计有效的市场营销计划。

(四)如何激励顾客的购买行为

市场营销人员要使尽可能多的消费者转变为可能的顾客，必须要理解消费者行为,想方设法吸引顾客购买。

1. 如何影响消费者的习惯

市场营销人员为了赢取较大的市场占有率,大约可用三种方法影响消费者的习惯。

(1)促使消费者改变原有的习惯。为了使消费者建立一个新的习惯,必须破除一些影响他们行为的原有习惯。营销人员首先要促使消费者感到自己的行为和习惯有不合理之处。希尔顿酒店公司积极地推销,促使旅游者破除外出旅行住喜来登酒店的习惯,使自己更有机会吸引顾客。

(2)促使消费者建立新的习惯。酒店业采用许多推销策略,促使消费者到新的酒店住宿,来尝试酒店新的菜谱,使用新的设施。某连锁酒店打出这样的广告:"酒店方便预订的大突破——只要拨打电话号码×××,在世界各大城市24小时内你便可以预订到你想要的客房。"这个广告的例子是要促使消费者建立新的购买习惯。

(3)促使消费者巩固原有的习惯。一名机灵的营销人员意识到其他酒店正在争夺本企业的顾客,因而他们不断地作出努力加强与酒店现有客户的联系。酒店服务质量差,服务人员态度冰冷,使客人产生不满,往往会使消费者改变在某酒店投宿的习惯,转而去另一个酒店。顾客对酒店菜肴质量不满会外出就餐。因而营销人员不能感到自己的客户是"铁保"的,而应该不断地寻找新的方法,千方百计地去满足顾客的需求,巩固顾客使用本酒店产品的习惯。

2. 如何利用各种感觉系统去招徕顾客

人们在生理上有五种感觉器官——嗅觉、听觉、视觉、触觉和味觉。人们通过记忆使感觉到的内容印象加深,比如我们记得羊毛毯的感觉如何,烤鸭的味道如何,月季花的芳香如何,人们的头脑里能记得过去所见到的形象如何。市场营销人员可利用对感觉的影响来进行营销工作,他们在广告中经常使用与感觉器官有关的诱人字眼,如欣赏、观看、品尝等来促使消费者试用一项新产品。利用嗅觉的广告有"请品尝芳香浓郁的新鲜咖啡"。酒店还通过播放优雅的音乐利用听觉提高广告效应,如聘请专业人士在酒店大堂弹奏钢琴或播放适宜的背景音乐,使客人得到放松。

视觉是市场营销人员最可利用的感觉。酒店设施的装潢设计、广告的艺术设计就是利用视觉来吸引顾客。同样是住宿,如果顾客选择在一家气氛高雅、美观的酒店里,就会感觉价值更高些。酒店的外观和周围环境也是吸引顾客的重要因素。许多酒店对前厅的设计、使用的建筑材料、色调和鲜花装饰等都很是讲究,投入大量的人力、物力、财力,目的就是通过视觉的影响来招徕顾客。

以触觉吸引顾客在营销中应用也较多。通常人们直接接触到某种产品后才会对该产品比较放心。如地毯制造商在广告中抚摩地毯，显示产品的松软。酒店也可通过类似的广告进行营销宣传，加强广告的真实性。

以味觉也能吸引顾客，电视广告、杂志、菜单上对菜肴的介绍以及诱人的图片等都是通过刺激顾客的味觉来进行宣传。如果能使顾客看到菜单就有尝试的欲望，那就是成功的营销！

理想的营销是利用五种感觉来吸引客人。有一家酒店的广告是这样宣传的：从客房的窗户往外看，您可以眺望碧蓝的大海。酒店的花园里，百花争艳，散发出阵阵芳香。坐在花园里，您能感受到海风的吹拂。清晨，一片寂静，只听见远处传来鸟鸣声。您可以在西餐厅里品尝正宗法式牛排的味道。客房的桑拿帮您拂去一天的辛劳。酒吧的舞池让您畅然欢动。只要您随手一拨，丰盛的晚餐即刻送进您的房间。

当然，人的感觉既能吸引客人也能赶走客人，餐厅的怪味、食品色泽不够新鲜、服务员衣衫不整、电话接线员口齿不清、淋浴的水温忽冷忽热等，都会给顾客留下不好的印象从而影响其再次光顾。所以营销人员应学会合理地利用顾客的感觉来影响其购买行为。

3. *以记忆和过去的经历吸引客人*

心理学家认为，人们过去的经历，甚至是幼儿时的经历对于人的态度、信念、爱好等都有重大的影响。人们的头脑是贮存过去经历的很好的信息库。因而，人们在某酒店投宿后，若对该酒店的服务不满意，就很有可能会永远不想再到该酒店消费。反过来说，若人们在某酒店有着一次愉快的经历，那么他很有可能会一直选择该酒店作为自己的下榻之所，进而成为该酒店的忠诚顾客。

拓展知识

心理营销的16大法则

Pham教授认为：所谓的心理营销，就是利用顾客（或渠道客户）的微妙心理来设计营销战略、策略以及具体的产品和服务内容。在一般的营销活动中，我们往往不太善于把握顾客的潜在心理，虽然知道顾客肯定有“冲动”或“下意识”的行为，但在设计方案时却把顾客当成了只进行理性价值判断的人。

Pham教授从具体的营销实践中，概括出了16种心理营销的效应——它们都被心理试验证明是有效的。这16种效应分别属于“基于非价值的选择”和“心理价值工程”两类，营销人员应该先熟悉前者，然后学会如何开展后者，最后影响顾客的选择，让他们觉得选择你的产品或服务要优于其他选择。

心理营销的很多效应很早就被业界在运用，但它们必将在买方市场环境下得到更多运用,因为每个商品都有大量竞品,而消费者同样也面临多元的选择。你需要采取行动让你提供的商品显得更好!

基于非价值的选择

顾客并不总是依靠价值(产品/服务的价格、质量等因素)来进行选择。很多时候,你的产品本身并不需要作任何变化,却能够深刻地改变顾客选择结果。以下效应对影响顾客非价值的选择很有帮助。

第一大法则:考虑效应

这是个非常基础的心理效应:当顾客出门购买一支牙膏时,他的脑海里实际上已经有了一个"考虑的集合"——大概有四五个选择在里面,包括哪些店面、哪些品牌。

很多营销策略的弊病就在于,没有思考如何在一开始就把自己放入顾客的选择集合中。如果你这家超市不在顾客最先想到的几家范围内,那顾客光顾的机会就很少了。

这个效应对欧美营销界影响很大,也成为大家抢夺市场份额的驱动力之一。如果某个商品在各个区域的销售情况都不好,但只在少数几个区域销售良好,那首先肯定是当地的销售人员或经销商已经通过各种推广活动,把产品"塞"进了顾客的选择集合。

考虑效应不仅仅可以通过重复性的广告达成,也可以靠有效的分销覆盖、有创意的促销、与众不同的顾客定位来达成。例如,达美乐比萨的一个成功案例就是赠送漂亮的冰箱门磁贴,让顾客在厨房做饭时,时常看到达美乐的标志。那么顾客打电话订购比萨时,就会将达美乐直接放入选择集合。

第二大法则:主导效应

如果在顾客面临的选择中,有一个选项明显占主导地位,那么该选项拥有显著吸引力。

例如英国《经济学家》杂志在推广网络版时,虽然是免费的,但依然订阅者寥寥。因此它在新一轮推广中推出两个选项:读者单独订阅印刷版为1200元,读者订阅印刷版同时订阅网络版也是1200元。那顾客就想,既然都是1200元,我为什么不要那个项目多的?这一招立刻见效,比当初单纯推广网络版效率要高多了。

第三大法则:妥协效应

当顾客面临难以取舍的选择时,他会在心理上感觉:做出妥协的项目吸引力最大。这个效应的案例很多,例如专业的餐厅管理者都会准备一些超级贵的红酒,靠它们来刺激那些价格略低但品质似乎差不多的红酒的销量。

当然,这个效应针对那些中高档商品、新特商品更有用,对于大众日用商品的作用就小了。但在日用品超市里,这个效应还是有效的,例如在三种价位的产品中，中间价位的一般会销售得更好。

第四大法则：互惠效应

这是一种力量强大的效应。当顾客接受你的小恩小惠和礼物时，即便这是你主动给他的，他也会有一种潜在的想回报你的义务感。超市里的免费样品发放，除了含有让顾客体验的意思外，也含有恩惠的意思。传统销售人员经常采用这种效应达成销售。

注意，有两个因素会影响互惠效应的结果：一是你必须为赠送提供一个堂而皇之的理由；二是不要让顾客一开始就觉得礼物是交易的一部分。就终端销售人员的话术而言，“这是免费的，你留着吧”，要比“试着好你就买”的效果更好。

第五大法则：社会验证效应

当顾客不知道怎么办时，往往会效仿社会公众的观点。电影或图书排行榜就是这方面的突出例证，它们让顾客觉得：别人都承认了这部电影或书，那我购买它的风险就小了。销售人员喜爱采用的证书销售、证言销售都属于这个效应。

第六大法则：默认效应

相对于那些需要主动选择的选项，默认选项更有可能被顾客选上。这是在利用消费者天然的惰性。例如，在某些服务合同中，总有“默认自动续约”条款，即如果顾客不特别注明不再续约，那么本服务及其收费继续生效。

第七大法则：承诺效应

如果你引导顾客事先作出了某种承诺，那么他遵从的可能性极大。例如，优秀的电话直销员会以非常自然、闲适的语气与顾客搭话，对方被搭上一句话，就代表他对直销员作出了一个“愿意沟通”的潜在承诺，便会被引导着不断说下去。

承诺不一定是给销售员的。玩具店采取的一种营销策略是：在过节前就针对小孩子作A玩具的推广，小孩子就可能问大人：你能给我买一个吗？大人就会作出一个承诺。然后大人到店里去，却发现买不到A玩具。这其实是商家故意的，因为大人对小孩作了承诺，你总得买点什么，而且必须买一个比A玩具更大的B玩具去补偿。当节日过完，商家又开始针对孩子作A玩具推广，孩子一下子回想起来，就要求大人再去买个A玩具。

第八大法则：心疼花钱的效应

如果你的营销行为使顾客很快想起：他需要花费现金来消费，那他消费的可能性就大大降低。因此，你要想方设法降低顾客的“心疼感”，游乐场的代用币、小包装商品和信用卡都是对策之一。宝洁公司在20世纪80年代刚进入中国时，也是靠小包装的海飞丝打开了普通居民消费的市场。

心理价值工程

心理价值工程是基于上述8个非价值效应的，以下8个效应可以引导顾客产生实实在在的价值感,或提升顾客对商品价值的评价。

第九大法则:影响效应

影响顾客的现场感受,愉悦他们的心理感受,即可提高他们对产品的价值判断,并愿意支付更高的价格。销售人员的微笑就是这方面的典型安排之一。很多小品牌靠这招在超市的销售现场打败那些大品牌。

有人曾把一个饭店里的侍应生分两个组,对B组进行特殊培训,结果B组的小费收入比A组高。并不是因为B组的服务更好,人长得更漂亮,而是因为他们在结账前后,会仿佛无意地用手触碰顾客一下,这让顾客下意识里生出一种亲切感。顾客一般会误把这种亲切感或愉悦感嫁接到服务水平上,从而愿意为其多付小费。

第十大法则:收益分割效应

对顾客来说,收益分割后的感知价值大于合并后相同收益的价值。比如:你把优惠一次性给顾客,还不如把优惠拆成几份给他,这会让他觉得获得的优惠总值更大。

第十一大法则:损失合并效应

同理,损失分割后的感知痛苦大于合并后相同损失的痛苦。比如销售旅游产品,如果给交通、住宿、吃喝、游玩各定一个价位,会让顾客觉得很贵;若是打包销售,顾客就觉得便宜多了。

第十二大法则:混合损失的分割效应

大支出和小收益分开后的感知价值大于合并后的感知价值。在商品销售中常用的"返利"策略就是如此。其实美国税务局也常用这招:让你先缴纳1000美元税金,再返100美金的退税,而不是直接扣900美元税。

第十三大法则:混合收益的合并效应

大收益和小支出分开后的感知价值小于合并后的感知价值。也就是说:如果你要让顾客得到商品后还要支付点什么费用,效果就非常不好,还不如一开始就把这个费用打入价格。但可惜的是,很多厂商都容易犯这个错误,例如会让安装工人替顾客安装好商品后再收取相关费用,这会大大降低顾客的价值评价。

第十四大法则:心理占有效应

顾客一旦拥有商品,就会主动提高其价值。突出例子为商品试用:顾客把试用装拿回家用,一开始肯定会支持自己的选择,反对别人贬低该商品的价值。

第十五大法则:稀有效应

如果顾客感觉该商品稀有、供应有限,感知价值就会升高。像限量版销售、定时促销、某特定渠道独家销售都是这方面的例子。

第十六大法则:"不断改进"的效应

好顺序以及"不断改进"的顺序要比坏顺序创造更大的心理感知价值。如迪斯尼一般在一天中两个游人离园的高峰前，也就是下午14点以前和傍晚18点半以前，组织两次大规模的免费欣赏游行节目。也就是说，把最好的产品和服务放在最后，或至少让顾客感觉此期间你在不断改进，就会大大提升他们对产品和服务价值的评价。

实际上，大团圆结局的电影也是这方面的突出例证——电影公司希望顾客提高对该影片的价值判断，并希望他们吸引更多观众。因此，从顾客心理角度来说，并非只有中国人喜欢大团圆结局，这在西方电影中也经常应用。

在营销策略中，同时运用上述多个心理营销的效应，才能产生最大的效果。另外，本文列举的策略并没有特别针对细分市场，例如针对某个收入阶层、某些区域或某个年龄段的顾客。哪些心理营销方法对他们更有效？这需要大量实践来证明。

第三节　酒店主要顾客市场分析

一、商务市场

长期以来，商务市场一直是酒店的主要客源市场。在我国随着经济的不断发展，酒店商务市场所占的比例也越来越大。尤其在北京、上海、广州、深圳、天津等城市，商务市场的发展趋势十分明显。因此，酒店要在商务市场的竞争中取胜，就必须研究这一市场的特征及需求。

（一）商务顾客的需求

商务客人大多来自大企业和公司及合资或独资公司，无论是国内商务客人还是外籍商务客人，他们旅行的目的主要是参加商贸会、商品展览会、投资项目考察或谈判、推销产品、技术服务、专业培训等业务。商务客人的特点是：

（1）90%的商务客人乘坐飞机，以节省时间。

（2）平均停留时间为3至5天。

（3）住房标准高于其他顾客。出于公司形象需要，一些高级职员也有住套房的可能。

（4）在酒店的活动多于其他顾客。多数商务客人利用酒店的幽雅环境接待或宴请客户，举办会议或展览等商务活动。

（5）随身行李少。典型的商务旅客的行李是一只手提箱和一个衣箱。

与其他顾客不同的是，商务顾客在选择酒店时更有经验，酒店知识也较丰富。通常影响商务顾客选择酒店的主要因素是：

（1）方便的酒店地址。商务顾客喜欢交通方便的商业繁华区，或是离工作目的地近的酒店。

(2)卫生舒适的客房。这是商务顾客选择酒店的第二大因素。随着女性顾客的增加,酒店卫生因素变得越来越重要。

(3)合理的房价。大约一半以上的商务顾客选择酒店时要受到房价因素的限制,原因是公司有严格的住宿标准。

(4)朋友和同事的推荐。部分商务顾客会受朋友和同事推荐的影响而选择某家酒店。

(5)以往住店经历的影响。部分商务客人将过去的住店经历作为再次选择的理由。

(6)另有相当数量的顾客喜欢住连锁酒店,因为它们的设施和服务都具有可以预料的标准,预订也十分方便。

(7)齐全的功能设施。良好的会议设施及多种口味的餐厅对经常出差旅行的商务顾客尤其重要。特别是女性顾客,24 小时的送餐服务也成为她们挑选酒店的条件之一。

(8)常客的优惠政策。尽管许多酒店都努力对常客采取了多种优惠政策,但是调查中发现,只有 20% 的顾客重视这一因素。因为他们关心的是酒店的设施和服务,而并不在乎这些政策能给他们节省多少钱。

(二)女性商务顾客

近年来,女性商务顾客在逐渐增加,几乎一半以上的会议计划人都是女性。在选择酒店方面,女性顾客除了男性顾客要求的位置、房价等主要因素外还有特别的要求。通过研究发现,三分之二的女性顾客将卫生和吸引力视为预订酒店的理由,但赞同这种选择标准的男性还不足半数。

由于女性商务顾客更容易成为酒店的忠实顾客,酒店针对她们所提供的设施和服务就显得至关重要。

(1)安全性。女性顾客在住宿时对酒店的安全要求一般比男性强烈。多数女性认为门链、门闩、门镜都应该是客房的基本设施。许多女性顾客喜欢酒店所有客房都面向中央大堂,光线充足,而且还设有通往前台或大堂的最近入口。她们喜欢酒店内的餐厅、送餐服务、明亮的大厅、光线清楚的停车场等基本保安设施。

(2)舒适和服务。和男性顾客一样,她们也重视清洁和采光好的客房,也要求友好、礼貌的服务,有一些特别的用品,如长衣镜、裙架等。下面是女性商务顾客对酒店的要求:24 小时送餐服务,洗衣服务及 24 小时快熨服务,光线明亮的办公区域,送晨报服务,提前一天预订早餐送餐服务,卫生间配有洗发液、清洁剂和针线包,有浴室照明,有化妆镜、吹风机和熨衣板,配有多用电源插头,大空间衣橱,裙架和长衣镜,有足够的毛巾,24 小时健身和桑拿服务,有地秤,能随时称体重,有妇女专用坐式马桶和卫生袋,有指甲锉和护肤霜。

在服务方面,女性顾客要比男性顾客更加挑剔。只要在这家酒店有一次不满意的经历,她们绝不会再次光临顾客。酒店对员工要进行针对女性顾客的礼貌和职业化服务的培训。许多女性顾客讨厌别人叫自己“宝贝”或“亲爱的”等过分亲近的称呼。

(3)方便性。多数商务女性喜欢客房内有一块办公室或会客的空间区域。于是,办公会客和卧室分离的套房更受她们的欢迎。至少,她们需要一张配有电话和台灯的办公桌。

(4)功能性。由于女性顾客较男性顾客在酒店内活动时间多,她们对游泳池、健身中心等功能性设施也非常有兴趣。商务女性顾客比男性顾客更善于享受微型度假,她们多在酒店餐厅和在酒店进行社交活动。为了吸引和扩大这一市场,酒店必须提供给她们安全舒适的服务。

二、休闲旅游市场

酒店和旅行社之间的关系随着旅游业的发展更加紧密,它们相互依赖,相互促进。酒店的客源相当多数量是旅行社组织的,有些酒店几乎完全由旅行社组织客源。而休闲游客又是旅游市场中占很大比例的一部分。与商务旅客相比,休闲型旅客在旅行计划方面更需要得到旅行社的帮助。商务型旅客通常有明确的目的地,多数的商务活动都可以选择在下榻的酒店进行。而休闲旅客则不然,他们更关心的不是酒店,而是酒店之外的观光景点。为了吸引更多的休闲旅客,酒店要联合旅行社推出更加有竞争力的周末包价、家庭旅游包价、新婚蜜月包价等产品。

由于旅行社所服务的顾客种类非常广泛,酒店在开发旅游市场时则必须了解和满足旅行社的需求。简单地说,酒店向旅行社提供的服务包含两大部分,即酒店信息和服务。

1. 酒店信息

酒店信息指酒店向旅行社传播产品推销的内容。酒店信息传播的力度越大,范围越广泛,酒店才有机会与更多的旅行社合作。因此,对酒店来说,传播信息的渠道或手段尤为关键。通常的传播手段包括:

(1)航空预订系统。酒店以电脑联网形式通过航空预订系统向旅行社提供有关酒店预订和价格信息。据统计,95%的西方旅行社都建立了与航空预订系统联网的电脑系统,它们可以十分方便地咨询酒店信息。但遗憾的是旅行社很少用于酒店预订,因为影响酒店预订的因素实在太多,除了价格和房态外,还有地址、外观、客房面积、餐饮水平、酒店用品、信贷关系等。为此，国际连锁酒店建立了自己的预订系统，并且和主要航空公司联网促销，大大加强了旅行社了解酒店的机会。

(2)酒店名录。这是一本专供旅行社使用的酒店介绍指南册。它详细介绍了各城市和地区的酒店。旅行社可以通过这种直观的介绍进行比较和选择，或征求顾客的意见。

(3)信息包装。信息包装指酒店向旅行社提供一整套有关酒店概况、图片、设施、服务项目、预订程序、优惠政策等详细信息的资料。虽然一些酒店还提供价格单，但是多数旅行社在预订时仍向酒店直接问价，避免因市场行情变化而产生误差。酒店小册子是信息包装中的重要资料之一。它是以服务消费为倾向的宣传资料，其内容包括：酒店位置、外部环境、客房设施、餐饮设施、娱乐设施、会议功能、客房服务、管理集团、连锁酒店、预订系统、酒店方位图等。

小册子在介绍酒店这些功能信息时还配有一些突出酒店特点的艺术照片。另外还夹带一张相同尺寸的报价单。一些小册子还留出几张空页供读者记事用。因此，一本精美的宣传册既能发挥酒店的广告作用，还可能成为顾客值得炫耀的纪念品。

(4)熟悉旅行。“熟悉旅行”指酒店邀请几家有潜力的旅行商来酒店免费试住，是酒店淡季推销的有效手段。

2. **酒店服务**

(1)免费预订电话。旅行社一般喜欢用电话方式预订酒店。因此，酒店开设免费预订电话是确保旅行社预订渠道畅通的有效措施。实际上，免费预订电话是鼓励旅行社打电话咨询酒店信息。旅行社也可以利用预订电话发现更多的需要选择，也可以得到及时的预订确定。

免费预订电话不仅给旅行社带来方便和好处，同时也有益于酒店。推销人员因此增加了推销其他项目的机会。酒店也借此向旅行社宣传了酒店最新的销售动态。利用预订电话还可以更好地控制卖房，即淡季时客房推销，旺季时投入其他用途。

(2)旅行社俱乐部。旅行社俱乐部是酒店为了和旅行社建立较密切的合作关系而提供的特别服务项目。酒店定期以邮件、快讯报刊、聚会活动等方式向俱乐部成员宣传酒店的新计划、重大活动及优惠价格。俱乐部还定期奖励那些预订贡献大的旅行社。

(3)佣金付款计划。佣金付款计划是酒店给旅行社带来真正实惠的服务，也是十分见效的方法。在过去，旅行社很难得到佣金。每次询问佣金支付问题，酒店总是以“支票已经寄出去了”来应付询问，旅行社为此投诉强烈。造成这种现象的主要原因是酒店当时还不具备跟踪预订技术的能力。20 世纪 80 年代初，假日集团率先引进了中心佣金付款方案，即旅行社通过酒店集团的电脑每月自动收取佣金支票，而无须再分别去催每家连锁酒店。

寻找旅行社的途径有：

航空指南册、世界旅游业指南、酒店记录、旅游交易会、全国旅行社名录等。

三、会议市场

在所有的客源中，能给酒店产生最大效益的应该是会议市场。具体体现在下列方面：增加综合收入；弥补淡季销售；节省人力资源；创造回头生意。

会议市场也常常受许多外部因素的影响而产生季节性波动。休闲市场高涨时，商务活动相对减少。经济不景气时，休闲旅游便进入低谷，商务活动则开展频繁，企业公司之间的联系更加密切，因而刺激了商务会议的增加。

会议团体一般分为两大市场：即协会组织会议和公司商务会议。

（一）协会组织会议

协会是指某行业内各企业和公司为促进共同事业的发展，争取共同利益而组成的代表团体。协会的规模不等，种类繁多。

1. 协会类型

贸易协会，经常举办贸易洽谈会、市场研讨会及产品展销会等商务活动，是酒店的主要市场来源；科学专业协会，定期举办会议，会议的周期和时间比较固定；工会，会议和活动较有规律，规模大，消费能力强；教育协会；互助服务社；民族协会；宗教协会。

2. 协会会议类型

年度会议，规模大、人数多、内容多、消费高；区域性会议，住宿多、时间长；研讨会，属分组会、大会的一部分；首脑会议，规模小、标准高。

（二）公司商务会议

公司商务会议是酒店最有利可图的客源市场。一般一家大型公司每年要举办十几个大规模会议。从公司性质看，包括销售类和销售服务类，它们的会议也随其特点而定。

1. 商务会议类型

全国/国际销售会议：规模大（100～200 人）、功能多、消费高（有住套间要求）、时间长（3～5 天）。

地区销售会议：规模适中（50 人）、普通标准间、多用套餐或自助餐。

培训和讨论会议：规模小（30 人）、标准低、教室标准的会议室即可。

订货会：有高层管理人士参加，标准高、宴请多。

行政讨论会:公司高级管理者会议,消费高、用套间多。

产品展示会:会场标准高,时间长(2~5天)。

管理发展研讨会 :标准高、人数20~50人。

奖励旅游会:时间长、消费多、休闲性强。

2. 商务会议联系人

主要有专职办会人/计划人;会展中心计划人;公司行政管理者;公司旅游部经理;部门经理;秘书/办公室主任。

3. 会议质量保证书

此保证书是酒店为保证公司会议圆满举办而向公司表示承诺的协议。它不仅能消除顾客的办会疑虑,还能够促进酒店服务质量的提高。

4. 会议突击推销

这是一种在特定时间或区域进行的突击性促销方式,一般10天至15天。虽然目的在于收集信息,探寻目标,但有时也会产生一些即时生意。一个成功的会议突击推销需要一定时间的认真筹划,拜访线路、目标市场、调查表、宣传资料、纪念品等,都必须事先考虑好。

思考与练习

1. 以实习所在酒店实际发生的案例说明某要素(任一影响要素)是如何影响顾客购买心理和购买行为的。

2. 介绍实习酒店的常客优惠政策,并说明其对顾客的影响。

实践与训练

实训项目主题:酒店市场购买行为调研报告

实训目的

分析市场,了解酒店消费者的购买心理与购买行为,并通过实地调研得出具体的报告。

实训内容与要求

1. 实训组织

对有关酒店进行调查,了解销售资料,由学生组织分析研究,得出结论。分析的具体内容由教师指导学生拟定,如酒店有需要,可作为真正的实训。

2. 实训要求

根据商品类目分组,任课教师调控整个实训过程。如酒店参与时,主要根据他们的实际需要项目进行开展。

通过实地观察、接触消费者的实际感受，结合消费行为理论剖析消费者二至三种行为过程，说明其有可能受哪些心理活动的影响。

成果与检测

通过对各个小组最终形成的课题报告打分来确定小组实训成绩，分学生互评和老师评阅两部分，各占50%，主要从以下几个方面进行考查：1. 小组分工的合理性和成员积极性；2. 资料准备的充分性，报告书内容的深度和广度，格式的规范性；3. 小组汇报表现。

第四章 酒店市场营销的顾客调研——营销的生命线

引 言

对于酒店来说,最危险的莫过于臆断或猜测。酒店市场营销调研的目的就在于尽可能地把猜测和臆断的成分从酒店决策中剔除出去。调研是为了澄清事实而收集信息的系统工程。没有调研,酒店就是在盲目经营。顾客调研信息的有效获取,对于酒店提高自身的管理与服务水平,满足并超越顾客需求,从而达到让顾客满意的经营目标具有重要的现实意义。

教学目标

• 知识目标

了解酒店信息系统的基本概念。

熟悉酒店调研的内容与类型。

• 能力目标

掌握各种类型的调研方法。

掌握基本的调研报告的撰写步骤,并设计调研问卷。

• 素质目标

具备较好的文字撰写能力。

有较好的语言表达和沟通能力。

案例导入

酒店口碑报告:噪音和异味最不堪忍受

中国饭店协会和慧评网联合发布了一份《2014 年中国饭店市场网络口碑报

告》，报告抓取了2013年度国内外18大主流点评网站收录的60534家境内酒店的6623941条点评。

噪音和异味不能忍，设施出现问题最易被差评

在各种各样的评论里，出现最高的两种差评是关于噪音和异味的，最基本的休息和卫生得不到保障，会对整体的入住体验有很大影响。

而电梯、排水、洁具、电器这些基本的硬件设施一旦出现问题，消费者对这些不愉快体验的印象会很深，这也解释了消费者对设施整体较低的满意度。

具体来说，消费者最不能忍受的是空调有噪音，影响睡眠质量；没有电梯或者电梯太难等也让人很不满，因为住客回到酒店总想尽快回房间休息；淋浴排水不畅是很多消费者头疼的事情，非常多旅客抱怨他们的脚直接被水淹到；洁具与酒店星级不匹配也会被消费者吐槽；其他诸如电视太旧、借不到充电器、空调制热能力差和洗漱用品质量差也令人不爽。

商务旅客喜爱BBQ和温泉，情侣出游关注康体设施和咖啡厅

在旅客评价的好评榜单里，商务出差旅客除了对酒店整体评价较高之外，尤其对BBQ和温泉等休闲方式情有独钟，家庭亲子更倾向交通便利的酒店，以减少旅途周折给孩子带来的烦恼，他们对花园庭院和Lounge等可供休闲的公共设施满意度很高；朋友出游喜欢一起运动；情侣出游经常去可以营造气氛的康体设施和咖啡厅。

住豪华酒店的人更愿意点评

豪华型和高端型酒店的消费者更多地愿意做出点评，尤其是豪华型酒店，豪华型酒店消费者对客房卫生的满意度很高，且对酒店整体服务都比较满意，尤其是花园/庭院、lounge等公共区域的服务，高档酒店提供的设施和服务基本能够达到消费者的期望。

相较而言，舒适型和经济型消费者对酒店网络、客房卫生这些具体场景的服务亮点好评率很高，在其他服务差异化不大的情境下，他们更关注酒店的服务亮点，比如说贴心的客房服务，出人意料的生日惊喜什么的。

（资料来源：好奇心日报．2014－11－17）

思考：

1．酒店调研的渠道有哪些？

2．酒店市场调研对管理的意义是什么？

第一节　酒店市场营销信息系统

一、酒店市场营销信息系统的概念

设计出色的营销信息系统（Marketing Information System，MIS），其目的是帮助

管理层进行有效的决策。酒店仅拥有信息是不够的,这些信息必须按照一定方式予以整理和传播,从而使酒店管理者得以利用这些信息来进行决策、解决问题和制定政策。酒店营销信息系统是酒店进行日常管理和对从内外部定期汇集的信息进行整理的基本框架。

酒店营销信息系统包括为下列人员提供定期信息或动态资料,如计划和规划人员、管理人员、市场营销控制人员。

二、酒店市场营销信息的特征

酒店市场营销信息除具有一般信息所具有的属性外,还具有自己的特征。

(一)时效性强

市场营销活动与市场紧密联系在一起,信息的有效性具有极强的时间要求。这是由于作为国民经济大系统的中心的市场,受到错综复杂的要素的影响和制约,处于高频率的不断变化中,信息一旦传递加工不及时,就很难有效地利用。对此,日本的商业情报专家认为:一个准确程度达到百分之百的情报,其价值还不如一个准确程度只有50%、但赢得了时间的情报。特别是在竞争激烈之际,酒店采取对策如果慢了一步,就会遭到覆灭的命运。可见,加强信息的收集能力,提高信息的加工效率,尽可能缩短从收集到投入使用的时间,对于最大限度地发挥营销信息的时效性是十分重要的。

(二)更新性强

市场营销信息随市场的变化与发展处于不断的运动中,这一运动客观上存在着新陈代谢。因此,市场活动的周期性并不意味着简单的重复,而必定是在新环境下的新过程。虽然新过程与原有的过程有着时间上的延续性,但绝不表明可以全部沿用原有的信息,酒店营销部必须不断地、及时地收集、分析各种新信息,以不断掌握新情况,研究问题,取得营销主动权。

(三)双向性

在商品流通中,商品的实体运动表现为从生产者向消费者的单向流动,而市场营销信息的流动则不然,它带有双向性:一面是信息的传递;另一面是信息的反馈。因此,收集市场信息就显得格外重要。

(四)针对性

我们在市场营销过程中要具有针对性,把握好最佳消费群体的消费动态。

三、酒店市场营销信息系统的构成

(一)内部报告系统

这是酒店营销人员运用的最基本的信息系统,是一个反映酒店的生产能力、规模、布局，产品的产量、质量、品种、服务、价格等，产品的销售情况、产品的成本信息以及和利润有关的信息的系统。通过这种分析，营销管理者能发现重要的机会和问题。

（二）市场营销情报系统

这是酒店用以获得日常的关于营销环境发展的恰当信息的一整套程序和来源。通过这一系统，将市场环境最新发展的信息传递给有关的管理人员。

（三）市场营销调研系统

市场营销调研系统指系统地设计、收集、分析数据资料以及提出跟酒店所面临的特定的营销状况有关的调查研究结果。其主要任务是搜集、评估、传递管理人员制定决策所必需的各种信息。

（四）市场营销决策支持系统

这是用先进的统计程序和模型，对市场营销信息进行分析，以便从资料中发现更精确的研究结果，指导营销人员制定更好的决策。

第二节　酒店市场营销调研

一、酒店市场营销调研的内容与类型

市场营销调研是市场营销过程的一个关键因素。在制定各种策略过程中所遇到的问题，只能通过某种形式的市场营销调研予以解答。市场调研（Marketing Research），就是运用科学的方法，有目的、有计划系统地收集、整理和分析研究有关市场营销方面的信息，提出解决问题的建议，供营销管理人员了解营销环境，发现机会与问题，作为市场预测和营销决策的依据。市场调研的目的在于提供全面信息，辅助科学决策。在操作过程中科学的成分、技巧的成分相对多一些。市场调研可以客观、全面地收集有关被调研对象的信息，对收集的信息进行分类整理，运用一些分析方法和分析软件对信息进行总结提炼，形成有说服力、理论与实践相结合的结论与建议，这样对科学决策有非常大的辅助作用。如可以利用市场调研进行酒店市场机会评估、酒店消费者行为研究、酒店市场策略评析等。具体说就是，有利于制定科学的酒店营销规划；有利于酒店优化营销组合；有利于酒店开拓新的市场。

（一）酒店市场营销调研的类型

1. 探测性调研

酒店在情况不明时，为找出问题的症结，明确进一步调研的内容和重点，须进行非正式的初步调研，收集一些有关的资料进行分析，即探测性调研。

探测性调研就是为了界定问题的性质以及更好地理解问题的环境而进行的小规模的调研活动。探测性调研有时也用来使调研人员更加熟悉问题，这在调研人员刚接触某类问题时更加明显。

2. 描述性调研

在已明确所要研究问题的内容与重点后，拟订调研计划，对所需资料进行收集、记录和分析的方法是描述性调研。一般要进行实地调研，收集第一手资料，摸清问题的过去和现状，进行分析研究，寻求解决问题的办法。

描述性调研是结论性研究的一种，顾名思义，这种研究的结果，就是要描述某些事物——通常是事物总体的特征或功能，具体地说就是描述市场的特征或功能。

3. 因果关系调研

因果关系调研是为了弄清市场变量之间的因果关系，收集有关市场变量的数据资料，运用统计分析和逻辑推理等方法，判明何者是自变量（原因），何者是因变量（结果），以及它们变动的规律。因果关系研究是结论性研究中的一种，其目的是要获取有关起因和结果之间联系的证据。

虽然因果关系研究的方法与其他研究方法不太相同，但也不应将其孤立起来看。事实上，在许多调研中，探测性研究、描述性研究和因果关系研究的设计都是相互补充的。

（二）酒店市场营销调研的内容

酒店市场营销调研的范围，包括直接或间接影响酒店营销的各方面信息，除对当地现有的主要客源国进行必要的了解和分析，还要对国内和本地的政治形势、经济发展，特别是旅游业的发展状况，作全面调查研究，因此，酒店市场调研的内容极为广泛，主要包括：

1. 政治、经济、社会和人文环境

（1）中央和地方政策的明确性和稳定性；

（2）政府的有关法令和规定，商业、贸易、税收、外贸、财政以及旅游政策的特殊性；

（3）当地经济发展规划和远景计划；

（4）国际环境对国家政策的影响；

（5）当地经济发展状况、市场经济的进程、国民生产总数、人均收入、居民的存款以及当地人口消费水平和消费结构等；

（6）当地居民总体接受教育的程度、文化和风俗人情特点。

2. 旅游发展状况

（1）每年到当地旅行的人数；

（2）旅游人数中，外国人、港澳台同胞及海外华侨、外地人分别占的比例；

(3)旅游季节的分类(按人口数量划分的淡旺季);

(4)当地旅游资源和特色;

(5)旅行的目的和团体与散客的比例;

(6)主要交通工具(飞机、火车、轮船、长途汽车等)及其年流量;

(7)机场的日流量和潜力;

(8)可挖掘的旅游潜力和客源市场预测。

3. *酒店竞争市场和对手分析*

(1)市场的特点和发展趋势;

(2)现在和远期可提供的房间总数(含建设和计划中的酒店);

(3)旅游人数与酒店需求的总值对比;

(4)当地酒店产品(硬件和软件)的优势和不足;

(5)最主要竞争对手的基本经营策略、主要促销方式、出租率、客源构成以及价格政策;

(6)与竞争对手的产品相比,本酒店有哪些明显的不足和劣势。

而从市场调研的角度和范围来看,又可以划分如下内容:

酒店外部调研:酒店市场环境调研(政治环境调研、法律环境调研、经济环境调研、科技环境调研、社会文化环境调研、地理环境调研);酒店市场需求调研(酒店消费者规模及构成情况、酒店消费动机调研、酒店消费行为调研);酒店市场供给调研(酒店吸引物调研、酒店设施调研、可进入性调研、酒店服务调研、酒店形象调研、酒店容量调研);酒店市场营销调研(竞争状况调研、酒店产品调研、酒店价格调研、分销渠道调研、促销调研)。

酒店内部调研:员工满意度;工作环境;服务。

酒店市场营销调研的开展通常在酒店发展中的几个重要阶段和时期中进行,主要是酒店创立之初、酒店发展过程中、酒店新产品上市阶段、在营销推进的过程中、需要进行重大活动的决策前、酒店业务出现严重的问题而缺乏有效解决方案时、酒店市场营销部门进行年度总结并需要制定下一年度营销规划时。

二、酒店营销调研过程

酒店市场营销调研不仅仅是为了指导酒店进行营销组合策略和日常经营,酒店所有者和投资者也需要通过市场营销调研去掌握关于人们对其酒店态度的信息。除通过定期更新信息以便提高市场营销判断力之外,还有必要对市场上出现的新情况进行调研,从而找出它们出现的原因。

酒店市场营销调研的主要过程由以下几个步骤组成:

(1)明确问题或面对的机遇与挑战,确定所需的信息。有些调研方向不明确并缺乏目的性,可能提出不切题的问题或者漏掉关键的问题。

(2)确定调研目标或对象。应该向谁提问?应该提些什么问题?抽样调研的范围与性质如何确定?客人调研表如何编制?

(3)制订借以获取信息的调研计划。如何进行样本的抽取?采用何种调研方法及与调研对象的接触方式?如何选择调研工具,并制作完善的宾客调研表。

(4)实施调研。开始进行调研,向实地派遣调研人员、邮寄调研表或通过打电话、网上的方式进行数据和信息的收集。

(5)回收和分析资料。将资料按可衡量的标准进行分类,运用相关的模型进行资料和信息的分析,获得可以指导酒店经营的战略数据。

(6)形成调研报告,为管理者的决策提供技术和数据支持。

三、酒店客源资料的搜集与分析方法

酒店的市场营销信息主要包括顾客需求信息与顾客满意度信息两方面。顾客信息的收集工作是酒店服务质量管理工作的起点与终点,也是酒店顾客满意经营的重要内容。其职能主要表现在:

第一,科学、全面、客观地了解顾客的需求与期望,以使酒店能够据此制定切合顾客需求的服务政策、服务程序与服务标准。

第二,衡量服务的具体执行情况是否令顾客满意,以使酒店根据具体信息作出相应的反应(如必要的奖惩及有针对性的培训等)。

酒店营销信息的收集渠道一般可划分为外部信息来源与内部信息来源两大类型。

(一)外部信息来源

1. 酒店顾客意见调查表

顾客意见调查表是被酒店广泛采用的一种获得信息的方式。其具体做法是将设计好具体问题的意见征求表格放置于客房内或其他营业场所易于被客人取到的地方,由客人自行填写并投入酒店设置的意见收集箱内或交至大堂副理处。

此种调研方式的好处在于:

(1)信息的提供完全由顾客自愿进行,是对顾客打扰最少的一种调研方式。

(2)信息搜集的范围广泛,几乎所有的客人皆可容易地取到此表。

(3)信息可以由顾客在没有任何酒店工作人员在场的情况下提供,客观性比较强。

(4)放置于客房内的意见调查表往往列明了整个酒店主要的服务项目,获取的信息量比较大。

此种调研方式的缺陷在于:

(1)顾客对此种方式太过司空见惯,习以为常,再加上某些酒店对于顾客意见的消极态度,使顾客提供意见的热情大大减小。

(2)信息获取的深度不够。由于顾客大多只能在调查表上画几个“√”或“×”,往往很难进一步了解顾客的感受与想法。

(3)对于部分信息尤其是涉及服务过程(如态度)的信息,由于顾客往往没有直接给出具体的服务人员姓名或由于服务行为已成“过去时”,故而核实的难度比较大。

(4)调研信息的准确性及收集的频率易受客人情绪的影响,如顾客倾向于在特别不满或特别满意时才填写意见调查表。

在顾客意见调查表中,问卷设计是非常重要的一个环节,甚至决定着市场调研的成功与否。市场调查同时也是一个项目策划前期准备工作的重要组成部分,只有在深入彻底的市场调查的前提下,营销策划和市场操作才有据可循,也只有这样,才有可能获得成功。

根据调查角度和调查方向的不同,问卷的设计在形式和内容上也有所不同,但是无论对于哪种类型的问卷来说,在设计过程中都必须要注意以下几个要点:

首先,明确调查目的和内容,问卷设计应该以此为基础。

在问卷设计中,最重要的一点,就是必须明确调查目的和内容,这不仅是问卷设计的前提,也是它的基础,为什么要作调查,而调查需要了解什么?市场调查的总体目的是为决策部门提供参考依据,目的可能是为了制定长远性的战略性规划,也可能是为制定某阶段或针对某问题的具体政策或策略,无论是哪种情况,在进行问卷设计的时候都必须对调查目的有一个清楚的认知,并且在调查计划书中进行具体的细化和文本化,以作为问卷设计的指导。调查的内容可以是涉及顾客的意见、观念、习惯、行为和态度的任何问题,可以是抽象的观念,例如顾客的理想、信念、价值观和人生观等;也可以是具体的习惯或行为,例如酒店消费者接触媒介的习惯、对酒店品牌的喜好、购物的习惯和行为等,但是应该避免的是在调查内容上有使被调查人难以回答,或者是需要长久回忆而导致模糊不清的问题,具体来说,调查内容需要包括受调查人的分群、消费需求(主要有酒店产品、价格、促销)、分销和竞争对手的情况(对手优劣势和诉求策略)。

其次,明确目标消费者,问卷设计的语言措辞得当。

问卷题目设计必须有针对性,对于不同层次的人群,应该在题目的选择上有的放矢,必须充分考虑受酒店受调人群的文化水平、年龄层次和协调合作可能性,除了在题目的难度和题目性质的选择上应该考虑上述因素,在语言措辞上同样需要注意这点,因为在面对不同的酒店受调人群的时候,由于他们的各方面的综合素质和水平的差异,措辞上也应该进行相应的调整,比如面对普通的团队客人(主要指普通居民的旅游消费团队客人)做的调查,在语言上就必须尽量通俗易懂,而对于文化水平较高的城市白领,在题目和语言的选择上就可以提高一定的层次。只有在这样的细节上综合考虑,调查才能够顺利进行。

再次,在问卷设计的时候,就应该考虑数据统计和分析是否易于操作。

目前做酒店市场调研的人员,一般都能考虑到市场调研的目的和内容,在题目选择和言语措辞上也能够综合考虑到各种因素,但是往往容易忽视的一个问题就是数据的统计和分析,因为这两个环节的工作人员基本上是分离的,所以在整合和衔接上就容易出现偏差,为了更好地进行调查工作,除了在明确目的的指导下进行严格规范的操作,还必须在问卷设计的时候就充分考虑后续的数据统计和分析工作。具体来说包括题目的设计必须是容易录入的,并且可以进行具体的数据分析的,即使是主观性的题目在进行文本规范的时候也要具有很强的总结性,这样才能使整个环节更好地衔接起来。

同时,卷首最好要有说明(称呼、目的、填写者受益情况、主办单位),如有涉及个人资料,应该有隐私保护说明。

另外,问题数量要合理化、逻辑化、规范化。问题的形式和内容固然重要,但是问题的数量同样是保证一份问卷调查是否成功的关键因素,由于时间和配合度的关系,酒店顾客往往不愿意接受一份繁杂冗长的问卷,即使很风度地接受,也不可能认真地完成,这样就不能保证问卷答案的真实性。同时在问题设计的时候也要注意逻辑性的问题,不能产生前后矛盾的现象,并且应该尽量避免假设性问题,保证调查的真实性。为了使酒店顾客能够更容易回答问题,可以对相关类别的题目进行列框,使顾客一目了然,在填写的时候自然就会比较愉快地进行配合。另外,主观性的题目应该避免,或者换成客观题目的形式,如果确实有必要的话,应该放在最后面,让有时间和能配合的顾客进行一定的文字说明。

最后,即使是一份很成功的问卷,也不是一制定好就是成功的,必须要经历实践的考验,所以在问卷初步设计完成时,应该设置相似环境,小范围试填写,并对结果反馈,及时进行修改。只有这样,才能够达到调研的终极目的,就是以准确的数据和分析来为策略做一个有价值的参考。

拓展知识一

如何设计顾客调查表

一、调查问卷的设计原则

(1)主题明确。

(2)结构合理。问题的排序应有一定的逻辑顺序,符合被调查者的思维程序。

(3)通俗易懂。调查问卷要使被调查者一目了然,避免歧义,愿意如实回答。调查问卷中语言要平实,语气诚恳,避免使用专业术语。对于敏感问题应采取一定技巧,使问卷具有较强的可答性和合理性。

(4)长度适宜。问卷中所提出的问题不宜过多、过细、过繁,言简意赅,回答问卷时间不应太长,一般不多于30分钟。

(5)便于统计。设计时要考虑问卷回收后的数据汇总处理,便于进行数据统计处理。

二、调查问卷的组成

(1)前言。主要说明调查主题、目的和意义,以及向被调查者致意等。最好强调调查与被调查者的利害关系,以取得消费者的信任和支持。

(2)正文。它是问卷的主体部分。一般要在有经验的专家指导下完成设计。

(3)附录。可把有关调查者的个人档案列入,也可以对某些问题附带说明,还可以再次向消费者致意。附录可随各调查主题不同而增加内容。结构要合理,正文应占整个问卷的三分之二到五分之四,前言和附录只占很少部分。

三、调查问卷的外观

(1)小张纸比大张纸好。四小张比两大张使应答人感到有压力的可能性小。

(2)外观庄重、正式的问卷可使应答者感觉到这是一份有价值的问卷。

(3)问卷应当只印在纸张的一面,而且必须为答案留出足够的空白,关键词应当画线或用醒目字体。

(4)问卷的每一页应当印有供识别用的顺序号。

四、问卷的提问方法与技巧

1. 封闭式提问

封闭式问题指被调查人在包括所有可能的回答中选择某些答案。这种提问法便于统计,但答案伸缩性较小,较常用于描述性、因果性调研。常用的方法有:

(1)两项选择题:一个问题提出两个答案供选择。

例如:你选择酒店最注重牌子吗?

是(　)　否(　)

(2)多项选择题:一个问题提出三个或更多的答案供选择。

例如:你选择本酒店产品的最主要原因是:

①名牌产品 ②广告吸引 ③同事推荐 ④价格适中 ⑤售后服务好

(3)李克特量表:被调查者可以在同意与不同意之间选择。

例如:你如何看待“国际品牌酒店比本土品牌酒店的服务要好”的说法?

①很赞成　②同意　③不同意也不反对　④不同意　⑤坚决不同意

(4)重要性量表:对某些属性从“非常重要”到“根本不重要”进行分等。

例如:酒店餐饮服务对于我是:

①非常重要 ②很重要 ③重要 ④无所谓 ⑤不重要 ⑥根本不重要

(5)分等量表:对某些属性从“质劣”到“极好”进行分等。

例如:青岛香格里拉大酒店的客房是:

①极好 ②很好 ③好 ④尚可 ⑤差 ⑥极差

2. 开放式问题

开放式问题允许被调查人用自己的话来回答问题。运用于探测性调研阶段,了解人们的想法与需求。因其不易统计和分析所以在一份调查问卷中只能占小部分,例如:

(1)自由式:被调查者可以用几乎不受限制的方法回答问题。

例如:您对本酒店的服务有何意见和建议?

(2)词汇联想法:列出一些词汇,由被调查者提出他头脑中涌现的第一个词。

例如:当您听到下列字眼时,您脑海中涌现的第一个词是什么?

恒源祥——纯羊毛、老字号、做工好……

海尔——质量好、信誉高、售后服务好……

(3)语句完成法:提出一些不完整的语句,每次一个,由被调查者完成该语句。

例如:当我运动后,我想喝________。

(4)故事完成法:提出一个未完成的故事,由被调查者来完成它。

例如:在酒店吃饭时,端上来的菜与你点的菜有区别时,你会……请完成这个故事。

(5)主题联想测试:提出一幅图画或照片,要求被调查者根据自己的理解虚构一个故事。

例如:图上画着很多妇女的手推车中都放着同一种产品,她们还围在一起谈论着什么。要求被调查者编一段100字左右的故事。

拓展知识二

针对经济型酒店的客户需求调研报告

消费者对经济型酒店的需求层次,依次为安全卫生—价格实惠—便利—品位。当低层次的需求得到满足之后会向更高层次的需求过渡,最基本的需求为安全卫生,这是任何经济型酒店品牌必须具备的基础条件;便利主要取决于经济型酒店全国布局的加速和管理系统的优化;良好的体验和品位是酒店的行业本质,是服务行业最高层次的竞争;价格便宜是当前消费者和经营者共同接受并认可的需求。

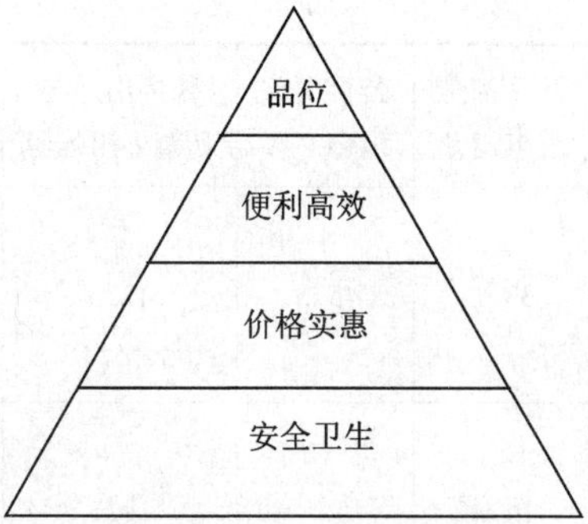

图4－1　消费者对经济型酒店的需求层次

通过客户需求调研，以“愉悦”（品位和快乐体验）—“便利”（网点便利、服务高效）—“便宜”（优质体验下的最高性价比）为需求标准层次进行产品和服务创新，能创造并为顾客提供良好的体验，从而赢得顾客的心理认同。

一、消费者对“经济”的了解并不是单纯的“便宜”，而是安全、卫生和一定品位下的价格适中

人们生活态度正由追求稳定、舒适和便利逐渐向富裕、受人尊重等方面过渡。从需求趋势来看，愉悦的体验是未来服务行业竞争的主战场。消费者希望酒店增加文化元素，其中运动、图书和社交是人们比较感兴趣的文化主题。

表4－1　消费者对酒店的理解

	几乎都是公事出差	公事出差稍多一些	公事出差与私事外出均等	私事外出稍多一些	几乎都是私事外出	总体
酒店就是一个临时住的地方，有基本的设施就可以	24.9	28.7	21	30.8	27.4	26.9
酒店是家的延伸，是充满了温馨场面的地方	48.5	39.9	41.9	40.6	48.4	43
酒店应该是体现宾客身份和地位的重要空间	23.7	21.3	23.4	16.1	22.6	21.3
酒店是家和工作之外的另一个空间，应该有另外一种氛围	32.5	30.2	33.9	29.4	33.9	31.5
酒店也是满足宾客的个性特征的重要空间	25.4	26.7	27.4	17.5	7.7	24.1

续表

	几乎都是公事出差	公事出差稍多一些	公事出差与私事外出均等	私事外出稍多一些	几乎都是私事外出	总体
酒店是一个为满足出差旅游的需要的很实用的空间，应该物有所值	33.1	45.3	47.6	55.9	41.9	44.7
在商务伙伴和朋友面前，我住的酒店需要体现出气派和豪华的氛围	14.2	5.5	12.1	11.2	6.5	13.1
酒店是一个情趣、时尚、有品位和新颖性的场所	27.2	24	25	29.4	30.5	26.5

调查结果如表4-1所示，关于消费者对酒店的价值认同，目前，更多的人认为酒店应该是满足住宿要求的很实用的空间，应该物有所值。其次，酒店应该是家的延伸，应该是温馨的场所。实用性和温馨感分别是消费者理性和感性方面的期许。中国高星级酒店太贵、社会招待所卫生安全没保障的现实，使当前消费者对经济型酒店的主要期望就是“环境干净、整洁、卫生”，其次是“价格比同档次传统酒店更优惠”，然后是“各大城市有网点”，可享受“统一会员服务”、“所在地段交通方便”和“连锁经营、服务规范高效”。

对于理想的经济型酒店应该具备的特征，消费者最关注的是价格、交通方便、服务、环境和设施方面。对于经济型酒店，经济是基本特征，便利是较高一层的特征，舒适是最能做出差异的特征(见图4-2)。

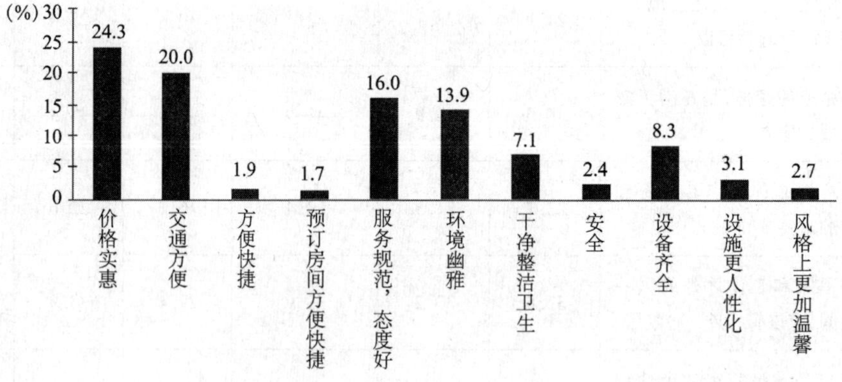

图4-2　消费者对经济性的需求

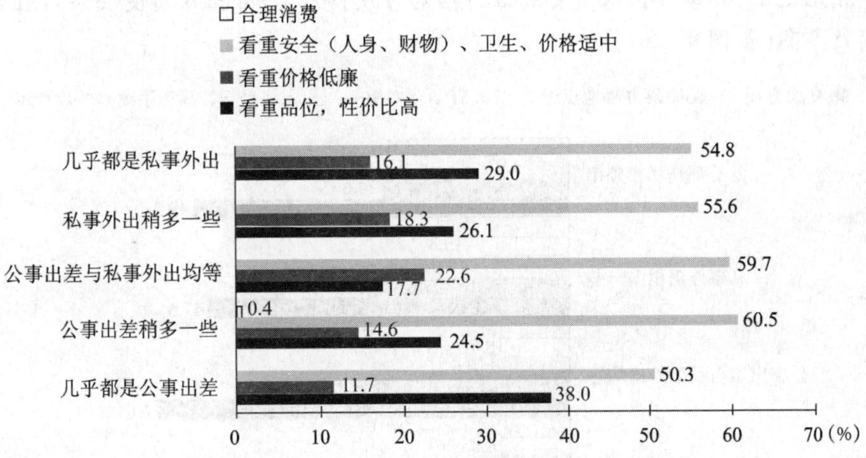

图 4－3　不同消费者对经济型酒店看重的因素

"经济"并不只是价格低廉。调查显示，只有16%的人认为经济型酒店就是要价格低廉，83.8%的人认为是品质保障下的价格合理，其中27.3%的人认为是一定品位下的高性价比。公事外出的人对品位的追求更加突出，可以看出随着人们收入的提高，在高性价比前提下人们对品位的追求会更加提升（如图4－3所示）。

二、对于便利性，消费者主要是要求网点多、交通便利，预订、入住、退房等服务快捷高效

对于便利性，调查结果显示，交通是消费者最关注的，有超过50%的受访者这样认为。其次是距离办事地点近，还分别有一成多提到订酒店方便、入住离店手续效率高（见图4－4）。

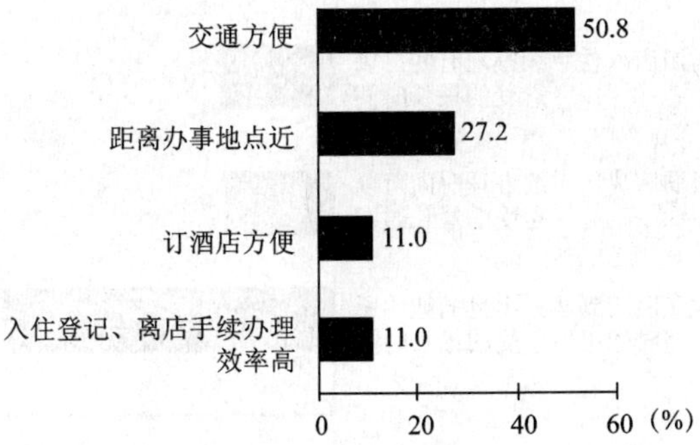

图 4－4　消费者对便利的需求

相比之下，公事外出人员更关注订酒店方便，而私事外出人员更关注入住离店手续效率高（如图4-5所示）。

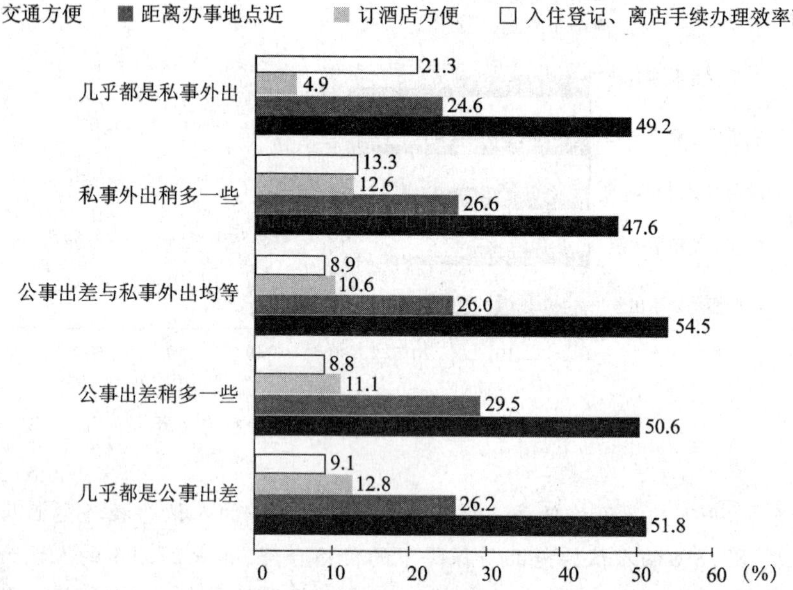

图4-5　不同消费者对便利的需求

对于前面提到的各个方面的便利性，调查结果显示（见图4-6，图4-7），对于交通方面，消费者最大可以忍受从酒店到目的地的时间是28分钟，而酒店入住和离店手续最大忍受时间在10分钟以内。相比之下，私事外出人员可以忍受的时间比公事外出人员更长一些。

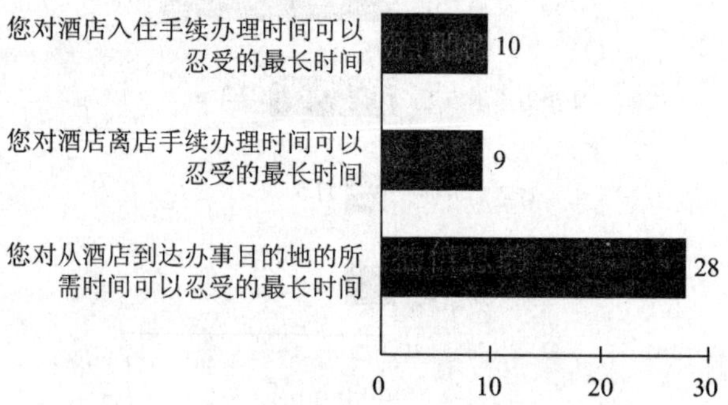

图4-6　消费者对便利的要求

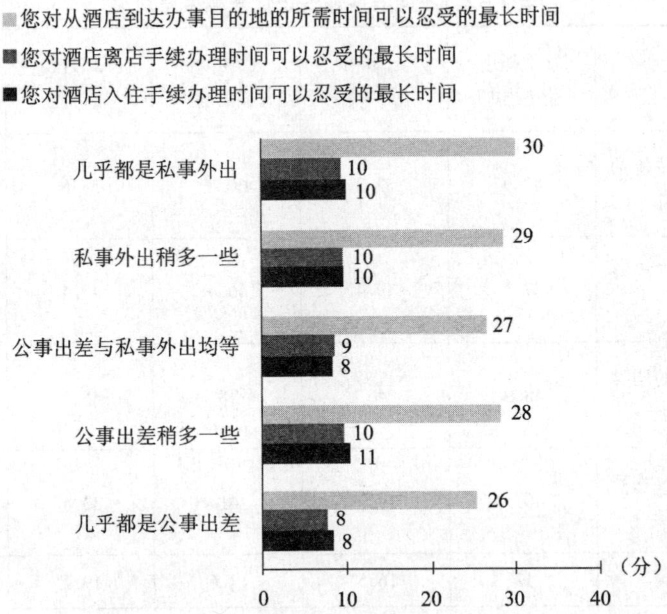

图4-7 不同消费者对便利的需求

三、对于愉悦性,消费者希望消费物有所值、尊重和较高品位

调查结果显示(见图4-8,表4-2),有品位的空间最能让消费者产生愉悦的记忆,价格合理、物超所值,服务人性化、感受被尊重和关爱,结识志趣相投的人群三方面也是使消费者产生愉悦记忆的重要原因,消费者认为良好的设施和快捷的服务是酒店必须具备的基本条件,不是产生愉悦记忆的关键点。

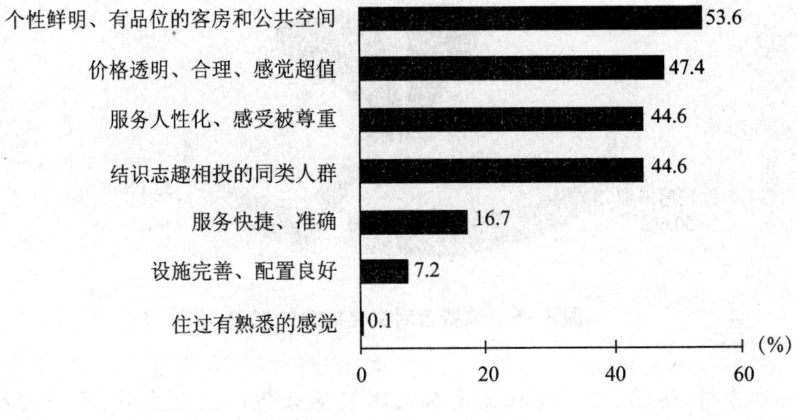

图4-8 哪些方面最能产生愉悦记忆

表4-2 不同宾客愉悦记忆兴趣点差别

	几乎都是公事出差	公事稍多一些	公事、私事均等	私事外出多一些	几乎都是私事外出
个性鲜明、有品位的客房和公共空间	47.9	52.3	60.8	58.5	48.4
服务人性化、感受被尊重	47.1	49.4	46.4	43.4	50.8
结识志趣相投的同类人群	48.9	46	38	45.1	45
价格透明、合理、感受超值	40.5	39.9	41	33.4	38.8
服务快捷、准确	12	16.5	17.6	19.7	17.7
设施完善、配置良好	5.4	6.2	5.6	7.7	11.3
住过有熟悉的感觉	0.6	0	0	0	0

消费者认为酒店除了是家的延伸，同时也是一个区别于家和办公室的独特的空间，需要有自己的特色。调查结果显示（见图4-9），六成消费者表示对酒店增加文化概念感兴趣，只有一成表示不感兴趣。

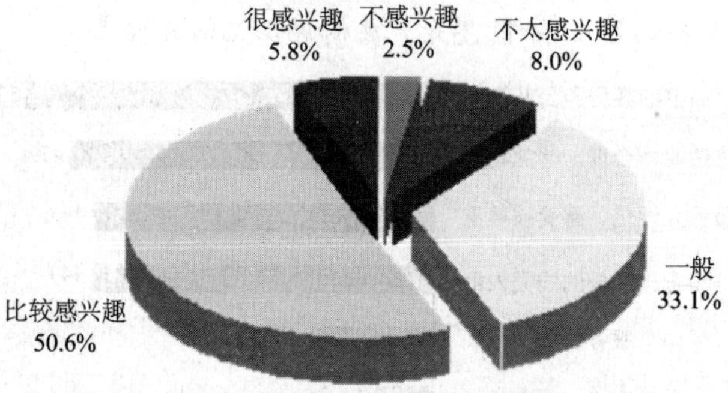

图4-9 消费者对文化概念的兴趣

进一步分析，运动、图书和社交是人们比较感兴趣的文化主题，而对传统的休闲娱乐主题感兴趣的比例较低（见图4-10）。

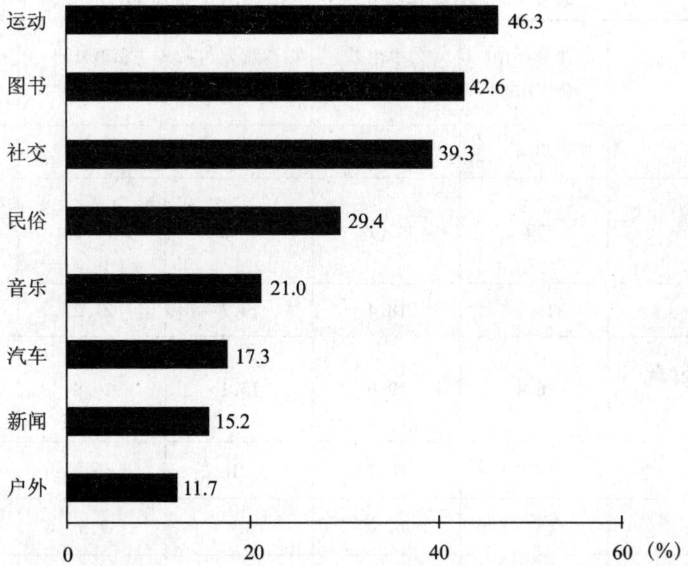

图 4-10　消费者感兴趣的文化主题

调查结果显示(见图 4-11,表 4-3),公事外出人员对免费宽带、打印复印传真和商务会客厅的需求比例明显高于私事外出宾客。而私事外出宾客对送餐、洗衣等服务需求比例较高。

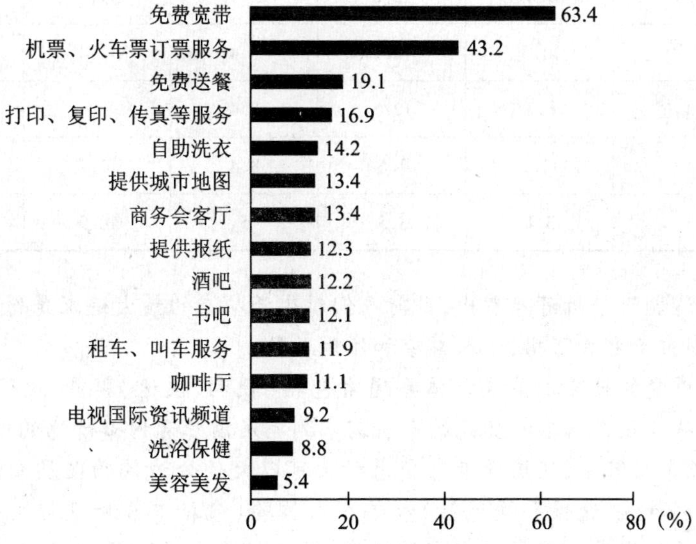

图 4-11　经济型酒店需要的配套设施

表4-3 不同宾客认为经济型酒店配备设施

	几乎都是公事出差	公事出差稍多一些	公事出差与私事外出均等	私事外出稍多一些	几乎都是私事外出
免费宽带	70.4	63.1	66.4	52.6	64.4
机票、火车票订票服务	39	43.1	46.2	49.6	39
免费送餐	18.2	18.4	14.3	21.2	30.5
打印、复印、传真等服务	16.4	19.6	15.1	16.8	10.2
自助洗衣	11.9	10.2	21	16.8	20.3
提供城市地图	17	14.9	8.4	7.3	23.7
商务会客厅	16.4	13.7	16	10.9	5.1
酒吧	15.1	14.9	10.1	9.5	5.1
提供报纸	12.6	12.9	13.4	9.5	13.6
书吧	15.7	10.2	10.1	10.9	16.9
租车、叫车服务	9.4	12.2	12.6	11.7	15.3
咖啡厅	11.3	12.9	8.4	12.4	6.8
电视国际资讯频道	6.3	12.5	8.4	8.8	5.1
洗浴保健	11.3	7.5	8.4	11.7	1.7
美容美发	3.1	3.5	5	10.9	8.5

通过上述调研分析可以看出，目前人们对生活状态的最大追求是舒适、稳定和便利，未来则希望更加富裕、受人尊重和休闲放松。

消费者感受的服务价值层级体系通常包括"便利、快速、尊重、规范、默契"五个层级。它从满足最基本的功能的一般需求到满足消费者内心情感的高级需求等级递增，这五个层级中，从消费者感受角度又可以大致分为偏物理层面的感受（包括服务的便利性、快速性和规范性）和偏个人体验（包括尊重和默契）。而且随着行业服务水平的发展和消费者需求的提高，服务标准也是从低层级向高层级逐步提升的。从对消费者生活追求的对比分析，也清楚地看到这点，未来消费者对包括尊重等个人体验的要求在提升。

综上所述,人们对生活的追求体现在经济型酒店需求方面,可以看到这样的趋势,目前消费者对酒店的关注因素是:经济—便利—愉悦,但未来对经济型酒店的关注会发生变化,高层级的需求会变得更为重要:愉悦—便利—经济。

(资料来源:迈点网.)

2. 电话拜访调研

电话调研可以单独使用,也可以结合销售电话同时使用,或因为要了解或澄清一项特别的事情而使用。有些电话调研是根据设计好的问题而进行的,有些电话调研的自由度与随意性比较大,如酒店总经理或公关部经理打给老顾客的拜访电话。

电话拜访调研法的好处是:

(1)如果时间情况允许而且顾客与酒店关系较好时,可以与顾客谈到比较深层次的问题,更详细地了解顾客的想法。

(2)效率比较高,节省调研费用。

此种调研方法的缺陷是:

(1)对客人的打扰比较大,有些顾客可能不耐烦回答调研者的问题。

(2)调研的准确性受调研者的主观愿望与素质的影响大,对调研者的能力要求较高。

(3)由于只能凭声音沟通,有时会误解对方的意思,或对对方的表述理解不深。

3. 现场访问

又称为突击访问,其做法是抓住与顾客会面的短暂机会尽可能多地获取顾客的意见、看法。现场访问是酒店业获得顾客意见的一种最重要的调研方法,一名成熟的酒店管理者应善于抓住并创造机会展开对顾客的现场访问调研。事实上,可以利用的机会很多:

(1)针对特殊顾客的现场访问。如对 VIP 客人在迎来送往中的现场访问;对某营业时段内消费大户的现场访问(如餐厅经理对大单顾客的礼节性拜访);对特殊敏感人群的现场访问(有些顾客对酒店服务质量的重视与热心程度可能不亚于酒店自身,而且信息来源比较广,具有代表性,如会议的组织者,旅游团导游等。对这类特殊敏感人群的现场访问是必要而且重要的);对在各营业场所偶然遇到的老朋友、熟客的现场访问。

(2)针对不同地点的现场访问,有些地点是比较适合现场访问的。利用顾客在前台办理入住登记或结账手续的时间询问几个简短的问题(同时对回答问题的顾客给予一定的纪念品或折扣上的优惠);总经理每日选择几间客房带上名片、鲜花对住客进行拜访;在酒店机场专车上对顾客的意见征询等。

(3)针对特殊时刻的现场访问。顾客投诉对于旅游酒店来讲,是服务工作中的一个“特殊时刻”。酒店工作人员应充分重视这一顾客主动提供的进行“现场访问”的绝佳时机,抱着一种积极的心态,让顾客畅所欲言。

事实上,哪怕是在那些看似无理的顾客投诉中,往往也蕴含着有助于酒店改进管理及服务工作的真知灼见与金玉良言。

案例分享

某客人在酒店中餐厅宴请客户,结账时由于忘记带住房卡而被餐厅收银员拒绝签挂房账。客人同收银员解释他是酒店住店客人,其前台账户内的押金并没有透支,希望收银员同前台收银核对,允许他签挂房账,但收银员以凭住房卡签房账是酒店的收银规定,没有住房卡无法核对客人签名为由,拒绝接受客人挂账要求。客人最后只好用现金埋单,由于感到在客户面前丢了面子,愤而投诉至酒店大堂经理处。大堂经理知道凭住房卡签挂房账确是财务方面的收银规定,但他并没有简单地采取息事宁人的态度将此投诉应付了事,而是首先对给客人造成的不便与尴尬表示了同情与歉意,接着又诚恳地请客人对酒店的工作给予建设性的意见。大堂副理的这种处理方式很快平息了客人的愤怒,投诉的内容也逐渐地趋于理性了,最后客人提了三点建议:

其一,希望酒店的员工能更热情、好助一些;

其二,酒店要主动讲明住房卡在签挂房账方面的用途;

其三,住房卡的尺寸最好设计得更小一些,以方便客人放入钱包内保存。

客人的投诉与建议第二天一早即通过“大堂副理工作报告”转达到相关的部门。此报告亦引起了酒店高层的充分关注,由总经理亲自倡议,酒店在全体员工中展开了“当酒店规章与顾客需要发生冲突时,我们怎么办?”的大讨论。

(资料来源:职业餐饮网.)

现场访问的方式值得酒店管理人员广泛地运用与研究:

(1)现场访问时,顾客对服务产品的印象鲜活而深刻,往往能提出一些平时被我们所忽略但又十分重要的细节问题。

(2)现场访问是与顾客建立长期关系,维持顾客忠诚的一个重要方法。

(3)管理人员对顾客的现场访问给酒店工作人员传递了一个信息,即本酒店是重视顾客意见的。

当然,现场访问在执行的过程中也有一定的难度与弊端:

(1)现场访问收集到的信息不易保存,如没有一套科学的信息收集、反馈系统,很可能随着访问人的遗忘而消失得无影无踪。

(2)现场访问一定要掌握好一个“度”的问题,要注意区分时间、场合、气氛、对象是否适合进行现场访问,并把握好谈话的时间与分寸。

(3)现场访问由于时间条件所限,往往不能全面、深刻地展开调研。

(4)对于酒店业来讲,现场访问往往需要由一定层次的管理人员(有时甚至是酒店总经理)亲自出面进行,这对于日常工作繁忙及部分更习惯于阅读顾客意见信息反馈报告的管理人员来讲构成了一种体力和心理上的压力,有时甚至受到管理人员的刻意回避。

4. 小组座谈

小组座谈的调研方法是指酒店邀请一定数量的有代表性的顾客,采用一种聚会的形式就有关酒店产品或顾客需求方面的问题进行意见征询、探讨与座谈。酒店利用小组座谈的方式征求顾客意见的同时可以结合相关公关活动进行,如酒店VIP俱乐部会员的定期聚会等形式。

小组座谈法的好处在于:

(1)酒店与顾客可以面对面地广泛而深入地交换意见,获得的信息量大,质量较高。许多顾客对于本行业甚至比酒店的管理人员还要见多识广,是酒店不可多得的良师益友。

(2)座谈中酒店与顾客、顾客与顾客之间是互动式的讨论,有利于多方面多角度听取建议。

(3)此方法特别适合酒店新的服务产品、服务方式推出前的意见征询。

小组座谈法的缺陷在于:

(1)组织工作较为复杂,成本较高。

(2)对参与调研的店方人员及顾客的要求都比较高,调研的效果受双方准备与素质的因素影响较大。

(3)小组座谈的记录、归纳与分析工作需要较高的专业性、技术性。

5. 神秘顾客法

神秘顾客法是酒店获取顾客满意情况信息的另一种重要方法。具体做法是由酒店出资邀请酒店业的专业人士或资深顾客以普通顾客的身份来酒店进行消费,并就酒店产品中存在的问题以专题报告的形式向店方反馈。

神秘顾客法的优点是:

(1)神秘顾客法是由专业人员以专业的眼光对酒店服务产品进行全方位的审视与检查,其结果全面、客观、建设性强,且能够涉及大量地采用其他调研方式所无法得到的服务细节问题。

(2)神秘顾客法可以保证调研的真实性,因为酒店服务人员并不知神秘顾客是何许人也,所以不会经过刻意的伪装与掩盖,调研所反映的情况与酒店服务产品日常的质量情况是高度一致的。

(3)调研者会提供完整的“经历报告”给酒店,并且会提出许多专业性的评价与建议,这对于酒店据此进行相应的整改、培训工作,以及据此评价各部门的服务质量情况都提供了宝贵的参考意见。

神秘顾客法的缺陷是:

(1)调研费用较高。

(2)调研人员往往过分强调专业眼光与专业水准,有时对顾客需求与酒店自身的具体情况考虑较少。

6. 实验法

实验法就是在一定条件下进行小规模的实验,通过观察、询问、分析,了解其发展趋势的一种方法。例如,酒店的某个餐厅将个别菜肴的价格调高或调低,观察或访问消费者的反映,来判断价格变动后对销售量的影响。又如,想新上哪些品种或什么风味,事先也可以在小范围内实验,征求意见,摸清菜式或风味的走向,然后再决定是否进行生产和销售。

7. 资料分析法

资料分析法是利用内外部现成资料,运用统计的方法对调查项目进行分析的一种调查方法。这是一种间接的调查方法,它简便易行,节省人力和财力。采用这种方法应尽量将各种所需资料收集齐全,请熟悉业务的人员共同分析研究。这种方法还可以弥补直接调查的不足。但是资料分析法所依据的是历史资料,现实正在发生变化的各种因素不在其内,这是其缺点。资料分析法常用的形式是:

(1)发展趋势分析。即将过去的资料积累起来进行分析对比,进行合理的延伸以分析发展的趋势。例如通过对全国酒店业近5年的年营业收入情况的统计分析,能得到全国酒店业营业收入的增加或递减的趋势。但这种方法只能强调分析某一变量,至于怎样引起的这些变化还要通过别的调查方法才能得出。

(2)相关分析。为求得某一变量与另一变量之间的关系可以分析正负相关因素。例如,市场的烹调原料的涨跌,势必影响到菜肴的价格。如果菜肴的价格不变,势必影响到毛利率或利润率。又如酒店门前修路可能会影响酒店的营业。像这样由一种因素的变化而引起了相关因素的变化的情况,是我们调研中常遇到的问题。

8. 委托法

委托法即酒店委托相关的调查、咨询机构进行资料信息收集,再整理出对酒店有用的信息,从而决定酒店的投资意向、经营策略、市场定位等。特别是现代酒店集团在开拓异地市场时一定要进行市场调研,一定要了解当地消费者对酒店经营产品的接受程度、文化的认同感、消费者的消费能力、消费习惯等。比如，某酒店在经营川菜餐厅时，在南方经营发展和在北方经营发展是有很大差异的，另外南方人与北方人在酒水的需求量等方面的差异，也决定在菜式开发及菜品毛利率等方面是不相同的。

9. 其他相关调研方法

如个别深度访谈法、上门访问法以及邮寄问卷调研法等，酒店应根据所需调研的内容及调研工作的具体要求等情况来灵活选择。

（二）内部信息来源

1. 员工意见反馈法

酒店一线的服务人员是与顾客接触最多，对顾客的需求及满意情况最为了解的人。一位基层的服务人员肯定比经理们更经常地听到类似于这样的信息："你们的浴巾太硬了，某某桑拿中心的浴巾就很软，而且还保存在加热箱内，披在身上时还是热的呢！"员工当中往往有许多的信息、想法与建议，如能通过科学的渠道加以收集、反馈，其效益将是十分显著的。

员工处于服务的第一线，是酒店内直接接触客人的人，员工往往能发现许多不为管理人员注意到的信息、情况，而这些信息、情况对于改进服务工作是大有帮助的。同时员工意见反馈对于提高组织凝聚力也是一种重要的手段和方法。

在使用员工意见法收集信息时要注意，员工对于失败的服务执行情况的信息（尤其是对于涉及本人、本部门的信息）往往采取较为保守的态度，这一点也需引起管理人员的注意。

2. 现场巡视法

现场巡视法是指酒店领导、部门经理及专门负责质量工作的人员通过例行的工作巡视，采用现场观察的方式来获得有关信息的方法。

现场巡视法的优点是：

（1）管理人员亲临服务现场，对于掌握服务工作中的第一手资料，从整体上了解顾客的需求与服务水平，客观评价下属工作，激发工作士气有着十分重要的作用。

（2）管理人员深入服务一线，在必要时亲自为顾客服务，会给全体员工传达一个"顾客至上"的清晰信号，对于建立酒店服务文化，树立管理人员在员工中的良好形象大有裨益。

现场巡视法的弊端主要在于当员工发现有管理人员在场时，很可能作出与平时不同的服务表现来，从而使收集到的信息失真。同时此法也受管理人员主观好恶，与下属感情亲疏的影响。

3. 专业资料参考法

许多业内的专业杂志、书籍均时常载有关于顾客需求情况的调研报告、论文、心得等性质的文章,这些信息对于补充酒店自有的信息来源会有所帮助。

专业资料参考法的好处在于资料的获得比较容易,成本低,专业性、权威性也比较高,有助于酒店管理人员开阔视野,提高理论水平。缺点在于资料的收集不可能很全面,且要结合本酒店的具体情况进行进一步的分析与取舍才能使用。

4. 实际测定法

实际测定法是对某项市场营销活动的效果进行实际的测定,以取得信息。如酒店在餐厅推出打折促销以后的就餐人数;酒水免费以后的翻台率或经营收入的变化情况等。

5. 行为记录法

行为记录法是由调查人员用特定的方法,把被调查者在一定时间内的行为记录下来,再从记录中找出所需的信息资料。例如酒店消费者在餐厅点菜的时间、人均消费菜肴数量,就餐所用的时间等。

拓展知识

××餐厅顾客意见调查表

调研日期:　　年　月　日

尊敬的顾客:

非常感谢您光临××餐厅,为了提供给您尽善尽美的服务及舒适愉悦的用餐经历,我们需要您的宝贵意见和建议。顾客意见信息的有效获取,是我们提高自身的管理、服务水平及食品质量的依据,以便我们做得更好!您所留下的个人资料是我们作为寄赠礼物之用,因此您无须担心资料外泄,请安心填写。

另外本餐厅每月抽出5张调查问卷表,被抽中的顾客将得到精美的小礼物。非常感谢您的热心协助及合作!

您今天用餐的品目:

请留下您的:

姓名:　　性别:□男　□女　职业:　　电话:

通信地址:　　邮箱:

您今天的感受:请根据满意度在相应的分数上画"√",满意度越高分数越高。

产品	5 分	4 分	3 分	2 分	1 分	服务	5 分	4 分	3 分	2 分	1 分
产品品质：	□	□	□	□	□	服务周到：	□	□	□	□	□
产品分量：	□	□	□	□	□	服务快速：	□	□	□	□	□
产品口味：	□	□	□	□	□	礼貌态度：	□	□	□	□	□
产品丰富度：	□	□	□	□	□	衣装整洁：	□	□	□	□	□

环境	5 分	4 分	3 分	2 分	1 分	卫生	5 分	4 分	3 分	2 分	1 分
温度舒适：	□	□	□	□	□	餐具：	□	□	□	□	□
环境舒适：	□	□	□	□	□	桌椅：	□	□	□	□	□
音乐音量：	□	□	□	□	□	地面：	□	□	□	□	□
就餐设施：	□	□	□	□	□	整体环境：	□	□	□	□	□

价值	5 分	4 分	3 分	2 分	1 分
价格适中：	□	□	□	□	□
物有所值：	□	□	□	□	□

其他

您对于餐厅总体就餐的感受？ □5 分 □4 分 □3 分 □2 分 □1 分

您是否愿意再次到本餐厅就餐？ □愿意 □不愿意

您是否愿意向其他人推荐本餐厅？ □愿意 □不愿意

您最喜欢本餐厅的产品是？

您到本餐厅用餐的间隔时间？

□第一次 □一周两次或以上 □一周一次 □一个月两次或以上

□一个月一次 □2～6 个月一次 □6 个月或以上一次

您属于哪个年龄段？

□14 岁或以下 □15～24 岁 □25～34 岁 □35～44 岁 □45 岁以上

您的月收入？

□5000 元以上 □3000～5000 元 □2000～3000 元 □1000～2000 元

□1000 元以下

您今天用餐的时间？

□10:00—12:00 □12:00—14:00 □14:00—17:30 □17:30—22:00

您认为我们如何做才能更好？

（资料来源：职业餐饮网.）

四、分析调研信息并编写调研报告

调研结束后，便可对答案进行汇总，用原始数据或百分比表示调查结果，也可把结果制作成条形或饼形分析图，以便进行对比。酒店运用一些复杂的方法对调研结果进行分析，如回归分析法、相关分析法、因素分析法和聚类分析法等。这些方法用于确定不同群体（按态度、信念和行为模式等分类）之间的重要差异性。同时，还有可供对比分析使用的模式库。调研数据的分析最终将形成一份调研报告，它是营销调研项目的终点，同时也是营销调研中最核心和最重要的部分。

第三节 酒店市场预测

一、市场预测的基本原理

基于对市场和经济指标精心估算得出准确的预测是酒店营销计划中最重要的方面之一。大量的钱财和人力资源的配置依赖良好的预测。这不是一件容易的事，因为每一项经营中都存在着一定的风险因素，没有人能够真正预测未来。然而市场需求预测的目的就是使风险最小化，只是对那些完全无法预测的情况采取听其自然的办法。即使如此，优秀的酒店营销人员也应该在计划中留有余地，以防不测。

酒店市场预测是在市场调查基础上，运用科学的方法对市场需求和酒店需求以及影响市场需求变化的诸因素进行分析研究，对未来的发展趋势作出判断和推测，为酒店制定正确的市场营销决策提供依据。

其主要特征表现为：

（1）服务性：为决策提供信息服务。

（2）描述性：遵循科学原则，依据一定的程序和方法建立具体市场事件的市场预测模型。

（3）系统性：市场预测是以系统观点为指导思想，将预测依据、分析、技术和结果等要素相互作用、有机结合而形成的活动过程。

酒店市场预测为酒店确定生产经营方向，制订生产经营的发展计划提供依据。可在探明消费者消费心理变化，购买力增减、具体商品需求趋向等基础上，结合酒店自身条件，分析优势与差距，寻求可行的解决方案。摸清竞争对手状况，制定相应策略，克“敌”制胜。有针对性地制定适当措施和利用环境策略，以确保酒店生产经营顺利发展。

二、酒店市场预测程序和方法

（一）市场预测的程序

1.确定预测目标

预测目标指通过预测要了解什么问题，解决什么问题，达到什么目的。预测目标是整个预测工作中首要的一步，它反映较长时期内酒店市场发展变化应达到的水平和程度。

预测目标包括确定预测对象、预测范围和内容、预测方法的选择等一系列工作内容的安排。如果没有明确的预测目标，预测工作将会带有盲目性。预测目标既关系到当前的经济活动，又关系到预测的其他步骤，如搜集资料、规定预测方法等。预测目标的明确与否是整个预测工作的基础，只有目标明确，才能组织力量，各方协同配合，为共同实现预测目标而努力。

在确定预测目标的过程中，由于经济现象涉及的范围广泛，市场情况千变万化，为了有针对性地选择，为决策提供依据，还必须明确所要预测的具体对象。对象不同，所需的资料、预测的范围、内容、预测的层次和期限各不相同，采用的方法也不相同。所以，在预测之前必须事先明确具体的预测对象。

2.搜集整理预测资料

预测资料的数量和质量直接关系到预测的精确度，当然，影响预测工作精确度的还有计算与判断等因素。搜集整理资料，并按预测要求分门别类建立“酒店产品档案”，是搞好市场预测的重要前提条件。一般来说，占有的资料越充分，对问题的分析就越详细、越深刻。为此，要扩大资料的来源。除现成的直接资料来源，即政府、主管部门及酒店内部积累的信息资料，包括有关的旅游政策法令、酒店购买力及其市场的变化数据、主要目标消费市场供需资料等之外，还要注意第一手资料的搜集，有些新情况、新问题不断出现，需要进行直接调查，掌握更多有关预测的第一手资料。这类资料最能充分反映酒店市场变化的实际情况，要花大力气进行搜集和整理。在搜集资料时，应从各个方面、不同渠道交叉搜集，相互配合，并不断更新，尽量使搜集的资料完整、全面而系统。

得到资料后，要对其进行系统整理、编号、汇编、列表、计算百分率等，使其变成有使用价值的资料，为预测服务。

3.选择预测方法

选择正确的预测方法是提高酒店市场预测精确度的又一重要因素。各种预测方法都有其不同的原理、特点和适用性，要根据预测目标和资料占有情况，综合考虑，选择判断、数据计算相结合的预测方法。不能单打一，更不能“一刀切”。有些可建立数学模型，有些则可用简单数学方法进行预测，有的又可凭经验推算，总之，要根据实际情况,选择行之有效的预测方法。

由于客观经济现象错综复杂,在预测时要同时采用几种预测方法,进行比较、验证,然后作出判断,以减少大的失误。在选择和运用预测方法时,还要注意事物的连续性和相关性。因为事物的未来发展都有一定的延续性,可以根据过去和现在,推测未来事物之间还存在着明显的因果关系,能够根据某一事物的变化,推测出另一事物所产生的相应的变化。因此,在预测时要注意其中必然存在的各种依存关系,尽量剔除一些不可比的因素,使计算结果误差最小。

4. 分析预测误差

预测误差是预测值与实际值之间的差。预测误差是客观存在的,因为预测值只是一个近似值,是在实际发生以前进行的,预测值与实际值之间有一定偏差。所以它只能近似地反映未来,不可能做到百分之百的精确。但是预测误差过大,就会直接影响到预测的精确度,失去预测的意义,所以要分析预测的误差。

首先,要分析预测误差产生的原因,尽量避免误差过大。预测是根据过去和现在预见未来,根据已知推测未知,也是对未来不确定因素的推断和预算。虽然事物的发展总有一定的规律性和必然有序性,但事物的未来发展难免受到一系列不确定因素的影响,预测结果必然与实际结果产生一定的距离,存在一定的误差。另外,预测是一种有条件的预测,是假定未来变化基本是在过去变化基础上的延伸或重复,但在实际中往往并非如此,社会环境在不断变化和发展,各种影响因素在不断产生与变化,又造成了预测结果与实际结果的偏差,产生了一定的误差。当然造成误差的原因还很多,如数据资料有误差,计算上有差错,或者建立的预测模型不够精确等。为了使误差达到最小,在预测中要深入分析预测误差产生的原因,提高预测的精确度。

其次,要采用正确的方法测定预测误差,求出标准误差,作为衡量误差的标准。测定误差的大小可分别采用平均误差、平均绝对误差、均方误差、均方根误差等方法。通常采用均方根误差来测定更为正确。均方根误差得先计算出各期某一事物的实际数与预测数的离差,再把每个离差平方起来,并计算这些平方数值的算术平均数,得到均方误差,最后将均方误差开平方,所得的方根就是均方根误差,又称标准误差。标准误差公式,把一段时期的全部预测值与实际值进行比较,求出标准误差,作为衡量误差的标准。如果预测的误差偏大,超越标准误差界限,预测人员就应该分析产生的原因,重新预测,使误差控制在界限之内,以提高预测的精确度。

5. 确定预测值,提出正式预测报告

市场预测的目的,就是为制定市场决策提供依据。通过上述各项工作后,预测者将不同的预测方案利弊得失进行比较,择优选定可靠而肯定的预测值,作为制订当前和今后必须采取的行动计划和策略的依据。在执行过程中还要进行跟踪检查，发现预测与现实不符时，应立即进行修改，逐步使预测者对事物发展的内在规律性有更进一步的认识，从而提高预测的科学性。

以上几个步骤，并非截然分开，可以交叉进行，每循环一次，预测的水平就提高一次，从而保证预测工作的顺利进行。

（二）市场预测方法

市场预测方法可以归纳为定性预测和定量预测两大类。

1.定性预测方法

依靠预测者的专门知识和经验，来分析判断事物未来发展的趋势，称为定性预测。它要求在充分利用已知信息的基础上，发挥预测者的主观判断力。定性预测适合预测那些模糊的、无法计量的酒店经济现象，并通常由预测者集体来进行。

定性预测方法简便，易于掌握，而且时间快，费用省，因此得到广泛采用。特别是进行多因素综合分析时，采用定性预测方法，效果更加显著。但是，定性预测方法缺乏数量分析，主观因素的作用较大，预测的准确度难免受到影响。因此，在采用定性预测方法时，应尽可能结合定量分析方法，使预测过程更科学，预测结果更准确。

定性预测方法，可分为主观估计法和技术分析法两类。主观估计法包括经验判断法、集体意见法和主观概率法等。技术分析法包括德尔菲法、历史类推法、形态分析法和系统分析法等。

（1）个人判断法。个人判断法是用规定程序对专家个人进行调查的方法。这种方法是依靠个别专家的专业知识和特殊才能来进行判断预测的。其优点是能利用专家个人的创造能力，不受外界影响，简单易行，费用也不多。但是，依靠个人的判断，容易受专家的知识面、知识深度、占有资料是否充分以及对预测问题有无兴趣所左右，难免带有片面性。专家的个人意见往往容易忽略或贬低相邻部门或相邻学科的研究成果，专家之间的当面讨论又可能产生不和谐。因此，这种方法最好与其他方法结合使用，让被调查的专家之间不发生直接联系，并给时间让专家反复修改个人的见解，才能取得较好的效果。

（2）集体判断法。这种方法是在个人判断法的基础上，通过会议进行集体的分析判断，将专家个人的见解综合起来，寻求较为一致的结论的预测方法。这种方法参加的人数多，所拥有的信息量远远大于个人拥有的信息量，因而能凝集众多专家的智慧，避免个人判断法的不足，在一些重大问题的预测方面较为可行可信。但是，集体判断的参与人员也可能受到感情、个性、时间及利益等因素的影响，不能充分或真实地表明自己的判断。

因此，运用集体判断法，会议主持人要尊重每一位与会者，鼓励与会者各抒己见，使与会者在积极发言的同时要保持谦虚恭敬的态度，对任何意见都不应带有倾向性。同时还要掌握好会议的时间和节奏，既不能拖得太长，也不要草草收场；当话题分散或意见相持不下时，能适当提醒或调节会议的进程等。

(3) 德尔菲法。德尔菲法是为避免专家会议法的不足而采用的预测方法。这种方法的应用始于美国兰德公司，在国外颇为流行。这一方法的特点是，各专家不通过会议形式交换意见和进行讨论，而是在互相保密的情况下，用书面形式独立地回答预测者提出的问题，并反复多次修改各自的意见，最后由预测者综合确定市场预测的结论。

德尔菲法进行市场预测的主要步骤如下：

①做好准备。准备好已搜集到的有关资料，拟定向专家小组提出的问题（问题要提得明确）。

②请专家作出初步判断。在做好准备的基础上，邀请有关专家成立专家小组，将书面问题寄发各专家（如有其他资料，也随同寄发），请他们在互不通气的情况下，对所咨询的问题作出自己的初次书面分析判断，按规定期限寄回。

③请专家修改初次判断。为使专家集思广益，对收到各专家寄回的第一次书面分析判断意见加以综合后，归纳出几种不同判断，并请身份类似的专家予以文字说明和评论，再以书面形式寄发各专家，请他们以与第一次同样的方式，比较自己与别人的不同意见，修改第一次的判断，作出第二次分析判断，按期寄回。如此反复修改多次，直到各专家对自己的判断意见比较稳定，不再修改时为止。在一般情形下，经过三次反馈，即经过初次判断和两次修改，就可以使判断意见趋于稳定。

④确定预测值。即在专家小组比较稳定的判断意见的基础上，运用统计方法加以综合，最后作出市场预测结论。

2. 定量预测方法

定量预测，是指在数据资料充分的基础上，运用数学方法，有时还要结合计算机技术，对酒店未来的发展趋势进行数量方面的估计与推测。市场预测中的定量预测方法，是在分析影响市场供求变动因素的基础上，找出相关变量之间的因果关系，建立起数学模型，通过运算来得到预测结果。定量预测方法有两个明显的特点：一是依靠实际观察数据，重视数据的作用和定量分析；二是建立数学模型作为定量预测的工具。

案例分享

雅高调研客户需求以迎接其台湾首家酒店开业

在中国已发展25年的欧洲最大的酒店集团——法国雅高酒店集团于2010年8月20日联合全球领先的市场研究公司尼尔森，在中国大陆、香港、新加坡地区的雅高A佳会员中进行了赴台湾旅游意向及酒店住宿需求的在线调研。

“对于酒店经营者来说，了解顾客的需求是成功的关键”，雅高中国区首席副总裁马睿先生说道。“通过此次市场调研，我们对顾客的需求有了更深入的了解，将对市场营销以及服务产品进行积极调整。同时希望通过此次调研，能够对我们的酒店业主中华航空公司有所帮助，共同促进赴台旅游市场的发展。”

作为亚洲地区重要的旅游目的地，台湾越来越受到亚洲地区，尤其是中国大陆地区游客的青睐。调研结果显示，台湾是亚洲地区最具吸引力的旅游目的地之一。在曾赴台湾旅游的受访者中，有60%的人明确表示会在未来24个月内再次前往台湾旅行。

在台湾的旅游景点中，台北最具吸引力，得到了将近70%的中国大陆、香港以及新加坡受访者的青睐，其次是故宫博物院(31%)、淡水(27%)和阳明山(22%)。而台湾美食(31%)以及热情友好的当地人(18%)给曾经到过台湾的受访者留下了最深刻的印象。

此外，在近期有计划前往台湾旅行的受访者中，来自中国大陆和新加坡的顾客希望在台湾的平均停留时间是6至7天。另一个有趣的发现是，来自中国大陆的受访者在住宿方面要求似乎最高。近80%的大陆受访者将4到5星级的国际品牌酒店作为他们的住宿首选，比例高于香港和新加坡受访者。同时，在平均住宿费用方面，中国大陆受访者愿意每晚支付650元以上人民币，高于新加坡受访者的每晚540元以上人民币。

香港和新加坡的受访者将地理位置视为酒店选择的最关键因素，而中国大陆受访者则认为酒店的设施以及地理位置更重要。三地受访者中，免费使用互联网、枕头菜单以及花洒淋浴系统被认为是最重要的酒店增值服务设施的前三位。

酒店的环保举措也成为受访者选择酒店时的考量因素。近60%的中国大陆受访者表示酒店在可持续发展方面所做的努力会影响他们的预订选择，这一数字远远超过了香港受访者(45%)以及新加坡受访者(36%)。而三地的受访者所关注的位列前三位的环境问题都是水污染、全球变暖以及气候变化。

“根据调研结果，我们发现台湾是受访者心目中最为期待的旅游目的地之一，这更增强了我们对台北诺富特华航桃园国际机场酒店的信心。这家位于繁忙的桃园国际机场的酒店，其战略性地理位置及便捷的交通可使宾客轻松到达台湾的众多旅游景点。”马睿先生补充道。

雅高根据调研结果作出了迅速反应。台北诺富特华航桃园国际机场酒店以及北京诺富特三元酒店将成为试点酒店，率先尝试对雅高A佳卡会员推出枕头菜单服务。花洒淋浴设备也已经被安装在最新建成的诺富特酒店的行政楼层房间中。同时，调研结果进一步验证了准备实施的计划的正确性，例如北京诺富特和平宾馆正在实施翻新工程，原计划里就包含安装花洒淋浴系统。另外，客人们目前已经可以在很多雅高酒店的公共区域内使用无线上网，或者在客房内享受免费互联网服务。

（资料来源：http://travel.sina.com.cn.）

思考与练习

1. 酒店市场营销调研的主要类型是什么？
2. 酒店市场营销调研中最常用的方法有哪些？
3. 酒店市场预测的基本方法有哪些？

实践与训练

实训题目：顾客调查问卷设计

实训目的

通过实训帮助学生达到初步掌握市场营销调查的基本程序、核心技术、技能要求以及培养学生团队合作精神。

实训内容与要求

1. 实训组织

将班级同学划分为若干项目小组，小组规模一般是5～7人，组团的时候注意小组成员在知识、性格、技能方面的互补性，如包含性格外向的人，熟悉计算机文字处理技术、计算机绘图功能及Excel使用的人等。选举小组长以协调小组的各项工作。由于市场营销调查的很多环节均需要小组共同作业，因而中途无特殊原因不允许组员变动。小组成绩将作为每位组员的作业成绩。

2. 实训要求

（1）确定调研主题、调研内容。由学生自己确定调研主题、调研对象。要考虑操作的可行性和便利性，尽量避开低发生率的产品或服务，不要调查被调查者不太了解的事物。如可选择以学生、老师、校园内的居民等为调查对象，学校周围的商店、书店、洗衣店、学生食堂、学校图书馆为客户的项目。

（2）调研项目的基本内容。所选择的调研项目至少应涉及以下内容：二手资料调查；问卷设计；抽样过程；数据的基本统计与分析；调查报告撰写。

（3）控制项目进程。在2个星期左右落实客户，提交调研计划书，确定调研主题和调研对象。学生项目将与课程学习平行进行，随着课程内容的展开不断推进。

成果与检测

建立经验交流制度。每完成调研的一个环节如调查问卷的设计、样本量的确定和抽样等,辅导老师应及时检查学生调研操作的进度和实际完成情况,提供必要的指导和建议,并组织同学进行经验交流,还针对共性问题在课堂上组织讨论和专门的讲解。

第五章

酒店市场营销分析

引　言

酒店市场营销部以满足顾客需要为中心,主要由市场细分、目标市场选择和市场定位组成。市场细分是明确目标市场、针对特定的细分市场开展营销活动的前提。本章在明确酒店市场细分的基础上,进一步结合酒店目标市场选择和市场定位,从而能够更好地理解和把握酒店市场营销的具体内容和方法。

教学目标

- 知识目标

了解酒店市场细分的相关概念和方法。
掌握酒店目标市场选择的策略。
掌握酒店市场定位的方法和目标。

- 能力目标

能够运用市场细分进行相应目标市场的选择。
学会运用市场定位制定酒店营销策略。

- 素质目标

进一步提升市场营销运营层面的酒店营销素养。

案例导入

以市场定位取胜的香港港丽酒店

1995 年,美国权威的旅游杂志 Traveler 将香港港丽酒店(Conrad Hotel)评为全世界服务最好的酒店之一。在 1994 年,该酒店的入住率已经超过 90% 。要知道,对于星级酒店来说,年平均入住率能达到 75% 就相当不错了。而实际上,港丽酒店在1989年才刚刚成立，开业仅六年便登上世界的巅峰，港丽成功的秘诀何在？该酒店的副总裁加逊里一语道破天机：定位的威力。

对于酒店而言，恐怕没有任何一件事情比决定它在市场中的定位更为重要的了。为了赢得商机，酒店通常会试图找出最为有利的目标市场。例如，有些酒店着重接待商务旅客，有些酒店倾向接待旅行团的观光客，另外一些酒店则尝试同时吸引这两群不同的消费者。

一般情况下，酒店在确认它的目标市场之前，必须决定哪些具有竞争性的优点是它所能提供目标市场的。例如出众的产品、良好的客户服务、价格、名气和声誉、创新的特色、方便程度、气氛等都是酒店可以赢得优势的各种渠道。然而，最为重要的是：这些优势必须是因客户的需求而定，得到客户的认可，酒店的定位不能是自己的一厢情愿，只有客户心目中的认可才是影响最终业绩与营业收入的决定性因素。

亚洲最好的几家酒店都已在客户心目中建立了不可动摇的地位。以香港半岛酒店和曼谷东方酒店为例，它们都早已被认定为亚洲乃至全世界最杰出的酒店。它们所提供的产品特色、服务品质、定价、气氛、声誉、创新能力等都是客户评断其定位的依据。

在港丽酒店成立以前，曾有市场分析报告指出，香港其实是由两个完全不同的地区组合而成的：一个是众多大企业（包括许多跨国公司在亚太地区的总部）所集中林立的港岛；另一个是聚集了贸易公司，结合购物商场和五光十色生活的九龙半岛。维多利亚港则将它们一分为二。尽管人们可以自由选择各种交通工具过海，但海港的存在终究还是造成某种天然屏障。因此，如果一位旅客的活动集中在港岛，他会选择入住港岛的酒店；反之，他会选择九龙。

筹建中的港丽酒店坐落于港岛，它的首选目标是吸引那些主要在港岛从事商务活动的人。当时，港岛主要的酒店有：五星级酒店三家、四星级酒店七家、三星级酒店一家。其中五星级酒店主要吸引企业高级主管和富有的观光客，而四星级酒店则招揽中级主管或对较便宜的旅游行程感兴趣的个人。并且这些酒店业经过长期经营，都在港岛建立了比较完善的运作系统。因此当时的市场竞争已十分激烈。

港丽酒店所具有的优势是设施先进、环境舒适、服务具有特色、地点方便，这些都能够很好地满足商务人士的需求；其劣势在于酒店在市场中知名度不高，还没有树立自己的形象。基于这种分析，港丽酒店决定将目标市场初步定位于五星级的商务酒店。但正当港丽酒店准备投入正式运行时，却遇到了外部环境的急剧变化，其主要原因是由于海湾战争的爆发和美国经济的衰退，由此引起许多大企业纷纷削减商务活动费用，使港丽酒店的经营活动受到了十分不利的影响。为了扭转这种被动局面，树立港丽商务酒店的形象，港丽酒店不得不采取一系列的促销措施，如推出了40%的促销折扣,大规模在世界性杂志刊登广告,成立了18个业务开发小组。经过精心组织实施,这些促销措施收到了显著成效。与此同时,港丽酒店针对环境的变化和自身的特点进行了重新定位。因为随着商务旅客的减少,港丽酒店很难将其他五星级酒店中的客户吸引过来。

(资料来源:王建民.管理经济学.北京大学出版社,2004.)

思考:你认为港丽酒店定位成功的关键是什么?如果其他酒店采取与港丽同样的定位,你认为港丽酒店应该采取什么样的对策?

酒店的市场与其他市场有所不同,如汽油市场或蔬菜市场,顾客的需求几乎是相同的。这种顾客需求相同的市场称为同质市场。这样的市场比较容易营销,只要厂家知道市场需求量的大小,就能按市场需求生产一定数量的产品投放市场。

酒店面临的市场不是一个简单的同质市场,顾客的需求也不相同,它是由不同层次、不同需求的顾客所组成的异质市场,顾客对产品有多种多样的要求,其自身也具有多重性与复杂性。国际品牌酒店市场的状况就更为复杂,既包括了外国的客户,也包括了本国的客户,因此我们对国际品牌酒店的市场营销提出了一个新的概念——“思维国际化,行为本土化,销售个性化”。思维国际化,指的是营销人员要有国际营销意识,熟悉国际营销渠道和销售渠道;行为本土化,指的是营销人员要熟悉当地和本国的情况,熟悉当地或本国政治、经济、法律、文化传统等情况,按照当地的情况来做好工作;销售个性化,指的是要关注客人的选择,客人的消费形式与他个人的价值观,以及客人的兴趣和爱好、文化传统、宗教信仰等。市场营销人员要善于站在不同客人的角度去分析和看待酒店产品,要理解客人在文化上、态度上、思维上的差异,还有客人消费的动机等。

从留意酒店产品到对酒店设施和服务的评价,以及客人购买产品的方式,说明了消费者在买卖过程中每一步都受着文化背景的影响,客人通过自己的文化意识吸收信息,根据自己的文化传统和伦理准则及思维作出选择。

现代企业营销战略简称为“STP”,即市场细分化(Segmenting)、目标化(Targeting)和市场定位(Positioning)。这是现代企业(包括酒店业)在确定目标市场的过程中,要经历的三个阶段:一是市场细分,二是选择目标市场,三是市场定位。这三个阶段是市场营销过程中互相联系、不可分割的环节。市场细分是选择目标市场和市场定位的基础与前提,目标市场选择和市场定位则是市场细分的继续与发展。没有市场细分的选择与定位是盲目的,而没有目标市场选择与定位,细分也就是无的放矢。

第一节　酒店市场细分

市场细分是将一个错综复杂的异质市场划分成若干个具有相同需求的同质亚市场,使各亚市场内部的差异缩小到最小程度,再根据同质亚市场展开多种营销活动。

酒店市场包括了形形色色的消费者和购买者,如商务客人、度假客人、会议客人、宗教客人、探亲客人等,他们具有不同的需求、不同的购买和消费行为、不同的文化价值观。另外还包括许多购买者,他们只是购买酒店产品,但不是最终消费者,比如旅游批发商、旅游代理商、航空公司、铁路公司、旅行社、旅游代理机构等。

酒店市场的客人具有多种多样的需求,形成一个异质市场,任何一家酒店都不能同时使酒店市场的每一个客人或购买者满意,只能通过市场细分划出一个或几个目标市场作为营销对象。

通过市场细分,营销人员清楚地认识酒店市场客人的需求;营销费用的使用更为有效,能产生更好的效益;酒店的营销策略更有针对性,有利于选择合适的营销推广方法;有利于酒店产品合理的营销组合;能够寻找更多的营销机会,使酒店更好地适应市场的变化;促进酒店内部组织机构、管理和服务的改进及营销计划的制订。

酒店市场细分要回答如下几个问题(5W):

(1)谁(Who),酒店经营哪些客源市场?

(2)什么(What),客人需要什么样的产品?

(3)怎样(How),酒店如何进行营销活动满足客人的需求?

(4)哪里(Where),酒店在哪里向客人推广自己的产品?

(5)何时(When),酒店何时促销自己的产品?

市场细分的方法有许多,现列举主要的几种。

一、地理因素细分法

地理细分是按照不同的地理位置或区域划分旅游市场,具体分为若干个亚市场。通常,国际酒店集团以不同的旅游地带如东南亚、西欧、北美等来划分国际酒店业市场。

欧美国家旅游业发达,地区之间和城市之间的旅游十分盛行,酒店以地区或城市进行市场细分。比如纽约、华盛顿、洛杉矶、拉斯维加斯等地区或城市都是如此。中国由于是发展中国家,仍以国际旅游市场为主,酒店市场按不同的国家分为不同的目标客源市场,如美国、英国、德国、法国、日本、澳大利亚、新加坡、马来西亚等。

二、人口统计细分法

根据人口的不同特征比如年龄、性别、宗教、民族、职业、收入、教育、婚姻等情况,将旅游市场划分为若干个亚市场。旅游者的需求、爱好、生活习惯、文化取向等都与人口特征有联系。

搜集人口特征资料,可以通过政府、地方机构、旅游城市、旅游管理部门或旅游协会及旅行社获得。统计部门、旅游部门、宣传媒介也会提供人口特征信息。

然后,按照人口特征的多个要素,如年龄、职业、收入等,划分出亚市场;也可以根据旅游者的生活习惯、文化背景、兴趣爱好或宗教信仰等来划分亚市场。但划分出的亚市场不一定都是酒店的营销对象,需要酒店根据自己的经营特点、产品组合和接待能力去选择一个或几个亚市场作为目标市场。

三、客人行为细分法

客人行为包括选择产品的过程、价值理念、支付能力、寻求的利益、品牌偏爱、使用频率、使用时间、使用情况等。根据客人行为划分市场即是行为细分法。

客人选择产品有不同方式,也有不同的价值观念,支付能力亦有差异,这些都可以分为不同的目标市场。使用频率是指客人使用产品的次数多少,也就是我们常说的“回头客”。有时占少量比例的“回头客”却占了酒店营业收入的大部分,这就是使用频率的问题,客人回头次数越高,酒店效益就越好。

客人对某一特定酒店品牌的偏爱可以分割为不同的市场。酒店品牌反映出不同客源市场对酒店产品的不同需求,同时酒店集团经过并购重组,规模扩大,包含了不同档次的酒店及产品,以便满足不同的市场需求。

客人对酒店品牌的忠诚度又可以分为优、良、中、差四个等级。忠诚度优,指客人始终如一地购买某种产品,如客人总是指定住各地的假日酒店,不选择其他酒店品牌;忠诚度良,客人会在两种品牌中选择一种;忠诚度中,客人会从一种品牌转换到另一种品牌,依此类推。营销人员要努力培植客人对酒店的忠诚度。

根据客人寻求的利益细分市场,属于客人行为的范畴,客人对酒店产品所预期得到的利益是三个因素:酒店的地点、价格和服务。利益可以促动购买行为,客人不仅是在购买产品和服务,而且是在购买产品服务所包含的一整套利益,包括设施豪华、舒适美观、服务热情、环境幽雅、心情舒畅等。

四、客人心理细分法

客人心理细分是着重于对生活方式的判断。生活方式是人们在生活中具有特定生活态度的生存形式,包括日常活动、各种兴趣以及人们对客观世界的感觉和观念。

如果用生活方式这一因素来划分度假市场,可以分为如下几个亚市场:喜欢球类运动的亚市场、喜欢登山野营的亚市场、喜欢观赏风景植物的亚市场、喜欢划船旅游的亚市场、喜欢回归自然的亚市场、喜欢乡村风光的亚市场等。

客人的需求也属于心理细分的范围。客人入住酒店是为了满足各自不同的需求,有的是为了满足生理上的需求,如住得舒适宁静,吃得可口满意;有的是为了满足工作的需要,如公务旅行,参加会议等;有的是为了满足社会的需要,在酒店约见客人或朋友;有的是为了满足自尊心,住进酒店代表了高贵的身份,可以得到别人的尊重。

五、产品使用者细分法

产品使用者细分是按照使用者的旅游或入住酒店的目的、规模或人数多少以及旅游目的地等因素来划分,如奖励旅游市场、包价旅游市场、豪华旅游市场、中档旅游市场、高档酒店市场等都是根据产品使用者来划分市场的。

产品使用者即旅游者,他们旅游的目的可以分为三大类:一是以商务为目的的客人;二是以度假为目的的客人;三是以其他旅游为目的,如宗教朝圣、学术交流、艺术考古、探亲访友等。对于商务酒店来说,商务客人是主要的客源,他们大多是公司行政人员或营销人员,入住酒店的目的是为了开会或从事活动,其特点是消费潜力大、消费指数高、回头率也高,对通信设施和会场及会议设备也有较高的要求。这是一个比较理想的目标市场。

度假客人是度假酒店的主要客源,具有季节性强、入住量大、对价格敏感的特点。他们比较注意吃、住、行、游、购、娱等需要,要求优惠的客房和餐饮,对房间的电视、餐饮设施、娱乐设施、运动设施都感兴趣,喜欢户外活动。度假客人分为团体客人和单个客人、家庭客人和夫妻客人,团体客人又包括单位团体、妇女团体、艺术团体、协会团体等不同组合的团体旅游客人。其他旅游目的的客人有的是为了宗教朝圣,比如去麦加朝圣;有的是为了学习科技知识而旅游;有的是为了探亲访友等。不同的目的,会有不同的要求,酒店的产品也要适应客人的这些要求。

六、分销渠道细分法

分销渠道是指酒店市场营销中介机构或中间商,它们只是购买酒店产品,但不是最终的使用者。它们负责将酒店产品从供方输送到用户。酒店要根据分销渠道的细分,选择一个或几个细分部分配合自己的目标市场。

分销渠道的中间商分为两大类:一类是专门经营商务旅游的中间商;另一类是专门经营度假旅游的中间商。前者包括旅行社、会议组织者如学会或协会、公司、交通部门、各种 VIP 俱乐部等，后者包括旅游批发商、航空公司、旅行社、信用卡公司及度假娱乐为主的俱乐部。

分销渠道的中间商，在不同国家有不同的特点，旅游中间商必须有所侧重。如美国人喜欢海外游，对国内游兴趣少一点；欧洲人和亚洲人喜欢各种旅游形式，国内游和海外游均喜欢；日本人特别喜欢包价海外旅游。

美国的旅行社比欧洲旅行社规模要小，也更独立，平均只有 3～6 个雇员。而欧洲旅行社机构庞大，人员众多。如在英国，最大的国家旅行社销售额占了所有旅行社销售总额的一半。瑞典两家最大的旅行社占有本国旅游市场销售总额的 85%，几乎相当于该国零售业销售额的 1/30。日本的旅游业是由最大的 10 家旅游批发商控制的，日本游客进行 1 次旅行，会查询 4 家以上的旅游批发商，而美国游客只会查询 1.6 家旅游批发商。日本的旅游中间商相当注重产品质量，并为客人提供周到的服务。

第二节　选择酒店目标市场

目标市场是指在细分市场中，适于酒店营销和接待的客源市场。酒店的目标市场可能是一个，也可能是多个，视具体情况而定。选择目标市场是酒店营销的重要活动之一，它有助于酒店在市场营销时进行决策。选择目标市场分为如下几个步骤：

一、明确酒店经营范围

酒店经营范围包括客房、餐厅、酒吧、咖啡厅、舞厅、卡拉 OK 厅、健身房、球场、会议设施等多种项目。每个经营项目在酒店所占比例及营业收入都不相同。一般来说，客房收入应占酒店营业总收入的 60%，餐饮娱乐及其他项目应占酒店营业总收入的 40%。从经营效益来看，客房利润最高，而餐饮的现金流量大，资金周转快，但利润率非常低，许多酒店餐饮都是处于亏损状态，成为酒店经营的包袱。不过作为酒店的配套设施，餐饮仍是一个不可忽视的经营项目。

酒店应将客房和餐饮作为主要经营项目，如果有较好的会议设施，也可以引入主要经营项目之中。酒店经营的重点，首先是抓客房营业，其次是抓餐饮，再抓其他项目。酒店的客房有了效益，再加上餐饮的收入，就可以决定酒店经营的好坏。因此，酒店营销人员要把重点放在客房和餐饮的市场促销方面，并把主要经营的项目市场细分，选择其目标市场。

二、进行酒店市场细分

市场细分的因素前面已经谈到，如地理因素、人口特征因素、客人行为因素和心理因素等。酒店营销人员要根据酒店的具体情况,结合市场整体状况,按照市场细分法去细分市场,但不要仅分析单个细分因素,而要综合考虑,制定出酒店市场细分因素表,根据细分表将市场划分成若干个细分市场。

三、对细分市场定性分析

定性分析即对各细分市场的性质进行分析,比如各细分市场客人的消费态度、价值观念、文化背景、消费能力等,还有细分市场的发展趋势、各种变化、未来预测等。

四、对细分市场定量分析

经过对细分市场定性分析,营销人员就能确定各个细分市场的发展趋势和变化情况,再对细分市场进行定量分析,即用具体数量标准来衡量和预测各细分市场的现实容量和潜在力。市场定量分析的几个因素包括市场的需求量、销售量、营业额、市场占有率、市场增长率等。定量分析的方法有统计图法、均数分析法、交叉影响法、开平方分析法、回归法等。

五、评估细分市场,确定目标市场

在确定目标市场时,要对细分市场进行评估,评估有下列五条原则:

一是可衡量性,细分市场可以用数量指标和数量单位来衡量,如市场需求量。

二是可达性,即酒店能通过广告宣传或促销有效地到达细分市场。

三是大量性,细分市场必须要有足够的客源或潜力,有大量的客人可给酒店带来可观的收入。

四是持久性,细分市场开拓之后能维持较长时间,为酒店带来长期利益。

五是可防性,细分市场能防止对手的竞争,立于不败之地。

第三节　酒店的市场定位

市场定位指企业为其产品即品牌确定市场定位,塑造特定品牌在目标市场即目标顾客心目中的形象,使产品具有特色,适合顾客的需求和爱好,并与竞争对手的产品有所区别。

酒店市场定位指酒店为了使自己的产品和服务在目标市场顾客心目中留有深刻的印象,占有深受欢迎的地位,通过宣传推广,塑造酒店品牌形象,为酒店的产品和服务在市场上确定适当的位置。比如“希尔顿”代表了高档酒店,而“天天酒店”则代表了中档的大众化酒店。

酒店市场定位包括如下内容:

一、形象定位

酒店形象指酒店外观、建筑风格、设计装修特色、酒店名称、酒店标志、主调颜色等,它们形成一种特定的形象印在顾客的心目中,成为形象定位。形象是固定的,属于酒店的硬件,它带给客人的是最初印象,客人第一眼看到的就是酒店的外观,这对客人的选择有直接的影响。

酒店的建筑造型是一种艺术,它所体现出的风格会在客人心中留下深刻的印象。酒店的名称、标志及餐厅的名称都应体现酒店的特色,有益于酒店形象的塑造。酒店的经营理念和服务态度,可以通过其标志和颜色向客人传达,在客人心中树立良好的印象。

二、产品定位

产品定位指酒店为客人提供什么样的产品。首先,酒店要为自己的产品培养和创造自己的特色,树立鲜明的市场形象,并能符合某一层次或目标市场客人的需求。其次,要详细说明产品能为目标市场客人提供的利益,客人从消费中得到什么好处,这对客人是至关重要的。产品定位要反映客人对酒店产品的态度,要使产品给予客人的利益转变为客人对产品的态度。最后,强调本酒店产品与竞争对手产品的差别,要让客人明确本酒店产品的优点和独特之处,及能给予客人的独特的利益,使客人心甘情愿地选择自己的产品。

酒店进行产品定位时,也要对产品作几点分析:一是酒店规模,根据客房数量,分为大型、中型和小型三种;二是服务水平,确定服务质量标准是酒店管理的主要决策之一;三是酒店地理位置,如商务酒店、度假酒店、汽车酒店、机场酒店等,都有各自的营销重点和目标市场,在经营管理上有一定的差异,选址也各不相同;四是谁在管理酒店,是酒店集团、酒店管理公司还是业主自己管理?一般来说,知名度高的酒店集团或管理公司会更有竞争力。

三、价格定位

价格在酒店营销中最重要,也最敏感。是用高价吸引高档消费的客人,还是用中等价格吸引中档消费的客人?高价吸引的客人少而精,是精品策略,档次高,收入高;低价吸引的客人是薄利多销,面广人多,以入住率和入座率取胜,取得一定的营业收入和现金流量。

价格在国际酒店业市场中,起到一个杠杆作用,调节酒店的经营。酒店价格要有弹性,要有淡旺季之分,也有团队和散客的差别,不可以定死一个价。在对自来客和散客营销时,力争全价推销,或尽量减少折扣,因为这部分客人往往不在意价格，而在意设施和服务，可以采取优质价高的政策；对于团队或会议客人，可给予一定的折扣，价格优惠，以量取胜，增加营业收入。商务酒店在周一到周五期间生意好，价格可以略高，到了周末淡季，则可以降价，或接待团队会议以提高住房率。

一般来说，商务客人对价格不敏感，但对酒店的服务、设施及便利性很看重，对他们的销售应采取质优价高的政策；自来客往往是临时入住，未提前预订，不在意价格，但在意方便与快捷的服务及预期的设施和接待；团队客人批量大，时间集中，要求有优惠的价格，可以根据团队的批量大小，给予适当的折扣和优惠。

四、消费群体定位

国际酒店业市场的消费群体按旅游的目的划分大致可以分为如下几类：

一是商务和会议消费群体。此类消费群体的消费层次高，对价格不太敏感，但对酒店的设施和服务要求较高。各种会议会展、交易会、峰会、洽谈会等对他们有吸引力。

二是观光旅游的消费群体。此类消费群体对价格比较敏感，出外旅游时间长，逗留时间亦长，但旅行次数则比第一类消费群体少。

三是度假娱乐和旅游的消费群体。此类消费群体对价格非常敏感，以户外活动和娱乐为目的，参与各种体育或文艺活动，逗留时间较长，有一定的综合消费能力。

四是探亲访友的消费群体。此类消费群体对价格比较敏感，但停留的时间较长，而且旅游目的地单一，以探亲访友为主。

消费群体按人数划分可以分为团体和散客两类。团体又可以分为旅游团体、公司会议团体、协会会议团体、党政会议团体等，散客又可以分为单身旅客、家庭旅客等。

国际品牌酒店市场营销在选择目标市场时，不会只选择某一类消费群体，而是根据具体情况选择几类消费群体作为目标市场。

五、服务标准定位

服务标准定位即以何种服务标准为客人提供产品和服务。服务标准种类很多，有行业标准、国家标准、国际标准等。国际品牌酒店的服务标准包括以下几个方面：

一是服务的态度标准。美国酒店业的创始人埃尔斯沃恩·斯塔特勒先生曾经说过“服务指的是一位雇员对客人所表示的谦恭的、有效的关心程度”。此处所谓的“谦恭的、有效的关心”就是服务的态度标准。

二是服务的行为语言标准。这一标准包括热情礼貌、微笑服务、细心周到、诚心诚意、任劳任怨，给客人一种宾至如归的感觉。

三是个性化服务标准。客人有不同的需求，在强调标准化与规范化的同时，也要注意个性化的服务，这是一种体贴入微的服务标准，会增加客人的回头率。

服务标准的主旨是热情待客，谦恭有礼，注意礼貌礼节，做得恰到好处。服务标准体现了酒店的管理水平，管理水平越高，服务质量也就越好。

六、销售渠道定位

通过不同的销售渠道，将酒店的产品传送给客人，叫作销售渠道定位。

酒店的销售渠道有两种：一种是直接销售渠道，由酒店将产品直接销售给客人；另一种是间接销售渠道，酒店的产品经过中间商再传送到客人手中。

直接销售的方法是买卖双方互相沟通，直截了当，效率较高，收效亦快。但旅游市场客户众多，市场行情千变万化，酒店难以有足够的时间、物力和财力全部直接对客户营销，空间距离、社会环境、语言文化等各种障碍也使酒店难以全部采用直接销售的方法。因此，酒店时常会选择间接销售渠道，利用中间商完成产品的销售过程。

从事间接销售的中间商有如下几类：

1. 代理商

酒店产品的代理商代表酒店推销产品，并按销售额的比例提取代理费，一般是按推销额的15%提取，有时可能会低于此标准，主要由代理商与酒店协议。

2. 旅行社

旅行社推广酒店产品，并将客源送达酒店，按客人支付酒店费用的8%提取手续费。

美国的旅行社就是利用电脑订房最多的企业，尽管电脑预订系统在美国旅游业大行其道，各酒店联号免费预订的800号数字的电话也在7/10的酒店中通行。但电脑预订系统只能发挥其基本的功能，如酒店是否有房出售、房价等，但要查询进一步的资料就查不到了。所以，旅行社提倡打800的电话向酒店联号预订，此外还有订房确认本也可使用。

在欧洲，旅行社并未将电脑预订作为主要的酒店订房方法，电话、电传、传真、酒店代理公司、免费预订电话等也是常用的方式。欧洲旅行社使用最多的酒店订房信息来源是酒店指南、酒店联号指南、宣传册子和电脑预订系统。

欧洲旅行社为国际游客预订酒店方法：

通过电传或传真的占25%，通过酒店订房公司或代表的占24%，免费电话或订房中心的占22%，电脑订房系统的占14%，直接给酒店电话或信函订房的占9%，通过航空公司售票处的占4%，其他方法占2%。

据统计，世界上有12.6万多家旅行社。国际旅游业的发展提供了行业的黄金机遇，酒店经营者要与旅行社紧密合作，把握机遇。

消费者越来越依靠旅行社代理人，通过他们与酒店订房，因此酒店预订系统要与旅行社联网，并与旅行社合作，才有利于开发客源市场。旅行社代理人对客人有相当大的影响力，特别是休闲旅游的客人。据调查统计，68%的休闲旅游客人都会根据旅行社的建议预订酒店客房。商务旅游虽然是客人自己决定，但酒店订房仍然会受旅行社代理人的影响。旅行社向客人推荐酒店客房是营销中重要的一环。推荐酒店给商务客人要做到如下几点：以前住客对酒店的满意程度；酒店预订的声誉；酒店的地点必须便利商务客人；酒店的声誉；酒店与旅行社的关系；酒店支付佣金的政策；酒店是否有免费预订电话。

在欧洲，经调查显示，到美国旅游的43%的客人都是通过旅行社预订酒店房间，其他的客人向旅行社征询意见订房。

3. 旅游批发商

旅游批发商在客人没有预订之前就购买了酒店的客房，而且批量巨大，不同于其他旅游中间商，他们要承担更大的经营风险。因此，酒店在价格上一般给予旅游批发商25%～40%的优惠价格。

4. 预订系统

世界上有各种不同的酒店预订系统，许多国际酒店集团也有自己的预订系统，比如欧洲的"Utell"预订系统、假日酒店集团的"Holidex"系统、万豪酒店集团的"Marsha"系统等。客人只要打一个免费电话，就能在世界上任何地方订到自己满意的酒店客房。

目前，美国旅游业的电脑预订系统已经联网，欧洲与亚洲的电脑预订系统也已建立，并且都互相联网。各国际电脑预订系统联网之后，效率很高，酒店订房、租车、订机票全部包括了。

在亚太地区，两大电脑预订系统Abacus和Fantasia都与美国的电脑预订系统CRS联网了。非洲航空公司协会，包括了44个国家的航空公司，也开发了区域网络。国际空运协会帮助拉丁美洲开发了电脑预订系统。除了这些航空公司的电脑预订系统之外（包括酒店客房预订系统），各酒店集团也建立了自己的电脑预订系统，并与航空公司电脑系统联网。

电脑预订系统的全球化，在日益发展的旅游业中发挥了重要作用。它适应了各种各样的旅游产品，有利于旅游供应商（包括酒店）和消费者。从许多旅游专家的观点来看，未来的市场将会被大型的具有电脑预订系统的企业主宰。酒店业也不例外，电脑预订网络使销售更为容易，在世界任何地方给客人以合适的价格，住进合适的酒店。它也使市场营销提高效率，直接向客人销售。

5. 旅游信息中心

旅游信息中心向客人提供酒店信息服务、客房预订服务等。许多发达国家的旅游城市都有信息中心,向客人推广酒店的产品和服务,有的信息中心收取费用,也有提供免费服务的,但预订客房一般是要收取一定费用的。

6. 航空公司、铁路或巴士公司

航空公司、铁路或巴士公司为客人提供交通便利,同时也为酒店推销产品。许多酒店与航空公司、铁路或巴士公司合作或联营,为客人提供一条龙服务。客人旅游吃住行本身是连在一起的,交通部门与酒店联营更加有利于开拓客源市场。

此外还有信用卡公司、进出境口岸、港口、轮船公司等都可以间接地销售酒店产品,达到增加酒店客源的目的。

案例分享

西安快捷酒店装修定位

西安因为天水—关中经济区的规划及西咸新区战略的实施,吸引了众多投资者的目光。最直接的反映就是西安快捷酒店装修客户的增多,西安快捷酒店如何定位,走什么样的路,笔者认为有必要学习如家酒店。如家并不是中国经济型酒店的第一人,但却是第一个用连锁复制的商业模式打造的经济型酒店品牌。如家构建的连锁意味着规模经济,意味着快速扩张带来的市场份额,意味着标准化的统一:统一的品牌、质量、服务模式、客源销售网络和管理系统。

如家采取轻资产的策略——租赁经营,先后引入风险投资和上市融资,实现了年收入和经营利润连年翻倍的增长奇迹。从2002年6月创建到开出第100家连锁酒店,拥有11000间以上的客房,如家仅仅用了4年零2个月的时间。如家的愿景是做"中国最著名的住宿业品牌"。如家在清晰的商业模式基础上,不仅实现了规模和速度,而且塑造了中国经济型连锁酒店行业最具影响力的领导品牌。

任何成功的企业都是从一个好的定位开始:进入什么样的市场、为什么样的顾客服务、提供什么样的产品、追求什么样的价值诉求等。事实上,这些内容并非零散而抽象的概念组合,而是遵循一定逻辑有机结合的。

市场定位是第一步,它决定了企业的目标之所在,就好比挑选靶位。几乎所有对如家的褒奖都是在重点强调经济型酒店运作的成功,但经济型酒店作为一种业态和模式只是射中靶心的一颗子弹——如家早在选靶时就已确立了成功的起点。

1. 市场定位:中低档市场,供给数量有余,质量不足

不论是市场细分还是开辟蓝海,都是为了寻找供需的不对称——不对称便意味着商机,而且回报往往是巨大的。但如家在建立之初,中国酒店业正面临着分散

而激烈的竞争,呈现出供大于求的态势,集中表现为全行业入住率不足(平均60%),星级酒店举步维艰,五星级以下全面亏损。

貌似唯一有利可图的策略只有进入高端市场。但如家却选择了中低端市场——原因很简单,供给不足。一个市场的亏损原因可能有两个,一是供给过剩,消费者往往是得利的渔翁;二是输给了可替代品,也就是说供给质量的不足使得消费者被迫转移了选择。而当一个行业中需求最大的一块市场——二、三星级酒店——处于严重亏损状态时无疑是有问题的。当时,携程创始人季琦注意到一位网友抱怨在携程上预订宾馆的价格偏贵(如果选择的空间很大,自然不会出现这样的抱怨)。于是,他对携程网上订房数据情况做了分析,发现高档的酒店干净、豪华,但是不经济;经济的酒店,甚至很多三星级酒店,却不安全和不卫生。这是很大一部分消费者对这个市场基本需求的落差。如家透过数量供给过剩的表面看到了质量供给不足的本质,将自己定位在价格敏感程度相对较高,又要求卫生安全的中低档市场,相当于二、三星级的规格。在此基础上,如家借鉴了国外经济型酒店的经验,引入经济型酒店的经营方式来服务目标市场。因此,经济型酒店并不是目的本身,而是手段。

2. 目标客户:中小企业商务人群和休闲游客

酒店的财源在于流动的人群。根据国家旅游局的统计,休闲旅游和商务活动占到了城镇居民出行目的的绝大部分比例。

中小企业的蓬勃发展使如家看到了其中的广大市场:这部分人由于企业预算的约束,偏好经济的价位,但同时也要求方便卫生的住宿、一致的产品以及周到的服务。需求与此相重合的客户群还有随着国内自助游和休闲市场的升温而日益庞大的休闲游客群(从2000年开始,中国国内旅游总人次超过了60%的全国总人口,已经基本上达到了大众旅游的标准)。发展到今天,中小商务人士占到了如家客源的75%,而中国经济型饭店的平均水平是37%,如家的备受青睐得益于它产品的顾客导向和品牌忠诚度的打造。

3. 产品定位:关注顾客的核心需求

传统的战略设计是在给定的行业标准之下,通过进一步的市场分割和营销手段来保持和扩大其客户群,因此它关注的是顾客评价的差异;其相应的竞争逻辑便是通过提供比对手多一些服务来提高价值,但是大多数都不会改变企业的价值曲线形状。表现在中国的酒店市场上便是星级酒店致力于提供"食、宿、购、娱"全方位服务,而大量的社会旅馆、青年旅馆为了给顾客带来经济实惠,在所有环节都缩减开支,住宿环境比较恶劣。

如家引入了国外经济型酒店的产品形态,摆脱了这种竞争思维,它在顾客所关心的特性中寻找有效的共性,而非差异,跳出现有的规则、惯例、行业传统的框架,有所为,有所不为,有所多为,有所少为,以满足顾客的核心需求。即只提供基本的住宿服务,去除了其他非必需的服务,从而大幅度削减了成本。在国外,经济型酒店被称为"B&B",也就是只提供床(Bed)和早餐(Breakfast),而会议、休闲娱乐等功能则尽可能压缩或免去。

通过调查,入住的客户最关心酒店的卫生,其次是床。如家加强了客房的卫生标准,提供"二星级的价钱,三星级的棉织品,四星级的床"。

为了推行"适度生活、自然自在"的品牌理念,如家在房间细节上下了很多功夫。如家的客房墙面以淡粉色、淡黄色为主色调,搭配碎花的床单、枕套,摆设简洁精致的现代家具,还有可折叠的行李架以节省空间,淋浴隔间使用推拉门而不是简陋的塑料布,在卫生间配备两种颜色的毛巾牙具,避免两位客人同时入住时的麻烦。

如家虽然专注,但并不妨碍它以顾客需求为导向。它会别具匠心地提供书刊阅读、宽带上网,并同一些互补性产品的知名品牌进行"异业联盟",方便商务人士的商旅生活,如受到宾客极度欢迎的租车服务便是一例。

为服务目标顾客,如家一般选址于经贸、旅游比较发达的城市,在城市中的选址又讲究交通的便利性,如靠近地铁站、公交车站的商务、贸易、居住区以及成本相对较低的商圈边缘等,为客人出门办事提供方便。与之相对比的是国内经济型酒店的先行者锦江之星。锦江之星在早年只是借力于锦江品牌,但自身缺乏清晰的消费群定位和在此基础上的品牌和传播定位,在选址上以控制成本为主,大部分占据的是城郊结合部,实施"让开大道,占领两厢"的战略,导致2004年以前发展缓慢——7年时间才开了20家分店。

对于传统星级酒店的过度服务,如家则削减甚至完全放弃。为评定星级,酒店需要满足房间设施、公共场所、客房服务、食品饮料供应等相应的标准。而如今越来越多的商务旅行人士和自助游客,他们更关心充足的睡眠、方便的地理位置和经济的价格。如家针对这部分顾客,剔除了传统星级酒店过多的豪华装饰,取消了门童,舍弃投资巨大、利用率低的康乐中心,桑拿、KTV、酒吧等娱乐设施。他们认为虽然会因此失去一部分顾客,但由此提高的性价比可以吸引更多的目标客户。

在保证服务质量的前提下,如家在一些非关键的环节也尽可能少为。如家不追求豪华宽阔的大堂,但要求非常整洁;星级酒店用中央空调,如家则用分体式空调,冬天则使用暖气;如家甚至将星级酒店主要收入来源之一餐厅也大大简化,只占地50~100平方米,且不对外服务,把更多的空间变成客房;高星级酒店的客房员工比是1:1~1:2,由于如家舍弃了多余的服务设施和管理人员,一般是每100间客房设30~35名员工。

化繁为简、重点突出的产品策略给如家带来了很大的成本优势:每间房间的投资基本上控制在5万元左右(不包括租金),人工成本也比同业节约了4/6~5/6。更重要的是,它给目标顾客提供了更加合适和满意的服务。

西安快捷酒店可以结合自身品牌定位,积极借鉴如家快捷酒店的定位理念,锐意创新,走出自己的成功经营之路。切忌照搬模仿,生搬硬套,弄巧成拙。

(资料来源:西安装饰杂谈. http://xa.zhcoo.com.)

思考:

1.如家快捷酒店的市场定位策略有哪些特点?

2.西安快捷酒店应该如何借鉴如家快捷酒店的定位理念,走出自己的成功经营之路?

思考与练习

1.简述酒店市场细分的含义。

2.如何进行酒店目标市场选择?

3.简述酒店市场定位的含义。

4.酒店如何进行市场定位?

实践与训练

实训项目主题:酒店市场营销细分与定位

实训目的

1.建立酒店市场细分基本概念

2.形成酒店市场定位的基本认识

实训内容与要求

1.实训组织

根据教学班级学生人数来确定数个小组,每一小组人数以5~8人为宜,小组中要合理分工。在教师指导下统一认识、统一口径、基本统一判断标准;而后进行选题并分别采集不同的资料和数据,并以小组为单位组织研讨,在充分讨论的基础上,形成小组的课题报告。

2.实训要求

综合认识酒店市场细分的特征;酒店市场细分的各种层次实例;酒店市场细分的方法。

酒店市场定位的理解和认识。结合地区经济发展的状况,对一特定的酒店企业市场定位进行调查,应用酒店市场定位理论分析其定位的科学性。

成果与检测

通过对各个小组最终形成的课题报告打分来确定小组实训成绩,分学生互评和老师评阅两部分,各占50%,主要从以下几个方面进行考查:1. 小组分工的合理性和成员积极性;2. 资料准备的充分性,报告书内容的深度和广度,格式的规范性;3. 小组汇报表现。

第六章 酒店产品的营销

引 言

酒店市场营销以满足顾客需要为中心，产品是市场营销的基础，其他的各种营销策略，都是以产品策略为核心展开的。本章在酒店产品特征分析的基础上，进一步结合酒店产品生命周期与新产品开发进行探讨，从而能够更好地理解和把握酒店产品营销的核心内容和理念。

教学目标

- 知识目标

了解酒店产品的概念、层次和特征。

掌握产品生命周期理论及其在酒店市场营销中的应用。

掌握酒店新产品开发的程序。

- 能力目标

能够运用产品层次理论分析酒店产品组合。

学会运用产品生命周期理论分析酒店营销对策。

- 素质目标

进一步提升产品层面的酒店营销素养。

案例导入

佛教素斋

山西五台山有家二星级的栖贤阁宾馆。宾馆领导因地制宜，开发出独具特色的餐饮产品——佛教素斋，并成功地推向市场。

五台山是著名的佛教圣地，旅客来游五台山，未必喜欢吃鸡鸭鱼肉、生猛海鲜这些流行的帮派菜肴，倒是希望能吃上当地有名的佛教素斋，同时身临其境地感受一番佛教气氛，况且中国有句俗话："斋筵能益寿，素食可养身。"何乐而不为呢？栖贤阁宾馆领导正是看准了这个特定环境中富有潜力的餐饮市场，推出了独特的"五台山佛教素斋"。他们从1988年开始尝试，1991年就正式搞起了大型素斋筵。斋筵是僧人佛事活动的一部分，也是和尚待客的较高礼仪。栖贤阁的斋筵设在多功能厅里，一溜长桌依四壁摆好，每个客人桌前放着一小瓶鲜花，名为"开花献佛"，还有两只小碗，一只小碟，一个茶碗，横放着一双筷子。吃斋时也规定：不准交谈，不准有碗筷撞击声，也不准有咀嚼声；如需再次添饭，也不准出声，而是利用筷子和碗作不同的摆放方式来表示。餐毕，须将两碗相摞，筷子竖放，服务员则不再添饭添菜。进斋前，坐在上首的一个和尚手敲铜铃，开始诵经，然后再做祭祀仪式。开斋时，服务员迈着轻步送上一道道素食。与此同时，栖贤阁文艺演出队以唢呐、笙、锣鼓等乐器，连续演奏幽婉、缥缈的庙堂音乐。用斋客人沉浸在庄重肃穆的佛教氛围中。

栖贤阁的斋筵都是请和尚做的正宗素斋，每道素食都有讲究。比如主菜罗汉斋菜，是罗汉们常用的营养菜，由油炸山药、粉丝、豆芽、白菜、油豆腐、木耳、菜花和猴头菇加盐熬成，据说吃了罗汉菜会消除人的一切烦恼，给人一生带来愉快；又如"金粟贡佛"，是用黄灿灿的粟米加枣熬成，天天食用，可有"滋益身躯、养容丰肾、温暖脾胃、宿食消化"等十大好处；还有由黄瓜丝、豆腐条、西红柿和粉丝熬成的"慈航普度"，也称"智慧汤"，象征着观音菩萨普度众生。据说喝了它，会使人丢掉一切烦恼，生活甜美，万事如意；此外有"出三界桃"，据说吃后会使人跳出欲界、色界、无色界，永远幸福。

佛教素斋营养丰富，美味可口，命名又寓吉祥之意，还能使人亲身领略浓郁的佛教气氛，已成为五台山旅游中一个配套"节目"。这样的产品别具创意，富有特色，很有招徕客人的吸引力，并提高了栖贤阁宾馆的餐饮档次，明显地增加了餐饮营业额和利润。比如，原来10元一份的早餐，销路并不好，现在虽提到了25元，反而大受游客的欢迎，显示了餐饮特色产品的魅力。

（资料来源：蒋一飒. 酒店营销108例. 东方出版中心，1998.）

思考：

1. 五台山栖贤阁宾馆的佛教素斋在市场销售中获得成功的原因是什么？

2. 开发特色鲜明的酒店产品，这是酒店在市场销售中必须坚持的永恒主题。佛教素斋的特色是什么？

第一节　酒店产品概述

一、酒店产品的定义

所谓产品，是指能提供给市场，用于满足人们某种欲望和需要的任何事物，包括实物、服务、场所、组织、思想、主意等。对于酒店产品而言，产品的本质特征是服务，因此酒店产品也称为酒店服务产品，在现代社会里，服务已经成为一种不可或缺的产品。

二、酒店产品的层次

以往，学术界曾用3个层次来表述产品整体概念，即核心产品、形式产品和延伸产品（附加产品）。这种研究思路与表述方式沿用了多年。但近年来，以菲利普·科特勒为首的北美学者更倾向于使用五个层次来表述产品整体概念，认为五个层次的研究与表述能够更深刻而准确地表述产品整体概念的含义。下面介绍旅游产品整体概念的五个基本层次（如图6－1所示）。

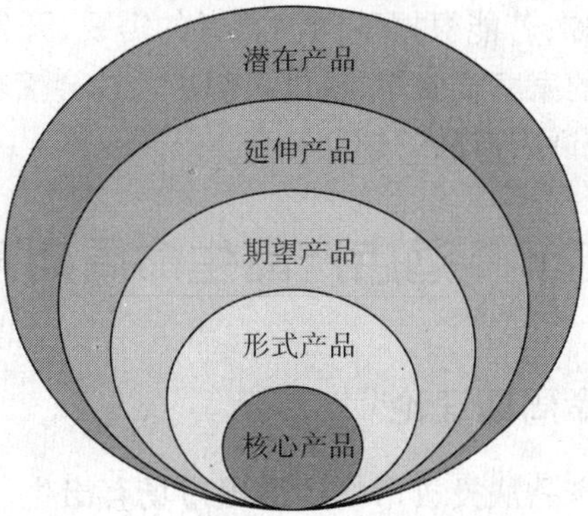

图6－1　酒店产品整体概念图

（一）核心产品

核心产品指顾客真正需要的基本服务或利益。如酒店提供给顾客安静、清洁、安全的休息与睡眠环境。核心产品是产品整体概念最基本的层次，是满足顾客需求的核心内容，为顾客提供最基本的效用和利益。酒店营销人员的首要任务，就是要揭示隐藏在产品背后的真正需求，在产品中最完整、全面地体现顾客所需要的核心利益和服务。

核心产品只是一个抽象的概念，产品设计者必须把它转化为一定的具体形式，即酒店产品向顾客提供时的表现形式。

（二）形式产品

形式产品应具有5个方面的特征：质量、功能、款式、品牌、包装。可见，形式产品向人们展示的是核心产品的外部特征，它能够满足同类消费者的不同要求。

（三）期望产品

期望产品是指顾客在购买产品时期望的一整套属性和条件。例如，酒店客人期望干净的床、地毯、毛巾、电话和安静的环境等。这是多数酒店都能满足客人的最低限度的期望。

（四）延伸产品

延伸产品是指提供超过顾客期望的服务和利益，以便把本企业的提供物与竞争者的提供物区别开来。例如，酒店提供网络接口、鲜花、快捷结账、美味的晚餐和优良服务等。在日益激烈的竞争环境中，延伸产品已成为旅游企业竞争的重要手段。因此，有别于竞争对手、突出产品特色，是对顾客产生吸引力的重要营销手段。

（五）潜在产品

潜在产品是指产品在将来最终可能会实现的全部附加部分和转换部分（产品将来的发展方向）。例如，若能根据不同消费者的需要，开发出专为女性服务的女性旅馆，供全家度假用的家庭式旅馆，或供人们扩大社会接触面而用的社交式旅馆等。这些都代表了传统酒店产品的创新转变。

第二节　酒店产品生命周期策略

一、酒店产品生命周期理论

同其他事物一样，产品从投放市场到退出市场有出生、成长、成熟到衰退的过程。市场营销学将产品在市场上的这一过程用产品生命周期加以描述。所谓产品生命周期，是指产品从研制成功投入市场开始，经过成长和成熟阶段，最终到衰退被淘汰退出市场为止的整个市场营销时期（见图6－2和表6－1）。

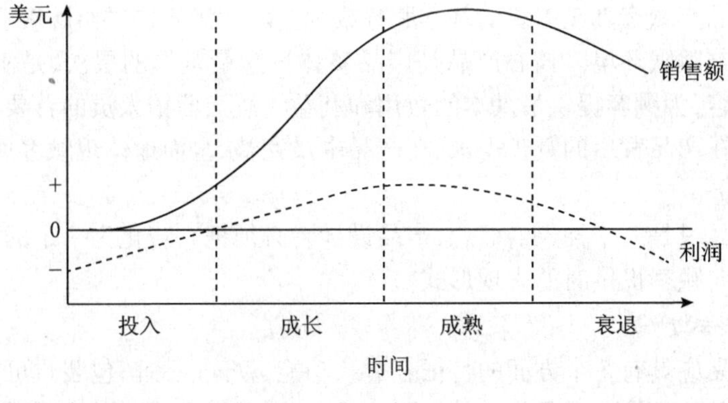

图6－2　酒店产品生命周期

表6－1　产品生命周期各阶段特征

项目＼阶段	投入期	成长期	成熟期	衰退期
销售额	低	迅速增长	缓慢增长	减　少
利　润	波　动	大量增加	由高转低	少或无
现金流量	负　数	适　度	大　量	小　量
顾　客	试用者	多　数	多　数	保守者
竞争者	少　数	渐　多	最　多	渐　少

（一）投入期

投入期又称介绍期、引入期、试销期，是指新产品刚刚投入市场的最初销售阶段。顾客对产品还不了解，只有少数追求新奇的顾客可能购买，往往表现为销售量增长缓慢。由于销售量小，为了扩展销路，需要大量的促销费用，对产品进行宣传的开发成本又高，所以新产品在投入期只是一个成本回收的过程。此阶段只有少数企业生产该产品，销售额和利润都很少，甚至可能亏损。

（二）成长期

成长期又称畅销期，是指产品在市场上迅速为顾客所接受，销售量和利润迅速增长的时期。因为顾客对产品已经熟悉，由于销售量的上升和扩大，规模效应开始显现，产品的单位成本下降，于是新产品的销售利润也就开始不断增加。其他企业见有利可图，纷纷生产同类产品，竞争开始激烈。

（三）成熟期

成熟期又称饱和期，是指产品销量趋于饱和并开始缓慢下降，是市场竞争非常激烈的时期。此时由于该产品的市场已趋于饱和，或已出现强有力的替代产品的竞争，销售量增速开始趋缓，并逐步趋于下降，新的需求不多，市场竞争逐渐加剧。此时产品完全定型，生产技术已完全成熟，产品生产批量大，成本进一步降低，总利润水平达到峰值。但到后期利润由于产品售价降低，促销费用增加，企业利润开始下降。

（四）衰退期

衰退期又称滞销期，是指产品销量急剧下降，产品开始逐渐被市场淘汰的阶段。产品的销售量和利润都迅速下降，产品在技术上、经济上已趋于老化。降价已成为竞争的主要手段，因此，在该阶段，市场上已经有同类产品来代替老产品，老产品逐渐无人问津，最后退出市场，结束其生命周期。

表6－1所示的只是典型的产品寿命周期的基本形态，但并不是所有产品的生命周期都是按上述典型规则状态变化的，有相当一部分产品由于受到各种因素的影响，会出现变异形态，即没有走完寿命周期的4个阶段，就退出市场。常见的变异形态有以下5种：

（1）夭折型。许多产品刚开始进入市场，就因某种原因而被迫退出市场，成为短命产品。据国外资料统计，几乎80%～95%的新产品就遭到这种夭折的命运。说明新产品的成功效率低。

（2）发育不全型。有些产品在开始进入投入期时情况尚属正常，但迟迟不能进入成长期。几经波折，在经过了漫长的投入期以后，才克服重重困难，缓慢地进入成长期。

（3）未老先衰型产品。虽然顺利经过投入期并进入成长期，但没有经过足够长的成熟期，就开始进入衰退期。

（4）起死回生型。有的产品经过了一个寿命周期，但隔一段时间后又重新复活，再经历第二个周期，出现再循环甚至多循环的变化。这实际上是产品寿命周期的延长，对企业是十分有利的，但企业须付出极大的努力，并作出创造性的营销决策。

（5）疯长型。也有些产品一经上市便立刻受到消费者的欢迎，销售量急速增长，没有经过投入期而直接进入成长期，很快达到高潮并走向衰退。时尚型的产品和具有明显优越性的产品常会出现这种情况。这种产品的寿命周期一般较短。

二、酒店产品生命周期的主要特征

（一）产品投入期

酒店从产品或企业进入市场作为酒店产品投入期，由于销售量较少，增长缓慢，处于亏损或赢利较少状态。因此，这个时期的主要任务是酒店品牌定位和品牌推广。酒店要投入大量人力、物力进行品牌宣传和促销工作，以建立和扩大品牌知名度，增强消费者的认同感。

（二）成长期

在成长期，酒店产品和品牌经过初创期的宣传已经建立了一定的市场知名度，已经有很多消费者认识到该品牌的存在，并有一定数量的消费者认同了该品牌；消费者与顾客之间的联系越来越紧密，双方交易不断增加，越来越有竞争优势，更具活力；酒店产品销量迅速扩大，市场占有率逐渐提高；成本的降低，酒店赢利水平提高，品牌价值逐步提高。这个阶段的主要任务是继续提高酒店知名度，完善产品线。

（三）成熟期

在成熟期，经过初创期和成长期累积起来的知名度、认知度，酒店已经具有强势竞争力，品牌与消费者之间已经建立紧密的情感联系，顾客具有很强的品牌忠诚，酒店品牌影响力达到最大。酒店产品更具活力，并拥有大多数消费者的认知优势，产品市场占有率高；销售量很大，赢利水平维持在很高的水平上。这一阶段的主要任务是维系和提升顾客的品牌忠诚度，在更广泛的市场范围内维护和完善企业形象，延长顾客忠诚的时间。

（四）衰退期

经历了初创期、成长期、成熟期后，酒店开始走下坡路，进入衰退期。消费者对酒店的认识和态度会发生很大的变化，开始由满意转变为厌倦、不满，转而开始大批量转向其他酒店。这期间酒店影响力迅速下降，市场占有率、销售额、销售利润出现较大幅度的持续下降。这一阶段的主要任务是对酒店产品进行更新以延长生命周期，例如对品牌重新定位、开拓新市场、提升产品质量等；同时采取必要措施扭转衰退。

三、酒店产品生命周期的营销策略

由于酒店产品在不同的市场其生命周期阶段有不同的特征。因此，企业必须针对各阶段的不同特征制定相应的策略。

（一）投放期的营销策略

在产品推向市场时，企业必须根据市场条件，掌握好每个营销变数的实施力度，较高的产品质量和合适的分销渠道是其顺利进入市场的基础。如果只考虑价格和促销这2个变数，在投入期可供企业选择的策略有以下几种，如图6－3所示。

价格＼促销	高	低
高	高价高促销（快速撇脂）	高价低促销（缓慢撇脂）
低	低价高促销（快速渗透）	低价低促销（缓慢渗透）

图6－3　投放期酒店产品促销策略

1. 快速撇脂策略

快速撇脂策略即以高价格和高促销水平的方式推出新产品。企业采用高价格是为了在每单位销售中尽可能获取更多的毛利。同时，高促销费用是为了提高产品的顾客信任度,说明该产品物有所值,从而加快产品的市场渗透率。采用这一策略的假设条件是:①新产品有特色、有吸引力,优于市场原有同类产品;②有较大的潜在市场需求;③目标顾客的求新心理强,急于购买新产品,并愿意为此付高价;④企业面临潜在竞争的威胁,须及早树立品牌。

2. 缓慢撇脂策略

缓慢撇脂策略即以高价格和低促销水平的方式推出新产品。推行高价格是为了从每单位销售中获得尽可能多的毛利;而推行低水平促销是为了获取大量利润。采用这一策略的假设条件是:①市场规模有限,现实的和潜在的竞争威胁不大;②新产品具有独特性,有效地填补了市场空白;③适当的高价能为市场所接受。

3. 快速渗透策略

快速渗透策略即以低价格和高促销水平的方式推出新产品。这一战略期望能给企业带来最快速的市场渗透和最高的市场份额。采用这一策略的假设条件是:①市场规模较大;②消费者对该产品不了解,且对价格十分敏感;③面临潜在竞争的威胁;④产品因规模生产或引起的新技术而使生产成本大大降低。

4. 缓慢渗透策略

缓慢渗透策略是采用低价格、低促销费用的方式推出新产品。低价通常可以刺激市场尽快接受新产品,而低促销费用则可以使企业降低营销成本,实现更多的利润。采用这一策略的假设条件是:①市场有较大的开拓余地;②消费者对产品已经了解,且对价格十分敏感;③市场有一定的潜在竞争者。

(二)成长期的营销策略

成长阶段的标志是销售迅速增长。由于大规模的生产和利润的吸引,会引来竞争对手的参与。在这一阶段内,随着促销成本被大量的销售额所分摊,利润增加,同时,由于"经验曲线"的影响,产品单位制造成本比价格下降得快。因此,该阶段的企业营销重点是尽可能长久地保持市场的增长。应采取以下几种市场营销策略:①通过改进和完善产品,提供优良的售后服务等措施,提高产品的竞争力,创名牌产品,使消费者产生信任感;②在巩固原有的销售渠道上,增加新的销售渠道,开拓新的市场,扩大产品的销售范围;③开辟并进入新的细分市场;④加强旅游促销,树立强有力的产品形象,如广告促销的重心应从产品知觉广告转向产品偏好广告,即从介绍期的建立产品知名度转移到宣传产品的特殊性能、特色,提高产品及企业的形象和声誉上,主要目标是建立品牌偏好,维系老顾客,争取新顾客。

(三)成熟期的营销策略

成熟期的营销重点是稳定市场占有率,维护已有的市场地位,通过各种改进措施延长产品生命周期,以获得尽可能高的收益率。为此,企业可以采取以下 3 种策略。

1. 市场改进

具体可以使用的方法有:①促使非使用者使用该品牌产品;②争取竞争对手的顾客;③进入新的细分市场;④设法让当前使用者增加使用量等。

2. 产品改进

可从下列几方面着手:①质量改进,目标是增强产品的功能表现;②特色改进,即增加产品新的特征,尤其是提高产品使用的安全性、方便性。特色改进可建立企业创新者形象,赢得那些对该特征评价较高的消费者对产品的品牌忠诚度,但也有容易被模仿的缺点,因此,企业只有率先革新才能获利;③式样改进,基于人们审美观念而进行的款式、外观的改进,提高产品对消费者的吸引力,以此扩大销售;④服务改进,优质的服务对提高产品的竞争力,扩大产品销售,具有积极的促进作用。

3. 营销组合改进

常用的方法有:①通过特价、先购者折扣、分期付款等方法来下调价格,或用提价来显示产品质量较好来吸引消费者;②改变销售途径,进入新类型的分销渠道,广设销售网点;③增加广告费用,变换广告文稿,更换广告媒体组合;④增加销售人员数量;⑤开展送赠品等销售促进形式。

(四)衰退期的营销策略

产品老化造成市场疲软,销售困难;但由于会有很多企业退出该市场,留下来的企业就有利可图。所以,对待进入衰退期的产品,淘汰并非唯一策略。衰退期一般有3种策略可供选择:①立即放弃策略,即果断决定撤出市场,不再生产原有的产品;②收获策略,即企业不主动放弃某一产品,继续用过去的市场、渠道、价格和促销手段,直至产品的完全衰竭;③逐步放弃策略,指对那些仍有一定潜力可挖的产品,企业不是盲目放弃,而是分析产品销售量下降的原因,对症下药,扩展产品用途,提高产品质量,以期产品销售量的回升(见表6-2)。

表6-2　产品生命周期各阶段特征及策略

	投放期	成长期	成熟期	衰退期
特征	产品销量少,促销费用高,制造成本高,利润低或为负	销量激增,利润迅速增长,成本降低,竞争加剧	销量增长缓慢,利润下降,竞争非常激烈	销量迅速下降,利润很低,大量竞争者退出市场,消费者改变
战略	快速撇脂战略;缓慢撇脂战略;快速渗透战略;缓慢渗透战略	改善产品品质,寻找新的子市场,改变广告宣传重点,适当降价	调整市场;调整产品;调整市场营销组合	立即放弃战略;收获战略;逐步放弃战略

酒店产品和市场的动态可使用产品生命周期概念来解释。作为一个计划工具,产品生命周期概念刻画出产品各个阶段主要营销挑战的特性,并提出企业应该实行的可供选择的主要营销战略;作为一个控制工具,产品生命周期概念使企业能在产品性能上与过去类似产品做一对比;作为一个预测工具,因为销售历史存在着各种不同的形式,以及产品各个阶段的持续期也各不相同,所以产品生命周期概念的用处较少。

但产品生命周期理论也受到一些批评。评论家们认为生命周期的形式实在太多了,这一点可由不同产品的产品生命周期的种种形态所证实。产品生命周期理论缺乏活的有机体所具有的各个阶段的固定顺序和各个阶段的固定长度。他们甚至指责说,营销者常常不能指出产品已进入哪一个阶段。一种产品似乎可能进入了成熟期,而实际上它只是达到在成长阶段另一个高潮以前的某一段暂时的高涨期。

第三节　酒店新产品开发

一、酒店新产品的概念

市场营销意义上的新产品含义很广,除包含因科学技术在某一领域的重大发现所产生的新产品外,还包括:在生产销售方面,只要产品在功能或形态上发生改变,与原来的产品产生差异,甚至只是产品从原有市场进入新的市场,都可视为新产品;在消费者方面,则是指能进入市场给消费者提供新的利益或新的效用而被消费者认可的产品。因此,酒店新产品可理解为相对于老产品而言具有新的特点,且能适应消费者的文化精神需求及其他需求的产品。我们要正确理解酒店新产品的概念,千万要避免被“新”字所误导,以为酒店新产品就一定要是“全新”的产品。其实,新产品可以表现为创新型新产品、换代型新产品、改进型新产品和仿制型新产品 4 种形式。

(1)创新型新产品。指用新原理、新技术和新内容研制出市场上从未有的产品。

(2)换代型新产品。指在内容、特色、性能方面与老产品有显著差异的产品。

(3)改进型新产品。指对原来产品的结构、性能进行适当改进后的产品。

(4)仿制型新产品。指企业完全模仿市场上已有的产品,而对企业来说是第一次生产的或在本地区第一次上市的一种新产品。开发这类新产品,企业无须技术上做太大变化或改动,但在掌握需求潜量、市场竞争潜力等方面却有较高的要求;否则,难免遇到风险。

在这里我们所提出的新产品的 4 种类型,是从酒店企业经营者的角度出发的;

如果从客人角度来看酒店产品是“新”还是“旧”，则归根到底取决于市场上客人的心理感受和评价。所以，作为企业经营者，在开发新产品时，必须认真进行市场分析和市场定位。

二、酒店新产品开发的意义

酒店企业要保证自身企业的生存与发展，就必须十分注重新产品的开发。因为：①只有通过新产品的开发，才能使企业适应国内外市场变化的需求，更好地满足消费者不断变化的需求；②只有通过新产品的开发，才能保持和扩大企业在整个市场的占有份额，保证和提高本企业的经济效益；③只有通过新产品的开发，才能转变在原有产品销售量开始下降时企业的人力、物力、财力资源得不到充分利用的不良局面，更好地综合利用企业的人力、物力、财力资源；④只有通过新产品的开发，才能使自己的产品做到“人无我有，人有我优，人优我转”，从而增强企业的竞争能力，保证在激烈的市场竞争中立于不败之地。

三、酒店新产品开发程序

新产品开发是一项艰巨而又复杂的工作，它不仅需要投入大量的资金，而且其最终是否能被消费者所接受，还存在很大的不确定性。因此，新产品开发需冒一定的风险。为了把失败的风险降到最低程度，新产品开发应按科学的程序进行。一般需要经过以下 7 个阶段：新产品的构思、筛选、制定营销战略、进行商业分析、试制新产品、试销、正式上市（如图 6－4 所示）。

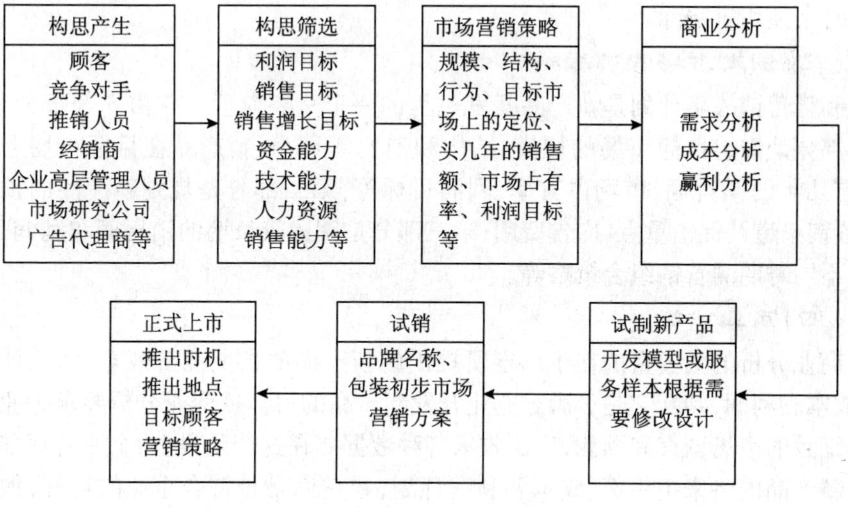

图 6－4　新产品开发过程

（一）新产品的构思产生阶段

构思创意是新产品孕育开发的开始阶段，是探索新产品开发的起点过程，是对能满足特定市场新需求的旅游产品的最初设想。构思创意必须符合市场需求、企业目标和资源状况等因素的要求。一个好的新产品构思是新产品开发成功的关键。企业通常可从企业内部和企业外部寻找新产品构思的来源。具体讲主要有五个来源：①了解目标市场动机、个性特征和需求，并向他们征集新产品的构思方案；②向有关咨询公司、研究机构的专家、高等院校的教授征集新产品的构思方案；③了解国内外竞争者所推出的有关新产品；④发动本企业营销人员和中间商提出新产品的构思方案；⑤企业有关决策人员提出新产品构思方案。

（二）新产品的构思筛选阶段

筛选是指对所有构思方案"去粗取精"的过程。它是对大量的新产品构思进行评价，研究其可行性，挑出那些有创造性的、有价值的构思。一般要考虑以下因素：一是环境条件，即涉及市场的规模与构成、产品的竞争程度与前景、国家的政策等；二是企业的战略任务、发展目标和长远利益，这涉及企业的战略任务、利润目标、销售目标和形象目标等方面；三是企业的开发与实施能力，即有无足够的能力开发这种创意。企业这些能力表现为包括企业的资金、技术、人力资源、销售能力等方面。在甄别创意阶段，企业要避免 2 种过失：①"误弃"，即公司未认识到该创意的发展潜力而将其误弃。造成这种结果的原因，一是思想保守，二是没有统一的评价标准。②"误用"，即公司将一个没有发展前途的创意付诸实施，由此造成新产品开发失败。不论是"误弃"，还是"误用"，都会给企业带来损失，因此，在甄别创意时必须切合实际。

（三）制定市场营销战略

制订营销战略计划是新产品开发过程的一个重要阶段。它由 3 个部分组成：第一部分是描述目标市场的规模、结构和消费者行为，新产品在目标市场上的定位，前几年的销售额、市场占有率、利润目标等；第二部分是规划新产品的预期价格、分销渠道及促销重点、广告费用；第三部分是阐述较长期的销售额和利润目标，以及不同时期的营销组合策略等。

（四）商业分析

商业分析的主要目的在于确定所提出的新产品的长期经济效益，即估计销售量、成本和利润，判断它是否满足企业开发新产品的目标。商业分析要求企业进行深入细致的市场调查和预测，广泛收集各种数据。在这个阶段上，企业管理部门要复查新产品的将来销售额、成本和利润计划，看它们是否符合企业的目标；如果符合，就可以进行新产品开发。同时明确在市场出现新情况下，产品概念、将来的销售额、成本和利润应如何修改。

其中最常使用的一种方法，就是所谓“产品会审法”，即在对新产品构思分析时，把本公司的市场销售人员、生产人员、工程技术人员召集到一起，共同对拟将推出的产品提意见。

公司对产品的这种“会审”，大致要弄清下列主要问题：

新产品有什么特点？是否比市场上现有的同类产品好？

新产品的目标市场在哪里？其潜在购买力如何？

企业的资金和设备如何？是否适应新产品的发展？

新产品发展上市成功的可能性有多大？

新产品竞争能力如何？

新产品的预期利润如何？

有没有其他发展及生产上的问题？

（五）新产品试制阶段

企业根据新产品设计方案中所选定的产品类型、项目进行具体的组合设计，邀请酒店专家、国内游客进行试验性消费，并派人陪同观察，征求意见，不断修改和改进新产品方案，使研制开发的新产品更加完善。

（六）新产品的市场试销阶段

新产品试销是把一种产品小批量地投放到经过挑选的具有代表性的小型市场范围内进行试验销售，以检查消费者可能作出的反应。在试销期内主要设法摸清新产品的试用率和再购率。试用率是指在试销期内，在试销市场范围内购买该项新产品的人数对顾客总数的百分比。再购率是指在试销期间在试销市场范围内重复购买该项产品的人数对顾客总数的百分比。如果试销结果是试用率和再购率都高，即可停止试销期，正式将新产品投放市场；如果试用率高，再购率低，则说明消费者对产品尚不满意，应研究改进，不断完善。如果使用率低，再购率高，则说明产品仍受欢迎，但消费者对产品不够了解，需要加强促销；如果试用率和再购率都低，则说明产品无发展前途，应尽早放弃为妙。

（七）新产品正式投放市场阶段

新产品试销成功后，即可正式投放市场。这时需要进行大量广告宣传，派出推销人员进行促销，并研究消费者心理和顾客对待新产品的不同态度。

在正式上市之前，企业还要作出以下 4 项决策。

(1)推出时机。新产品上市要选择最佳时机，最好是应季上市，以便立即引起消费者的兴趣。同时要考虑新老产品的交替，新产品上市过早，会加速原有产品的老化；新产品上市太迟会因新老产品都不赢利，给企业造成损失。一般来说，当老产品由成熟期进入衰退期时，新产品应大量投放市场，力争既能满足顾客需要，又能使企业提高或保持原有的市场占有率，获得较好的经济效益。

(2)推出地点。一般来说,新产品开始上市的地点,小企业可选好一个中心城市,迅速占领市场,然后再逐步扩展到其他地区;大企业可先在一个地区推出,然后再逐步扩展;如有把握,也可在全国各地同时上市,迅速占领全国市场。

(3)目标顾客。企业推出新产品时,应针对最佳顾客群制订营销方案。新产品的目标顾客有以下几类:早期试用者中的经常使用者,用户中有影响力者,潜在消费者等。对此,企业要做到心中有数,针对不同类型的消费者采取相应的策略。

(4)营销策略。指针对产品特点和不同的消费者作出相应的营销组合。例如产品定价、确定分销渠道、广告和用户调查等。

案例分享

借助电子支付7天酒店产品创新之路

7天连锁酒店集团(7 Days Inn Group)创立于2005年,目前已建立了覆盖全国的经济型连锁酒店网络,分布在广州、北京、深圳、上海、南京、武汉、成都、长沙、重庆、贵阳、济南等国内超过40个城市和地区,拥有分店超过360家。7天连续三年成为业内规模增长速度最快的经济型酒店企业,创造了行业快速发展的佳话。

作为中国连锁酒店行业的领导品牌,7天连锁酒店秉承让客人"天天睡好觉"的愿景,从关注客户的核心需求出发,在产品及服务流程设计上不断进行整合创新,致力向超过800万"7天会"会员提供环保、健康、便捷、更具人性化的优质酒店服务和会员服务。

作为全球酒店业领先的电子商务平台,7天是目前业内少数能同时提供4种便利预订方式的连锁酒店。

一、创新的原因

得益于国内大众旅游的兴起和商务旅游的发展,国内经济型连锁酒店在近年来步入了一个高速增长期。为了在国内经济型连锁酒店数量饱和之前,占据有利竞争态势,国内经济型连锁酒店纷纷增开门店数量,不断加快扩张步伐。然而随着物业租赁成本不断攀升,以及国内经济型酒店数量的快速增长,经济型酒店扩张成本急速上升。为此,7天连锁酒店在沿袭传统扩张模式的同时,也开始探寻新的经营模式。

于是,7天经济连锁酒店借助电子商务就开始走出了一条"鼠标+水泥"的发展之路。作为业内第一家开拓电子商务平台的经济型酒店,7天连锁酒店成为业界内唯一一个实现企业门户网站和数据库完全对接的商务平台,能同时提供互联网络、呼叫中心、短信、手机上网等四种便利预订方式的酒店;拥有注册会员近500万。

然而，随着酒店电子商务的发展，消费者越来越要求经济型连锁酒店能够提供预订、支付一体化订房服务，简化订房付费的程序。同时，迅速扩张的同时，连锁酒店的跨地区资金管理也正式成为连锁酒店着力解决的问题。由于连锁酒店分店网点多、分布地区广，采用现金支付，不仅管理成本高，而且影响资金周转速度。

于是，7天连锁酒店开始与国内独立第三方支付机构快钱合作，全面探索新型的酒店电子商务服务，走上了酒店业电子商务业务创新之路。

二、创新的过程

7天连锁酒店通过自己的网站对旅客开放预订入住服务，并且通过与快钱等第三方支付企业合作实现房费的实时支付。7天连锁酒店的创新模式主要有以下几点：

全面接入快钱提供的支付解决方案，涵盖了银行卡、快钱账户、信用卡在线支付(CNP)、呼叫中心的电话CNP、门店的VPOS－CP快钱POS支付终端，以及总部集团账户。通过与快钱合作，不仅能使消费者通过7天的各种收款渠道完成客房的预订支付服务，使旅客在预订酒店时候就可以方便地付款，让消费者办理入住的手续更加简捷，还完善了酒店的服务流程，提升了入住，也使得酒店实现了实时订房，降低酒店的空房率。同时，快钱独立、开放的第三方支付服务系统也方便了酒店预订、财务系统与之完美对接，提高了财务管理效率和资金运作效率。

借助快钱的集团账户功能，将多种收款途径(官网，呼叫中心和门店)的资金和信息实时归集至集团总部，方便中心核算。同时，还可以为集团公司对分店的资金流进行调拨，对实时掌握所有分店的资金流量、流向和存量起到较好的管理功能，使交易明细、资金支出等情况更为透明和容易监控，提升财务管理效率及资金效率。

此外，快钱4700万注册用户和31万商业合作伙伴也为经济型连锁酒店带来了庞大的潜在消费群体。这些酒店选择与快钱合作的同时，也就能够共享快钱丰富的客户资源，拓宽自身的销售渠道，使酒店的经营迈进精准化、高效化。

三、创新的结果

通过与国内独立第三方电子支付机构合作，7天连锁酒店的财务管理效率得到了显著提升，资金运转效率较以往大大提升；有力地配合了酒店的规模化经营步伐，并取得了实际的应用效果和显著的经济效益。

作为经济型酒店创新佼佼者的7天连锁酒店，颠覆了行业的传统管理模式，建立起自己的管理体系，成功进行企业的运营，迅速发展成为行业的领导品牌。这套跨越酒店和连锁行业的管理模式，帮助7天以令人难以置信的速度扩张到中国的每一个主要城市，同时保持持续稳定的客源。该创新模式所带来的种种优势和成绩，将进一步拉大与其他酒店的距离，使 7 天连锁酒店成为新的行业王者。

（资料来源：中国饭店网．2009－11－22.）

思考：

1.7 天酒店产品创新的原因是什么？

2.7 天酒店通过产品创新解决了什么问题？

思考与练习

1. 简述酒店产品的定义。

2. 如何理解酒店产品的整体概念？

3. 简述酒店产品生命周期的定义。

4. 简述酒店产品生命周期各阶段特征及其策略。

5. 简述酒店新产品的概念及其类型。

6. 酒店新产品构思的来源有哪些？

7. 试述酒店新产品开发的程序。

8. 结合本地酒店或你熟知的酒店阐述酒店产品的更新开发。

实践与训练

实训项目主题：酒店产品的营销

实训目的

1. 建立酒店产品和层次的基本概念

2. 形成酒店产品生命周期理论的基本认识

实训内容与要求

1. 实训组织

据教学班级学生人数来确定数个小组，每一小组人数以 5～8 人为宜，小组中要合理分工。在教师指导下统一认识、统一口径、基本统一判断标准；而后进行选题并分别采集不同的资料和数据，并以小组为单位组织研讨，在充分讨论的基础上，形成小组的课题报告。

2. 实训要求

综合认识酒店产品特征：酒店产品的各种层次实例；酒店产品组合的长度和宽度。

酒店产品生命周期的理解和认识。结合地区经济发展的状况，对一特定的酒店企业市场行为进行调查,应用产品生命周期理论分析其营销行为的科学性。

成果与检测

通过对各个小组最终形成的课题报告打分来确定小组实训成绩,分学生互评和老师评阅两部分,各占50%,主要从以下几个方面进行考查:1. 小组分工的合理性和成员积极性;2. 资料准备的充分性,报告书内容的深度和广度,格式的规范性;3. 小组汇报表现。

第七章 酒店产品定价和收益管理

引　言

你注意到形形色色的服务组织是怎样表述它们制定的价格的吗？酒店收取房费，专业机构收取酬金，银行利息和服务费用，经纪人收取佣金，一些高速公路收取通行费，公用能源公司收取使用费，保险公司则收取保费……

一个有效的定价战略的核心目标是创造收益从而支付公司的利润目标。为了达到这个目标，公司必须很好地理解自己需要付出的成本、给顾客创造的价值和竞争者的定义。这看起来似乎很容易，但是对于服务型公司却是一个挑战——每一单位的成本很难确定，将固定成本分摊到多种服务中非常困难。提供给顾客的价值也会随着不同的区域而变化，甚至在同一区域也会随着时间改变。问题的复杂性还在于，需求在不断变化，但是产出能力相对来说比较固定。另外，酒店与竞争者之间的定价由于地理和时间不同而不能直接进行比较。

教学目标

● 知识目标

掌握服务定价的三个主要过程。

了解成本定价对于多数服务企业具有挑战性的原因。

掌握用作业成本法改进服务成本核算的方法。

掌握为顾客增加净值的关键战略。

掌握服务的净值与非现金流支出的联系。

掌握收益管理改进收益率的方法。

掌握让消费者觉得没有被欺骗的感觉下，对不同区域制定不同的价格的策略。

了解营销者制订一个有效的定价计划必须回答的七个问题。

● 能力目标

理解在酒店服务营销中定价的作用。

了解酒店如何建立有效的定价系统。

● 素质目标

掌握酒店收入管理部门和销售部门人员所应具备的知识。

案例导入

收益管理(Revenue Management)最早于20世纪80年代初起源于美国的航空业。当时,美国废除航空管制,开放航空市场,允许航空公司根据市场自行定价。由于飞机座位也有不可储存性,航空公司要赢利,得想办法在飞机起飞前尽量将座位填满。于是,很多专家学者开始研究市场的供求关系和价格对需求和消费者行为的影响,以寻找帮助航空公司适时将机票卖出的方法。由此产生了收益管理的概念和理论。随着科技的进步,一些公司开发出能满足分析预测和优化决策的电脑系统,从而使收益管理在航空业得到广泛应用,产生了很大的经济效益。

收益管理主要通过以下几种途径实现:收入计算;市场细分;收入预测;收入最大化管理;渠道管理;定价策略。

20世纪90年代初,酒店业开始借鉴航空业的经验,研究收益管理在酒店管理中的应用,从而发展了相关的理论和实践,也研制出适合酒店行业的收益管理系统。现在,世界上越来越多的国际酒店管理集团和酒店管理院校认识到收益管理的重要性,正在建立收益管理的完善机制和组织。美国康奈尔大学酒店管理学院是从事收益管理研究和教学的先驱,为酒店业培养了很多人才。

据悉,在中国除国际酒店集团属下的酒店外,绝大多数国内独立经营管理的酒店还没有认识到收益管理的重要性。只有少数比较有远见的酒店,如白天鹅宾馆,较早着手这方面的研究,并于2004年购买了收益管理的电脑系统,进行收益管理。如果不知道运用收益管理的手段来定价和销售客房,如果决策还停留在凭感觉、凭经验、主观臆断的水平上,就可能错失很多增加收入的良机,使酒店蒙受损失。

(资料来源:胡质健.收益管理:酒店经营管理的热点与秘密武器.中外酒店,2008-7-10.)

思考:你对酒店收益管理了解多少?在服务定价过程中如何运用收益管理思想?你还了解其他酒店或酒店集团运用收益管理工具了吗?

第一节 理解酒店产品定价

一、有效定价是财务成功的核心

营销部是组织中唯一可以带来收益的职能部门,其他的职能部门都在消耗成本。定价就是把销售转化成收益的机制。在许多服务行业,传统的定价都是基于财务和会计原则,主要使用成本加成定价法,定价过去经常受到国家管理机构的限制,即使在现在一些限制仍然存在。今天,大多数服务提供商可以独立、自由地制定价格,而且对于以价值为导向的定价和以竞争为导向的定价也有了更好的理解。这些发展已经导致定价计划的创新和收益管理的完善。

在酒店服务业,定价通常比生产更复杂。服务产品没有所有权,因此确定服务为每个消费者创造价值过程中的财务成本比确定制造和运送一件实体商品更难。由于服务产品不能盘点,所以我们只能根据供需平衡定价。在服务传递中时间要素的重要性体现在,加快传递速度和避免等待时间会增加服务产品的价值。价值增加后顾客就愿意为这项服务支付更高的费用。有效的定价战略能提高收益水平或使收益最大化,通常不同的细分市场定价不同(根据消费者的感知价值和支付能力来划分),不同的时间段定价也不同(不同时间消费者的需求水平不同)。

二、定价目标和定价基础

任何一个定价战略都必须基于对公司定价目标的清楚理解。定价目标通常与以下因素相关:增加公司收益和利润,吸引顾客,提高市场份额以及市场渗透力。

(一)收益和利润目标

由于一些因素的限制,利润导向的企业目标就是要使长期收益、贡献和利润最大化。高层管理人员也许希望完成某一具体的财务目标或者追求投资回报率达到某一百分点。收益目标可以根据部门、区域、服务种类,甚至细分市场来分别规定;也就是说,只有对成本、竞争和市场的价格弹性以及价值感知有很好的理解,才能制定价格。

在生产能力有限的组织中,财务的成功往往体现在特定阶段内保证合理利用生产能力。例如,酒店总是在追求入住率,任何一个空房间都是没有产出的资产。与此相类似,专业化服务公司总要使它们的员工都在工作。当需求较低的时候,这些组织就会通过打折销售来吸引更多的客户;相反,当需求超过产出能力的时候,服务提供商就会提高价格,重点为那些愿意付更高价格的顾客服务。在第三节中我们将会讨论收益管理的一些应用细节。

(二)吸引顾客和扩大用户基础

某些情况下,在达到一定的利润水平后,提高顾客光顾率比利润最大化更重要。剧院、露天运动场或者赛马场宾客满座会营造热烈的气氛,增加顾客体验;同时,企业也树立了自身的成功形象,以后会吸引更多的顾客来光临。

当一项新服务不能有效吸引顾客时,顾客光顾率就变得尤为重要。公司能吸引大量顾客,对于塑造企业的成功形象非常重要。企业经常用价值折扣刺激顾客试用该产品或鼓励老顾客继续购买,有时候价格折扣也与竞争和免费样品等其他促销手段结合使用。

在相互联系紧密的行业以及那些需要投入大量资金进行基础设施建设的行业(例如移动手机或者宽带服务),快速获得一批重要的客户是非常重要的。市场领导者的单位客户成本通常较低,而且收益充足,能为技术更新或者基础投资提供足够的资金。在这样的行业中经常使用渗透定价。例如,香港网络电视广播有限公司 TVB 在 2004 年欧洲足球协会联盟杯赛期间,以每个月 199 港元的促销价格和向新订阅者提供免费礼品的方式鼓励更多人来订阅它的体育频道节目。

(三)定价基础

定价战略的基础就像一个三角凳,三角凳的三条腿分别是供应成本、竞争和客户感知价值。企业定价需要覆盖的成本,以某项服务的供应成本为底线,最高不超过顾客感知价格。提供类似服务或者替代服务,竞争者收取的价格也都是在这个最低价和最高价区间内设定的。因此,企业的定价目标就是要在上述价格区间内,再综合考虑竞争者的情况,最终确定一个合理的价格。

第二节　酒店产品定价常用方法

一、成本导向定价法

确定生产无形服务的成本远比确定与生产实体产品相关的劳动、原材料、运作时间、库存和运输费用等成本要困难得多。管理要涉及大量劳动成本和基础性设施,因此很多服务组织的固定成本和变动成本比率都比制造企业更高。

(一)确定服务成本

服务成本的确定包括固定成本、半变动成本和变动成本的确认,另外还介绍了贡献分析和盈亏平衡分析对定价决策的作用。这些传统的成本会计分析法对于变动成本或者半变动成本较高的服务组织是非常有效的(例如很多专业性的服务公司),而对于固定成本较高的复杂产品线(如零售银行的产品),作业法可能更值得考虑。

越来越多的组织已经在降低它们对传统的成本会计系统的依赖,而不断发展作业成本核算管理系统,它们已经意识到公司里发生的每一项作业都在直接或者间接地支持着产品和服务的生产结合起来,而不仅仅是根据实体产品数量分摊成本。一项作业是创造和传递服务的过程中一套任务的结合。过程图中的每一步都是一项与成本关联的作业。这个过程使得作业成本法比较适合服务组织。

如果执行得好,作业成本法能够得到服务产品生产过程中相对精确的成本信息、创造某一类型服务的成本、某一区域的执行成本(甚至不同国家)或者某一专门顾客的作业成本。作业成本核算最终成为一个可以帮助公司查明不同服务、不同渠道、不同细分市场和不同客户获利情况的管理工具。

区分服务产品生产过程中必需的作业和可选择的作业是非常重要的。利用传统方法进行成本控制经常会降低顾客价值,这是由于那些被删除的步骤实际上都是为顾客提供一定水平和一定质量服务时必不可少的步骤。例如,当很多公司为了省钱而裁掉大批客户服务人员时,必然会产生很大的营销问题。这种区分必要作业和可选作业的战略对那些因服务质量快速下降从而使得不满意的顾客转换供应商的服务企业非常有效。

(二)成本分析的定价暗示

以营利为主要目的的公司必须把价格设定在足够高的水平上,不仅要能够覆盖所有制造成本和营销成本,而且还能够有充分的边际利益,从而在预期的销量水平上实现客观的利润。许多服务企业的固定成本较高,比如需要昂贵的设施(如一所医院或者一所学校)、一批交通工具(如一条定期航线或者一个货车运输公司)或者一个网络(如电信公司、铁路运输或者煤气管道)。对于这些服务,多服务一个客户的边际成本是非常小的。

在这样的情况下,管理者会认为他们有着巨大的定价弹性而且可以试探着制定一个很低的价格来争取额外的销售。一些公司鼓励在低于总成本的价格下出售服务来吸引客户,而这些客户有可能在未来购买同一个组织提供的可获利的服务。然而,公司在年底结算时可能发现,相关的成本不能够被弥补,最终没有任何赢利。很多服务企业由于忽视了这一点,现在已经倒闭了。那些采取低价竞争的公司必须对它们的成本结构和在某一特定价格上达到盈亏平衡的销售量有很好的理解。

理论上,所有的作业和发生的成本都会给客户创造价值的。管理者不要单纯从会计角度来看待成本;相反,应该把成本看成是公司努力为客户创造价值的一部分。卡鲁和库吉尼(Caru and Cugini)对传统的成本控制系统进行分类,建议把作业成本与价值产出联系起来:成本与价值毫无关系,它是依赖于顾客所能接受的程度。顾客对前面发生的成本没有兴趣,他们在意的只是产品的价格和价值。

二、价值导向定价法

没有一个客户会愿意为服务支付超过它认可的价值。因此,营销人员必须明白顾客是怎样感知服务价值的,只有这样才能设定一个合适的价格。史密斯和内格尔(Smith and Nagle)强调服务业务要搞清楚服务创造的新增价值的现金价格,要弄清楚这一点需要大量的市场调查,在B2B市场更是如此。例如,2004年4月,速汇金业务支付系统（Money Gram）推出了从台湾地区到中国大陆资金转账价值定价系统。这项新的定价战略加强了速汇金业务支付系统为人们提供世界范围内可靠、方便、价格又能接受的资金转账服务，比传统的支付系统更为可靠、高效。客户可以用速汇金业务支付系统给他在中国内地的亲人或朋友汇出资金，这项服务用时 10 分钟左右，且不需要通过银行账户，起价为 300 元，受到用户的欢迎。

（一）理解净值

当顾客购买一项服务时，他们总是在衡量他们从这项服务中得到的好处和他们为这项服务付出的成本。认识到消费者将会在不同成本之间作出选择，服务企业有时会提供几种不同水平的服务给顾客提供获得额外利益而支付更多费用的选择权。假如马来西亚航空公司收费较高，那么人们选择一个像亚洲航空公司这种低价位航空公司时基本的取舍就是：他们必须放弃更多物质上的舒适感和很多附加性服务。与此相类似，一个从威普罗技术公司购买"银质"水准的硬件和软件支持的公司是不能指望可能会被提供与"金质"客户一样的反应速度、服务时长和附加利益的。

瓦拉里·蔡特哈姆尔的研究表明，顾客对价值的定义是非常个性化和特殊的。她提出了四种价值描述：①价值就是低价格；②价值就是我想从产品中得到的；③价值就是我要从我支付的价格中得到的质量；④价值就是从我给予的东西中得到东西。我们采用第四种定义和使用净值这个概念，净值被定义为所有感知到的利益的总和减去所有感知到的成本的总和。这两者之间的差距越大，净值就越大。经济学家使用消费者剩余这个概念，它指的是，对于某件商品，对于消费者愿意支付的价格与消费者实际支付的价格之间的差异而得到的预期效用。当消费者对竞争产品进行评估时，就是在比较它们的相对净值。

（二）加强总价值

国际咨询顾问赫曼·西蒙指出，服务定价战略经常由于不能将价格和价值很好地联系起来而失败。一个营销人员可以通过增加核心产品的利益和提高附加性服务水平来增大一项服务的总价值。下面四种既有联系又有区别的服务价值获取和交流战略，分别为：减少不确定性、关系定价、低成本领导者和管理感知价值。

1. 减少不确定性

如果消费者对他们将要接受的特殊服务的价值不是很确定，他们可能会选择一个他们已经知道的供应商，或者根本就不去购买。降低这种不确定性的手段包括利益导向定价法和单一定价法（可单独运用一种手段，也可综合运用多种手段）。

利益导向定价法从带给顾客的直接利益的角度来考虑服务产品价格的制定（需要营销人员研究服务的哪一方面带给顾客的价值最多，哪一方面带给顾客的价值最少）。例如，在线信息服务的价格通常是以顾客登录时间的长短来计费的，但是顾客在评估网站价值的时候真正衡量的是浏览和找到的信息的价值。一个设计很差的网页由于操作困难,使用者很难找到需要的信息,所以经常要花费大量的时间。这样,以登录时间长短为标准的定价与顾客感知到的价值就很难同步了。当日本电报电话公司无线部(NTT DoCoMo)的 i-mode 允许订户只要开机就可以保持网络链接,让用户在付费后充分体会到这种服务的价值。它甚至用非常低的价格来造成"冲动购买"效果,这样用户就会毫不犹豫地使用 i-mode 了。

单一价格法是对所有的服务都执行固定的价格以避免任何的意外。从本质上来说,如果服务比预期需要更长时间的传送或者消费更多成本,这时风险就从消费者身上转移到了供应商身上。单一定价在那些服务价格不能够被预期或者服务提供商对它们成本的控制和工作速度控制力比较差的行业是比较有效的。这种定价在竞争者赢得交易的可能性比较低的情况下也是有效的。

2. 关系定价

定价战略与开发和维护长期的顾客关系有什么联系呢?如果企业要吸引的是忠诚的客户,那么通过折扣来赢得新客户并不是最好的方法。研究表明,那些被降价吸引来的顾客也很容易被竞争者的降价而吸引走。更具创造性的战略是通过价格和非价格两种激励来巩固顾客忠诚。对大量购买实行价格折扣是一个可使双方都获利的战略——顾客可以享受到低价格,而供应商由于规模经济效应可以降低变动成本。另一种维系顾客忠诚的方法就是对同时购买两种或者更多服务的顾客实行价格折扣。这是因为,顾客从一个供应商那里购买服务的种类越多,他们之间的关系就会越亲近。这种亲近的关系可以让公司从消费者那里得到很多东西,从而改进和完善它们的服务,但如果顾客更换供应商就很麻烦。例如,国际数据公司(IDC)的研究表明,由于香港地区宽带接入服务的价格正急剧下降,香港的宽带服务提供商正准备采用新的定价模型,如捆绑或者交叉销售自己的服务产品。

3. 低成本领导者

低价格服务对于那些财务预算紧张的消费者比较适用。低价格还可以用于引导购买者进行大批量购买。当企业采取低价战略时所面临的第一个挑战就是如何使消费者相信低价格并不代表低质量,或让消费者感觉到这项服务的性价比较高。第二个挑战就是保证经济成本足够低,以获取一定利润。一些服务企业围绕"低成本领先"制定战略。亚洲航空公司就是一个很好的低成本领先者的例子。它的费用低得可以与公共汽车、火车和汽车的价格展开竞争。亚洲航空公司选择了与西南航空的低成本运营战略类似的战略,这个战略已经被全球所有的航空公司所学习。在亚洲成功运用这一模式的航空公司还有印度尼西亚廉价航空公司(Lino Mentari Airlines)、曼德拉航空公司(Mandala Airlines)和慧旅航空公司(Valu Air)。

4. 管理感知价值

价值是主观的，很少有客户是价值评估专家，尤其对于熟悉的服务产品，顾客甚至在消费完服务后也不能准确评估服务的质量。后台设施和劳动的不可见性使得客户很难看到他们用金钱得到了什么。想象一位房主打电话叫一个电工去修理出了问题的电路。这个电工带着一包工具到达了，然后带他进入布满电路板的壁橱，很快就找到了问题，快速替换了原来的坏电路板，于是一切恢复正常。整个工作仅用了20分钟。几天过后，房主接到一张900元的账单（其中大部分是劳务费），当时就被吓呆了。

再想想看这900元到底购买了什么？房主未能考虑到维修公司必须去补偿所有的固定成本，包括办公室房租、电话费、保险费、交通费用、工具使用费、燃料费和办公辅助人员的工资等。上门维修的变动费用要比想象的更高。房间内花费的20分钟必须加上在路上花费的15分钟（单程），再加5分钟装卸工具和用车搬运的时间（单次），这样一次上门服务所花费的总时间是60分钟，为单纯维修时间的3倍。另外，公司为了获得利润必须再加上一个边际利润。

消费者经常会觉得他们受到了剥削，这并不奇怪。因此，企业必须通过有效的沟通甚至个人解释才能让消费者认识和重视他们接受的价值。与此相类似，高端信任类服务的营销者必须找到合适的方法与顾客沟通相关的问题（如时间、研究过程及专家意见等），并注意过程中的细节，例如，完成一个很好的咨询项目。

由于认识到顾客感知价值主观色彩较浓的特点，Priceline推出了“消费者自行定价”的活动。Priceline让使用者说出他们愿意为网上出售的某一服务（例如飞机票、酒店房间、汽车租赁和旅行）支付的价格，这使得消费者支付的价格与感知到的价值相一致。如果服务价格比消费者愿意支付的高，企业就会选择降低价格或者放弃这次交易。

（三）减少相关的货币和非货币成本

站在消费者的角度，供应商收取的价格仅仅是购买或者使用一项服务的部分成本，服务的其他成本由其他组织收取的财务费用和非货币成本组成。

一项服务的财务成本不仅是支付给供应商的价格，也包括消费者在寻找、购买和使用这项服务过程中发生的成本。举一个简单的例子，一对有小孩儿的夫妇晚上看电影的成本远远超过了两张票的价格，还包括雇用保姆的费用、交通费、停车费、食物和饮料。

非货币成本反映在寻找、购买和使用服务过程中所付出的时间、努力和遭遇的挫折。消费者有时候把这些成本称为“努力”（effort）或“麻烦”（hassle）。当消费者参与服务生产过程中时，这项成本更高（在人工处理服务和自助服务中尤其重要），消费者必须先到服务地点等候服务，找到应排的队，弄清服务过程等。体验特性和信任特性比较高的服务也可能产生心理上的成本,例如焦虑。服务的非货币成本可以划分为以下四种不同的类型。

(1)时间成本贯穿于服务传递过程之中。消费者在等待服务传递过程中,时间存在机会成本,因为他们可以把时间花在别的地方。网络用户经常要花大量的时间在网页上寻找一些特殊信息,这让他们很有挫折感。等待过程也让人很不愉快,而且消费者对等待时间的感知成本非常高,有时候消费者甚至最终放弃购买。另外,时间成本还经常发生在不方便的时候,例如工作的成年人在工作时间不愿意去购买服务。

(2)体力成本如疲劳或者不舒服。体力成本指为获得服务而发生的成本,尤其是当消费者必须亲自到达服务场所、必须排队等待或服务传递过程中包含自助服务时。

(3)心理成本是在购买或者使用某项特殊服务的过程中产生的,如消费者在购买或使用某种服务的过程中所付出的精神上的努力、感知到的风险、认知上的不一致、感知不足或者害怕等。

(4)感知成本包括给我们的五官造成不愉快感觉的相关成本。对于服务行业来说,这种成本包括忍受噪声、不愉快的气味、垃圾、过冷或过热、不舒服的作为、混乱的环境或令人厌恶的味道。

从管理者的角度考虑,使服务的货币成本和非货币成本最小化,从而增加客户所得的价值是非常有意义的。成本最小化的可能途径有:

(1)减少服务购买、传递和消费过程中的时间成本。

(2)通过服务过程图消除(或重新设计)服务传递过程中每一步令消费者不愉快或者不舒服的步骤以加强服务体验,减少每一步不必要的一些体力成本。

(3)消除在搜寻和传递服务过程中发生的显著的消费者不想要的心理成本。

(4)降低不愉快的感觉成本,包括创造更有吸引力的视觉环境,降低噪声,安装更舒服的设备和家具,减少讨厌的气味和类似的一些东西。

仔细辨认消费者所付出的其他货币成本,找到减少这些成本的方法或者提供其他选择。例如,银行通过要求客户亲自来递送票据或账单,这样顾客就会花费相关的旅途成本(例如,交通费或燃料和停车费),也许可以通过上网来完成上述服务。

感知净值在不同顾客间以及同一顾客在不同情形下都会有巨大差异。市场细分的方法之一就是将消费者细分为时间敏感型和便利敏感型。表 7－1 为一个需进行胸部 X 光透射的人从三个诊所中选择一个的决策过程。这三个诊所除了费用不同外,要求消费者付出的时间和精力也不同。该顾客认为,非货币成本和货币成本同样重要,甚至比货币成本更重要。

表 7－1　在货币成本与非货币成本间取舍

诊所 A	诊所 B	诊所 C
价格:450 元 距离:1 小时车程 下次可能的预约在三个星期内 时间:周一到周五　9:00 至 17:00 估计在诊所等待时间是两个小时	价格:850 元 距离:15 分钟车程 下次可能的预约在一星期内 时间:周一到周五　8:00 至 10:00 估计在诊所等待时间是 30～45 分钟	价格:250 元 距离:办公楼(学校)附近 下次可能的预约在一天内 时间:周一到周六　8:00 至 10:00 通过预约,等待时间是 0～15 分钟

三、竞争导向定价

在差异性较大的服务行业中,企业需要监控竞争者的定价,在参考竞争者定价后制定自己的价格。当消费者觉得各服务企业之间的区别极少或根本没有区别时,他们可能会选择价格最便宜的。在这样的情况下,每单位服务成本最低的企业享有令人羡慕的市场份额,经常扮演价格领导者的角色。通常,其他企业会从价格领导者身上寻找一些定价的暗示。这种现象在同一地区相隔不远的几家加油站经常可以看到。当其中的一家提高或者降低价格时,其他的马上跟随。

价格竞争的激烈程度与以下几种因素有关:①竞争者数量的增加;②替代品的增多;③竞争者和/或替代品的分销更广;④行业生产能力的增加。尽管一些服务行业正处在激烈的竞争中(例如航空公司或者网络银行),但下面的一些情况可以或多或少地减少价格竞争。

(1)非价格相关成本较高。如果节省时间和精力对于消费者选择供应商来说与价格同等重要或者比价格更重要,价格竞争的强度就会降低。

(2)个性化、定制化和转移成本问题。有些服务业个性化和客户化程度较高,例如发型设计或者家庭医疗保险,对消费者来说与某个供应者之间维持比较稳定的关系是非常重要的,这样可以减少他们与其他竞争企业之间交流所花费的时间和精力。在其他很多服务业中,由于转换成本涉及时间和金钱,因此顾客在供应者之间相互转换、享受低价格服务的可能性就变小。例如移动通信运营商经常要求客户与他们签订一两年的合同,对提前取消服务的客户进行财务处罚。

(3)时间和位置的差异性缩小了消费者的选择范围。当人们想要在特殊的地方或者特殊的时间享受某项服务(或既要求时间又要求地点)时,他们通常会发现可供选择的服务很少。很多人选择在有自动取款机或者离家/办公室近的银行服务。可提供这些消费者选择的银行品牌有多少呢?可能并不多。再比如,一个商业人士必须从雅加达直飞汉城,下个星期三晚上 8:00 后动身,这样可选择的航线就很有限,甚至,符合条件的航线并不一定都有座位。

那些总是对竞争者的定价作出回应的公司有定价较低的风险。管理者必须小心掉入与竞争者针锋相对、不断地寻求和竞争者价格一致的陷阱中;相反,对于每一项竞争服务,管理者应该考虑消费者所需花费的全部成本,包括货币成本、非货币成本和潜在的转换成本,必须考虑分销、时间和位置等因素,同时也要对竞争者的能力进行估计。

第三节　酒店收益管理

很多服务企业都对在任何一个给定的时间点上使收益(或者贡献)最大化的战略感兴趣。收益管理是一种复杂的供求管理。特别是航空服务业、酒店服务业和汽车出租等行业,都需要根据不同细分市场对日期、星期、季节的价格敏感性,不断地调整价格。他们面临的挑战就是充分利用产能,获取充足的顾客,不给愿意支付更多的顾客创造任何的消费者剩余。

一、收益管理如何进行

1. 为高收益客户储备产能

在实践中,收益管理就意味着根据不同需求水平来制定价格。对价格最不敏感的第一个细分市场制定最高的价格,接着第二个稍不敏感的细分市场价格稍低,然后继续。由于能为企业带来高收益的客户对服务的需求时间通常与一般消费者很接近,因此公司必须首先保证满足这些客户的需求,而不能简单地基于先到先得的原则提供服务。例如,商务旅行者经常是在短时间内预订航空座位、酒店房间和租赁汽车,但是休闲度假者一般提前几个月就开始预订了。一个好的收益管理系统可以合理估计不同价格水平上将会有多少顾客来享受服务,并根据预期将企业的产出能力分块、归类。

高级软件使企业利用复杂数学模型进行生产管理分析成为可能。比如,航空公司可以根据大量历史数据来建立模型并预测未来一年的需求量。每隔一段时间,收益管理者将会对实际预订的情况进行检查,并将其与预测值进行比较。这种方法还可以间接比较竞争者的定价。如果实际与预测的需求之间存在明显的偏离,则需要调整自己的价格和产能分配政策。如果高端消费细分市场的实际预订量比预期的需求量更大,则要减少对低端消费市场的配额。航空公司的目的就是要使整个航班没有空座,而且将每个座位出售给高端消费细分市场。在理想状态下,企业不应让任何一个高端消费旅行者因为座位不够而离开,而应该选择让购买航班最低等级座位的顾客离开。

收益管理对于产能相对固定、固定成本较高、存货易腐烂、需求变动较大且不固定、消费者价格敏感性有较大差异的行业尤其适用。目前,酒店、航空、汽车租赁、医院、餐厅、高尔夫课程,甚至一些非营利组织都已经采用了收益管理系统。

2. **竞争者定价对收益管理的影响**

收益管理系统监控预订节奏,而竞争者的定价是通过间接途径获得的。如果一个公司的价格太低,它的预订速度就会较快,而且便宜的座位很快就会销售一空。这总的来说不是一件好事,因为这意味着后期预订的人会较多而且高消费顾客不能得到座位,他们只能选择竞争对手的航班。如果最初的价格太高,公司将会在前期预订市场中减少份额(趋向于提供一个合理的收益),而且最后必须以低价售出超额的数量来弥补固定费用。

二、价格弹性

为了更有效地进行收益管理,我们需要两个或者更多的具有不同价值和不同价格弹性的细分市场。为了有效配置价格和产能,收益管理者须确定每个目标市场的需求对价格变化的敏感程度如何,每个目标市场在不同的价格下都能产生什么样的收益。价格弹性概念描述了需求随着价格变动的敏感程度,计算公式如下:

$$需求的价格弹性系数 = -\frac{需求量变动率}{价格变动率}$$

当价格弹性为“1”时,服务的销量增长与价格下跌的百分比相同。当微小的价格变动对销量有巨大影响时,需求是有弹性的。但是价格变动很小时,需求是缺乏弹性的。

三、设计价格篱笆

收益管理的本质就是将价格进行定制化、个性化管理——相同的产品对不同的顾客收取不同的价格。正如西蒙和多兰(Simon and Dolan)所说,价格定制化的基本想法很简单:人们支付的价格是基于他们对产品价值的感知。显然,你不能挂出一个标志说:“给我你认为值得的价格”或者“如果你认为值就支付 800 元,认为不值就支付 400 元”。你必须寻找方法根据价值对消费者进行细分。因此你必须在高价值顾客与低价值客户之间“建立篱笆”,这样“高”购买者就不从低价格中获得利益了。

酒店怎样才能保证高价值的顾客不能从低价格中获得利益呢?设置合理的价格篱笆,可以使客户根据服务特性和他们的支付意愿来自我细分,而且可以帮助酒店只向那些愿意对购买过程和消费体验接受一些限制的消费者提供低价格服务。

篱笆可以是物质的或者非物质的。物质篱笆是指不同的物质有着不同的价格,例如剧院座位的位置或者酒店房间的大小和配置。非物质篱笆指消费、交易或者购买者的特性。例如，在酒店停留的时间、周末下午玩高尔夫、对取消预订或改变预订的行为处以罚款，以及将预订提前一段时间等。价格篱笆的典型案例如表7－2所示。

表7－2 价格篱笆

<table>
<tr><th colspan="3">价格篱笆</th><th>例子</th></tr>
<tr><td rowspan="9">物质（产品相关的）篱笆</td><td colspan="2" rowspan="3">基本的产品</td><td>旅行等级（公务/经济舱）</td></tr>
<tr><td>酒店房间的大小和配置</td></tr>
<tr><td>剧院的座位位置</td></tr>
<tr><td colspan="2">令人愉快的食物</td><td>酒店提供免费早餐，机场接送等</td></tr>
<tr><td colspan="2" rowspan="5">服务水平</td><td>免费高尔夫手推车和跑道</td></tr>
<tr><td>等待优先权，设置不同的登记处（需要排队和无须排队）</td></tr>
<tr><td>增加行李重量</td></tr>
<tr><td>提供服务热线</td></tr>
<tr><td>提供专业的客户管理团队</td></tr>
<tr><td rowspan="14">非物质篱笆</td><td rowspan="5">交易特性</td><td rowspan="2">预订或者预约时间</td><td>提前购买的要求</td></tr>
<tr><td>必须在出发前两周全额付款</td></tr>
<tr><td>预订或者预约的位置</td><td>对乘客在不同地区预订相同路线的机票收取不同价格</td></tr>
<tr><td rowspan="2">车票使用弹性</td><td>对取消或改变预订收取费用或者实施惩罚（等于整个机票的损失）</td></tr>
<tr><td>不归还预订费用</td></tr>
<tr><td rowspan="5">消费特征</td><td rowspan="3">时间或者使用期</td><td>6:00之前酒店提供的餐饮服务</td></tr>
<tr><td>必须在酒店、航空公司或者汽车租赁处登记过夜</td></tr>
<tr><td>必须至少要待五个晚上</td></tr>
<tr><td rowspan="2">消费地点</td><td>价格依赖于起飞的地点，特别是国际旅行</td></tr>
<tr><td>价格因距离而变化（不同的城市、城市中心和城市边缘）</td></tr>
<tr><td rowspan="4">购买者特征</td><td>消费数量或者频率</td><td>公司的忠诚客户享有优惠价格、折扣或者忠诚利益</td></tr>
<tr><td rowspan="2">群体成员</td><td>孩子、学生、老人可以打折</td></tr>
<tr><td>与某些团体联系（如校友）</td></tr>
<tr><td>消费群体大小</td><td>根据团体大小进行团体打折</td></tr>
</table>

物质篱笆反映了实际服务中物质上的差异，例如，乘坐头等舱和经济舱的体验是不一样的。但是非物质的服务都是相同的，例如，一个人无论是从网上购买便宜的经济舱机票还是购买全价机票，他们都接受相同的服务产品。

总体来说，收益管理要求对顾客的需求、偏好以及他们的支付意愿有具体的了解。具有这些信息，产品金额和收益管理经理可以联合设计有效的产品，包括核心服务、物质产品特征（物质篱笆）和非物质产品特征（非物质篱笆）。另外，深入了解需求曲线也很必要，只有这样，才能将各种各样的产品和价格类别合理配置。

四、定价政策的道德问题和感知公平

消费者一般都很难估计他们使用的某项服务成本会是多少，而且通常都认为出售的价格比公平的价格要高。还有，他们不能预先知道付款后会得到什么样的回报。很多服务是无形的，而且服务的质量通常很难评估。很多消费者都认为高价格的服务肯定会比低价格的服务质量更好，并且能提供更多的利益。例如，人们通常认为，一个收费昂贵的专业人士——比如律师——要比收价低的水平更高。虽然价格是质量的代表，但有时很难确定服务是否物有所值。

五、服务定价计划通常是复杂的

服务定价计划通常很复杂，如果不借助电子数据表或数学公式，就很难理解，也很难在不同的提供者之间进行比较。消费者比较的价格可能仅仅是总价格中的一部分。

很多人发现准确估计和预测他们自己使用通信服务的情况很困难，所以很难对比各竞争厂商之间的价格。当幽默大师斯科特·亚当（Scott Adams）（著名的Dilbert创作者）说明企业的定价决策是多么“错综复杂”时，无一例外地使用了服务案例。这并不是一个巧合。他注意到通信公司、银行、保险公司和其他金融服务企业所提供的服务几乎相同，评论道：

你可能会认为这将引发一起价格战，各企业都争相将价格降低到成本水平（这是我在经济学课堂上学到的），但是这是不可能发生的，因为服务企业的定价错综复杂，顾客说不出谁的价格才是最低的。公司已经在学习利用生活的复杂性作为经济工具。

政府规定的一个作用就是要遏制某些服务行业定价战略太过“错综复杂”的势头。

六、道德问题、感知公平和信任

服务业经常会出现服务绩效和定价的混乱，尤其是信任类服务。当消费者不知道他们将从服务提供商那里得到什么,不能在服务提供的现场或没有能力判断一项服务是否完成得很好时,他们很容易给没有完成的、不必要的或没有很好执行的工作付钱。

定价的复杂性使得公司很容易发生不道德的行为。在新加坡,遍布全国酒店的减肥沙龙已经成为竞争异常激烈的行业。与过去的价格相比,现在的美容、按摩和其他服务的价格都已经明显降低了。价格竞争也致使很多沙龙开展促销活动,使得那些毫不怀疑的顾客认为他们购买这项服务很划算。例如,普雷蒂斯丽姆(Prettislim),一名新加坡隆胸职业医师,搞了一次很特别的促销活动,为《她的世界》(Her world)杂志的读者免费提供15个疗程的免费治疗。但事实上,在这一促销活动的声明中还写有一行小字,那就是这15个免费疗程仅供那些购买过10个疗程的顾客享有。在消费者知道自己被迷惑以后,他们开始对公司职员变得不信任。这将直接影响企业的促销活动和服务。

在收益管理中,对计算模型输出结果的过分依赖会导致定价政策过于教条,造成取消预订还要予以处罚的现象,还导致企业因接受过多预订而不考虑到原本以为已经预订服务的顾客听到预订被取消时的失落感。企业在进行收益管理收取不同价格时,不能让顾客感觉到不公平。例如,在高峰时候收取高价很容易被看作价格欺骗,在第一需求时段打折又容易让人们认为未来的正常价格不公平。

七、在定价战略中设计公平

价格应该根据顾客感知公平来设计。一个执行得很好的收益管理战略并不是盲目地寻求短期收益的最大化。下面的方法可以帮助企业制订定价计划,提高生产管理水平,从而获得顾客满意、信任和友好。

1. 设计价格计划和价格篱笆要清晰、合理和公平

公司应该在前期就清楚地表明所有的费用和花销,这样就不会有任何的意外。还可以开发一个简单的框架图,这样消费者可以很容易理解某一特定消费的含义。价格篱笆一定要让消费者觉得公平(例如,篱笆一定要透明而且要摆在最前面),这样消费者才会明白企业定价的逻辑,才会认识到投机是困难的,从而达到公平的效果。

2. 价格高度公开,以打折作为价格篱笆

从增加顾客收益的角度(例如打折)来设定价格篱笆远远比从使顾客蒙受损失的角度(例如多支付费用)来设置价格篱笆使顾客更能感觉到公平,即使这两种做法给顾客带来的经济利益是一样的。例如,一个周六光顾美发沙龙的顾客如果发现沙龙在周末收取更多的费用,他就会认为这个美发沙龙是奸商。但是如果美发沙龙公布的价格就是周末高峰的价格,并且说明在工作日理发都享有

50 元折扣的话,周末的高价则更容易被人们接受。此外,有一个高的公开价格可以帮助增加顾客对服务质量的感知,顾客还会感到由于周末光顾而受到的尊敬。

3. 收益管理中的顾客利益沟通

营销沟通应该促使收益管理成为双赢的实践。提供不同的价格和价值平衡使得广大顾客能做到自我细分,充分享用服务。它允许每一个顾客去寻找价格的利益(价值)的均衡,使其需要得到满意的解决。

4. 使用捆绑销售来隐藏打折

将服务捆绑打包可以使打折价格不明显。对于一个包括飞机旅行价格和地面交通价格的服务包,消费者只知道全部的价格,而不知道单独的价格。捆绑使顾客不可能比较服务包与其组成成分之间的价格,因此规避了顾客对一些潜在不公平的感知对价格的选择。

5. 关照忠诚客户

为了与顾客保持友好的关系,企业应该制定相关战略来保留有价值的客户关系,甚至为了保持这种关系,在某项交易中以收益最大化为目标。毕竟,如果顾客感到企业的要价具有欺诈性,就很难与企业建立信任关系。如果按受益管理差别对待的方法,在高峰时期首先给高消费者顾客而不是最忠诚的顾客配置产能,就会造成服务间断,这会让忠诚的顾客灰心和生气,企业有失去忠诚顾客的危险。当顾客认为自己忠诚应该被认可和得到尊重时则更是如此。一个解决的办法就是在受益管理系统中对经常性顾客输入"忠诚系数",这样预订系统可以根据首选可能性,给他们"特殊对待"的地位,甚至使他们不需要支付额外费用。

6. 通过服务补救去补偿超额预订

作为收益管理的一部分,很多服务企业采用接受超额预订的方式来避免过多顾客最终取消预订或放弃预订情况的发生。企业通过超额预订可以减少产能浪费,从而带来更高的受益,但这一做法也容易产生负面影响,不能为已经预订的顾客提供服务,预订的消费者可能会被"延迟"服务,或者干脆被"赶走"。这会降低消费者的忠诚度,对公司的名誉造成恶劣影响。因此,在预订程序里设计好服务补救措施是非常重要的。

设计时的指导思想包括:①给消费者一个在保留他们的预约与获得相关补偿(由于企业单方面取消预约给消费者带来不便)之前选择的机会;②提前通知消费者,使消费者有选择替代产品的机会;③如果可能,提供一个替代服务来取悦顾客。威斯汀海滩酒店解决偶然的过度预订的办法是:为第二天要离开的顾客免费提供在机场附近或市内豪华酒店住最后一晚的补偿,因此扩大产能空间。旅客对威斯汀酒店在市内提供的免费房间、优质服务以及安排他们在享受完沙滩假期后回到市内住上一晚的做法反响很好。从威斯汀角度来说,虽然他们需要为过度预订的顾客支付市内豪华宾馆免费住宿的费用,但保证了那些要在威斯汀停留多天的顾客给酒店带来的收入。

第四节　酒店产品定价的实施

尽管定价主要是决定收取多少钱,但还有些其他需要确定的事情。

(1)这项服务应该收多少钱?

组织想覆盖的成本是多少?通过出售服务,组织是要尽力达到一定的边际利润或者投资回报率吗?顾客对各种价格敏感度如何?竞争者收取的价格是什么?在基本的价格中应该提供什么折扣?需要使用心理定价技巧吗(例如,用49.50元而不是50元)?

(2)定价的基础是什么?

完成某项特殊任务;一项服务设施的许可权;时间单位(小时、星期、月、年);交易价值的百分比提成;消耗的物质资源;地理距离;目标服务的重量或者大小;每一项服务的要素应该单独开账单吗?应该对捆绑服务单独收费吗?

(3)谁负责收费?

提供服务的公司;一个专门的中介机构;如何补偿中介机构——单一价格或者百分比提成?

(4)在哪里付款?

提供服务的地方;一个方便的零售店或者金融中介(例如银行);购买者的家里(通过邮件或者电话)。

(5)什么时候付款?

提供服务之前或者之后;一天中的某个时间;一周中的某天。

(6)怎样付款?

现金(零钱正好或不对)、代币或代金券(哪里可以买得到这些)、储蓄卡、支票(怎样核实)、电子货币转账、划卡(信用卡或者借记卡)、服务提供商的信用账户、优惠购物券、第三方支付(例如,保险公司或者政府代理)。

(7)怎样与目标客户沟通价格?

通过什么沟通媒体(广告、标志、电子展示、销售人员、消费者服务人员)?什么信息内容(应该在价格方面强调多少)?

一、收取多少费用

定价决策对财务偿付非常重要。定价的三个基本因素包括:确定不同销售量下的经济成本,制定价格底线;从提供者和消费者的角度来估计需求弹性,以便给各细分市场设定最高价格;分析不同提供者之间价格竞争的强度。最后,制定一个消费者非必须支付的具体价格,意思是制定一个具体的价格,但是消费者不一定都必须支付,即制定门市价,但根据具体情况,对不同消费者不同折扣策略。公司在制定最后的价格时,还需要考虑一些问题。例如,公司制定全面价格战略时必须考虑正面的和反面的因素,考虑扣税、服务费和其他附加费用所涉及的道德问题,因为消费者可能会被误导,认为这是最终价格,包括了一切费用。

二、定价的基础是什么

定义服务单元并不容易。定价应该基于完成某项特殊的工作(例如修理器械、清洗夹克或者给顾客剪头发),基于可以享受服务的佣金(例如教育或者一场电影、演唱会或者运动会),基于时间(例如占用律师一小时时间、占用酒店房间一夜、订阅卫星电视一个月),还是体现于与服务传递有关的货币价值(例如保险公司收取一定的保险费或房地产收取出售房屋一定比例的佣金)。

一些服务价格尽量与消费的物质资源结合起来,例如食物、饮料、天然气。例如,在餐饮业,不是根据顾客占用桌子和椅子的小时数收费,而是对食物和饮料收取一定的超额费用。由于餐饮服务有一定的固定成本,比如每一次用餐都要提供干净的桌布,一些国家的酒店在食物消费成本上增加一定的费用。运输公司根据传统的距离收费,而货运公司结合重量、立方体积和距离来设定费用。这样的政策具有一致性,而且可以计算出每英里(公里)的平均费用。但是,它忽视了不同路线的相对市场强度,在使用收益管理系统时是应该考虑这些因素的。使用单一价格可以简化企业的定价决策,如国内信件低于一定重量都收取固定费用或根据地理距离实施特定地区收费。

正如本书所强调的那样,企业在经营中,提供给客人的有形服务中很多是由一个核心产品和很多辅助性服务共同构成的。以旅游酒店行业为例,酒店、邮轮上的用餐服务和酒吧服务,火车或飞机上的行李服务等都属于这种情况。这些产品和服务在定价时,依据消费者对价格的敏感程度,采用不同的定价方式。通常,在一定程度上,人们不喜欢少量多次的付款,因此制定整体价格,出售产品的方式受到了人们的青睐,消费者能预先知道要花费多少钱,而且捆绑定价保证酒店从每一个消费者那里都能获得一定的收入,经营者操作起来也比较简单。但是,如果消费者发现,他们对没有使用的产品要素付费,而且由于各种额外费用的存在,他们消费的真正价格比吸引他们来消费的广告上的价格要高很多时,企业对每一项服务产品分别定价则会更好。

捆绑定价保证酒店从每一个消费者那里都能获得一定的收入，而且消费者能预先知道要花费多少。非捆绑定价有一定灵活性，使消费者有选择的余地。但是，如果消费者发现，由于各种额外费用的存在，他们消费的真正价格比吸引他们来消费的广告上的价格要高很多，他们就会很生气。

打折在收益管理中我们讨论过，对特定市场实行选择性的价格折扣可以吸引新顾客和充分利用产能。除非对特定目标市场正确使用价格篱笆，否则采取打折战略时一定要谨慎。因为这会降低平均价格和贡献率，而且可能只吸引那些对提供最低价格的酒店忠诚的顾客。对大批量购买的顾客实行打折有时候被用来巩固大客户的忠诚度，否则这些大客户可能会在几个不同的供应商处购买。

三、谁负责收费

附加性服务包括信息服务、订单处理、开账单和付款。消费者喜欢较容易从公司那里获取信息和预订服务，他们也希望开账单和付款的过程比较顺利。有时候，公司委派中介机构负责这些工作，比如，那些提供预订房间服务和消费者收款的旅行社，以及为剧院、音乐会和运动露天广场销售座位的门票代售点。尽管供应商要支付一部分佣金给中介机构，但考虑到支付的时间、地点和方式，利用中介机构提供某些服务能为消费者带来方便。另外，使用中介机构还可以降低管理成本。现在，很多服务公司通过互联网给消费者提供自助服务的直接渠道，从而绕过传统的中介结构，避免支付佣金。

四、在哪里付款

服务传递场所并不总是很方便，例如机场、剧院和露天的大型运动场经常离顾客的居住地或工作地点很远。当消费者必须购买服务时，使用地理位置方便的中介商或者允许邮件或银行转账付款会有明显的好处。现在允许使用网络、电话及传真预订和使用信用卡支付的组织越来越多。

五、什么时候付款

两个基本的付款方式包括预付（作为入场费，如机票或者邮票）和在服务完成以后开账单付款（如酒店账单和修理费用）。有时，服务提供商也可能要求消费者在服务传递之前付一笔初始费用，以后再付清。这种方法对于一些高价修理和维护工作是很常见的，因为公司必须提前购买原材料（通常一个运营资金不多的小厂商会这么做）。

让顾客预付账款意味着购买者在享受到服务所带来的利益之前必须付款。尽管如此,预付款项对于消费者和提供商来说都是有利的。有时候,顾客觉得,对于经常使用的服务每次都要付款很不方便,比如邮寄信件或乘坐公交车,消费者可能会喜欢买一叠邮票或公交车月票。另外,一些演艺机构演出成本较高,所以需要在上演之前出售打折预订票,以筹措演出资金。

最后我们发现付款时间决定了消费者的消费模式。以某个位于科罗拉多的健身俱乐部为例,约翰·古维尔和迪利普·苏曼发现俱乐部成员的使用模式与付款方式紧密相关。会员刚付款的那段时间是他们光顾俱乐部最频繁的日子,然后他们来俱乐部的次数就逐渐减少,直到下一次付款后又开始增多。而那些按月付款的会员会经常来俱乐部,而且会不断延续他们的会员资格,也许是每月付款鼓励了他们更多地使用服务。

约翰·古维尔和迪利普·苏曼认为,可以利用付款时间对企业的产出能力进行战略化管理。例如,如果一个高尔夫俱乐部想要在最繁忙的时候减少需求,可以远在旺季到来之前就开始收款(例如,在1月而不是在5月或6月)。这样会员会有预付款的"疼痛感"在接下来的日子里更频繁地使用服务,而当夏天高峰期到来时,会员付款的"疼痛感"已经消除,而且由于已经多次地使用了服务,他们也觉得物有所值了。同时高峰期需求的降低还允许俱乐部吸纳更多的会员。

六、怎样付款

付款的形式有很多种。现金付款可能是最简单的方法,但是它带来很多安全问题,而且当需要让机器精确找零时非常不方便。现在,除了小额购买外,支票支付已经被企业和消费者广泛应用,而且给消费者带来了好处,虽然这需要酒店对空头支票进行控制,如对退回的支票收取一些费用。

信用卡和借记卡可以在全世界范围内使用。由于它们已经被广泛接受,一些拒绝接受信用卡或借记卡的企业已经越来越发现自己处于竞争劣势。很多公司开始为消费者提供很方便的信用账户,在消费者与公司之间建立新型交易联系。另外,现代企业还采用代币卡或代金券作为现金付款的补充(或替代)。代币卡可以使支付道路和桥头的通行费用或公交车和地铁费用变得更简单。代金券有时候由社会服务中介提供给老人或低收入群体。这两种支付方式都达到了与打折一样的目的,但是避免了为不同产品标记不同价格的麻烦,也省去了收银员检查打折是否合乎规定的麻烦。

现在基于卡片的服务系统越来越流行,可以通过磁条或者在卡片内安装微芯片把现金存储在卡片上。服务公司要想接受这种支付方式,必须先安装读卡机。

例如,在香港,顾客可以使用可再充值的和扫描的智能卡为许多产品和服务付款,从自动售货机中购买公交车票、火车票、咖啡以及支付停车场费用或购买体育比赛的门票。同时在香港,自动售货机工作者和移动通信运营商都提供一项服务,顾客可以用手机简单地拨打几个号码,为购买的东西付款。

有趣的是,迪利普·苏曼在最近的研究中发现,自动售货机会影响顾客消费总额,尤其是对于像零食和咖啡这样的随意消费。支付系统的有形因素越少,消费者消费得越多。现金是看得见摸得着的(顾客会小心使用现金),信用卡和支付卡的有形性稍差,最后是更复杂和更无形的快速结账方式,如香港的手机支付。

最后,服务营销者要记住支付方式的简便性和付款速度会影响消费者对整体服务质量的感知。

七、与目标市场沟通价格

当其他所有问题都解决以后,最后的工作就是决定组织怎样更好地将价格政策与目标市场进行沟通。人们必须在购买之前知道一些产品的价格。他们也必须知道怎样付款、在哪里付款和什么时候付款。企业必须将这些信息清晰地展现出来,这样就不会误导顾客,顾客也就不会质疑企业道德了。网络零售商,如 NexTag(www. nextag. com)不仅提供在线购物,而且允许网络用户比较不同等级酒店的价格、飞机票价等。除了旅行服务,NexTag 还提供其他很多服务,如借贷、保险和互联网服务等,大多数消费者都会在购买之前比较价格。这是顾客在了解各种信息的基础上作出决定,并增加他们使用 NexTag 购买的频率。

管理者必须决定是否在广告中包含价格信息。将产品定价与竞争对手的产品定价联系起来可能是正确的选择。当然,当消费者对价格、付款和信用提出疑问时,销售人员和客户服务人员应该能够给予及时准确的答复。在零售店展示时作好价格标签可以节省工作人员回答价格等基本问题所花费的时间。

最后,当企业向顾客提供账单时,必须确保账单准确和清晰。医院账单可能会有几页,甚至包括好多个名目,由于不准确经常会受到消费者的质疑。

案例分享

酒店收益管理案例

假设要研究的酒店有400间客房,且只有标准房一种客房,牌价为$230,现在市场正处于旺季。具体的市场需求情况为:

1. 离我们研究的某日，即客人入住的当日大于56天的时候酒店没有任何预订。

2. 在离入住当日还有56到49天的时候，旅行社要求订150间客房，每间房愿意支付$75。

3. 在离入住当日还有48到28天的时候，商务团队要求预订75间客房，每间房愿意支付$125。

4. 在离入住当日还有27到21天的时候，旅游度假散客要求订60间客房，每间房愿意支付$115。

5. 在离入住当日还有20到14天的时候，政府散客要求订15间客房，按协议价每间房$85。

6. 在离入住当日还有13到5天的时候，商务散客要求订90间客房，按协议每间$145。

7. 在离入住当日还有4到1天的时候，过境散客要求订40间客房，房价以牌价为基准，取决于讨价还价。

8. 在入住当日和前一天，过境客人要求订30间房，房价以牌价为基准，取决于讨价还价。

下面是A和B两位经理分别负责处理这些预订的情况。

(一)传统的销售策略及结果

假设经理A不懂收益管理，凭经验和感觉，他认为酒店在那天应当能住满。他的目标是尽快把客房都租出去。他的销售策略按照传统的做法：

第一，"先来先服务"，即只要有空房，谁先来订房，就先卖给谁。

第二，"由高到低报价，讨价还价成交"，即从酒店的最高价格——牌价开始报价，然后同客人讨价还价折扣的多少，由高向低逐步妥协，最后根据客人的接受程度和自己的权限以低于牌价的双方都能接受的价格成交。

他按照市场能接受的价格和协议价，在离入住当日5天前，他全部接受了上述旅行社、商务团队、旅游度假散客、政府散客、商务散客的预订。在离入住当日还有4到1天的时候，酒店仅剩下10间房，通过讨价还价，他把这些房间以$175的平均价格出售给过境散客。此后，酒店客房已经全部售出，不能再接受预订。

假设在入住当日，旅游度假团、商务团队、旅游度假散客、政府散客、商务散客各有1间订房没有客人入住。因此，这一天该酒店实际被占用的客房总数为395间，客房出租率为99%，客房总收入为$43 055，平均每间已售客房的价格是$109，平均每间可出售的客房的收入$108（请见表7-3）。

这个结果看上去不错。但是，这是否是最好的结果呢？

表 7-3 A 经理的传统销售策略及结果

	入住天数						
	56~49 日	48~28 日	27~21 日	20~14 日	13~5 日	4~2 日	1~0 日
	旅游度假团	商务团队	旅游度假散客	政府散客	商务散客	过境散客 1	过境散客 2
市场需求房数	150	75	60	15	90	40	30
接受订房数	150	75	60	15	90	10	0
已订房但没有入住的房数	1	1	1	1	1	0	0
客房实际入住数	149	74	59	14	89	10	0
客房价格	$75	$125	$115	$85	$145	$175	$220
客房销售收入	$11175	$9250	$6785	$1190	$12905	$1750	$ -
市场总需求量	$460						
客房实际销售总数	395						
客房销售总收入	$43 055						
客房出租车(Occupancy Rate)	99%						
平均已出租房价(ADR)	$109						
平均可出租客房收入(RevPAR)	$108						

(二)收益管理的策略及结果

假设经理 B 懂得收益管理的原则。通过利用收益管理系统进行分析,他认为客人要入住的那天市场的需求很强,酒店将完全住满。他的任务是预测各细分市场的需求情况,确定本酒店能提供给各细分市场的最多客房数和最佳价格组合,尽量将房间预留给那些能支付高价的市场。具体来说，他认为该日过境散客对客房的需求将超过80间，历史资料证明他们能接受＄200以上的价格。因此，他决定至少预留70间房来卖给这个细分市场。

此外，他还根据去年同日的销售情况算出这次旅游团队最多只能接受110间订房，商务团队最多只能接受60间订房。此外，还算出旅游度假客散客、政府散客和商务散客大概会收到的预订房数，并确[illegible]该预留多少房间给他们。

所以，旅行社要求订150间房，他只[illegible]110间。商务团队要求75间房，他只卖60间。对旅游度假散客、政府散客、商务[illegible]客的订房，他则全部接受。当离入住当日还有4到1天过境散客要求订房时，他[illegible]现本地区竞争对手的房间已经全部售完，所以，他决定不打折，以牌价卖掉了4[illegible]间房。

在入住当日和前一天，他仅剩下25[illegible]客房。但是他通过研究发现去年同日有7间预订好的房间客人没有入住，所以他[illegible]定至少超额预订5间客房。所以，他再次以牌价卖掉了30间房。因此，他接受[illegible]405间订房。

在入住当日，旅游度假团、商务团队、[illegible]游度假散客、政府散客、商务散客各有1间订房没有客人入住，正好抵消了他超[illegible]预订的部分，所以，该酒店实际被占用的客房总数为400间，客房出租率为100[illegible]，客房总收入为＄51 830，平均每间已售客房的价格为＄130，平均每间可出售的[illegible]房的收入＄130（请见表7－4）。

表7－4　B经理的[illegible]益管理策略及结果

	入住天数						
	56～49日	48～28日	27～2[illegible]	20～14日	13～5日	4～2日	1～0日
	旅游度假团	商务团队	旅游[illegible]假散[illegible]	政府散客	商务散客	过境散客1	过境散客2
市场需求房数	150	75	60	15	90	40	30
接受订房数	110	60	60	15	90	40	30
已订房但没有入住的房数	1	1	1	1	1	0	0
客房实际入住数	109	59	59	14	89	40	30

续表

	入住天数						
	56～49日	48～28日	27～21日	20～14日	13～5日	4～2日	1～0日
	旅游度假团	商务团队	旅游度假散客	政府散客	商务散客	过境散客1	过境散客2
客房价格	$75	$125	$115	$85	$145	$220	$220
客房销售收入	$8175	$7375	$6785	$1190	$12905	$8800	$6600
市场总需求量	460						
客房实际销售总数	400						
客房销售总收入	$51 830						
客房出租车(Occupancy Rate)	100%						
平均已出租房价(ADR)	$130						
平均可出租客房收入(RevPAR)	$130						

由此可见，仅此一天，懂收益管理的经理B比不懂收益管理的经理A多收了$8775。如果该酒店在一年中有140天能售出全部客房，即类似情况出现140次，那么一年中经理B比经理A为酒店多收了$1 228 500。如果该酒店所属的公司拥有10家类似酒店，一年中用不用收益管理，全公司的收入的差异竟高达$12 285 000！由此可见收益管理工作的重要性。

（资料来源：胡质健．收益管理：酒店经营管理的热点与秘密武器．中外酒店，2008－7－10.）

思考与练习

1．对一项服务进行定价的三个主要过程是什么？

2．为什么成本定价对于多数服务企业具有挑战性？作业成本法是如何改进服务成本核算的？

3．为顾客增加净值的关键战略是什么？服务的净值与非现金流支出是怎样联系的？

4．服务市场在什么样的情况下价格竞争会较少？

5．收益管理怎样显著改进收益率？我们怎么样在让消费者觉得没有被欺骗的感觉下，对不同区域制定不同的价格？

6．营销者制订一个有效的定价计划必须回答的七个问题是什么？

实践与训练

实训项目主题：定价和收益管理

实训目的

1．了解酒店定价策略的常见方法

2．了解酒店收益管理定价的应用现状

实训内容与要求

1．实训组织

据教学班级学生人数来确定数个小组，每一小组人数以5～8人为宜，小组中要合理分工。在教师指导下统一认识、统一口径、基本统一判断标准；而后进行酒店选择并分别采集不同的资料和数据，并以小组为单位组织研讨，在充分讨论基础上，形成小组的课题报告。

2．实训要求

综合认识酒店定价策略应用现状：酒店定价的常见方法和应用效果；不同类型、不同地区典型性酒店定价差异及原因。

酒店收益管理定价及其软件的应用；酒店收益管理定价应用现状；酒店是否运用收益管理方法进行定价效果评估与比较分析；酒店收益管理常见软件调研。

成果与检测

通过对各个小组最终形成的课题报告打分来确定小组实训成绩，分学生互评和老师评阅两部分，各占50%，主要从以下几个方面进行考查：1．小组分工的合理性和成员积极性；2．资料准备的充分性，报告书内容的深度和广度，格式的规范性；3．小组汇报表现。

第八章

酒店营销渠道的分析与选择

引 言

在21世纪的今天,人们越来越清楚地认识到技术、人才的重要性;越来越多的CEO开始将企业品牌、企业形象挂在嘴边;却很少有人认识到营销渠道也是企业的无形资产。当小天鹅洗衣机公司营销渠道以高达1.6亿元的价值在合资中占20%的股份时,人们发现了一个崭新的世界:营销渠道的价值。“渠道制胜”时代到来了。

营销渠道有效解决了企业生产的集中性和消费的分散性的矛盾,是连接企业与市场的纽带,是沟通产品与顾客的桥梁。企业生产出来的产品,通过这个桥梁,才能走进市场与顾客见面。没有这个桥梁,也就没有销售。

营销渠道是企业的无形资产。建立营销渠道是企业面临的最重要决策之一。一个企业拥有四通八达的营销网络,就等于拥有了决胜市场的控制权。

产品从生产者手中传递到消费者手中,这是惊险的“一跳”,这“一跳”能否成功,渠道是关键。

教学目标

● 知识目标

了解酒店营销渠道的特点和类型。

掌握酒店营销渠道的概念和类型。

明晰酒店营销渠道管理与控制的主要内容。

● 能力目标

拥有对酒店各营销渠道进行有效评估的能力。

拥有对酒店各营销渠道进行有效控制的能力。

拥有对酒店各营销渠道冲突有效协调的能力。

● 素质目标

具备与酒店中间商谈判的素质。

具备对酒店现有营销渠道进行理论优化的素质。

具备营销渠道开拓创新的素质。

案例导入

携程的另类垄断:以佣金形式赚取利润

携程在与酒店的博弈中保持强势的"秘籍",与国美、永乐压制家电供货商的手段同出一辙——凭借渠道价值,实现渠道垄断。作为一个独特的资源整合者,携程一只手掌控着全国近数十万会员客户,另一只手则控制了全国数千家酒店,逐渐形成了"低价销售—扩大市场规模—更低代理价格—更低价格销售"的循环模式,以佣金形式赚取垄断利润。

你能否接受电话查号信息台114的"特异功能"? 日前记者拨打114查询上海某五星级酒店的电话,接线员立即询问是否需要订房,当得到肯定答复后,电话里随即响起"你好,欢迎致电携程旅行网,预订宾馆请按'1'……"的语音提示。

据有关信息披露,携程旅行网目前已与国内10多个城市的114台联合推出了订房、订票服务,而其竞争对手艺龙网也与全国50个主要商务旅游城市的114"联姻"。此举引来了各大酒店的强烈不满,上海某大型酒店集团高层获悉此事后表示,订房公司的角色应该是个信息、服务平台,所做的工作是信息对接,即把需要的酒店推荐给需要的客人,然后代客人完成预订工作,而不是利用营销手段在酒店门口又设一个"前台",把原先要去酒店直接订房的散客中途拦截,"这样侵犯了酒店的利益,违反了游戏规则"。

互联网订房公司正逐步演变为酒店利润的蚕食者。卢湾区一家五星级酒店的副总经理告诉记者:除了拦截酒店的散客外,携程常常以"最低价协议"为名干涉酒店的客房销售政策;有时还通过对客源的调配,挑动酒店之间的恶性降价竞争,自己坐收渔利。

长此以往,互联网订房公司最终将控制整个中国酒店业,"携程威胁论"在酒店业中开始蔓延。

一、扔不掉的"拐杖"

互联网订房公司最初是以客房销售"拐杖"的面貌出现的。对于酒店经营者而言,由于经营固定成本不可避免,旅游网站以其宽广的覆盖面和便捷的预订方式给酒店提供了一条全新的销售渠道。所以当网站要求以较低的价格代理客房销售时，酒店经营者总是乐呵呵地答应。通过百度搜索携程新闻，记者发现携程的预订网络当初进入一个个旅游或商务城市时，当地的酒店无一例外都是欢欣鼓舞。

上海一位资深酒店管理者告诉记者，“一开始，旅游网站的客房预订量只占酒店客房销售的1%，渐渐地这一比例上升到了5%、10%，乃至20%。当酒店用源源不断的客房把网站喂大之时，酒店本身开始面临一种尴尬的局面：网站订房中心冲击酒店自身的销售系统，酒店自身销售大幅减少”。卢湾区那家五星级酒店的副总经理说：“携程销售的客房数已经接近我们酒店出租率的30%。假如我们的酒店客房规模在200间以内，我一定痛下决心，抛弃这根‘拐杖’。”然而，这家酒店有着600多间客房，一旦退出携程的订房网络，意味着出租率的大滑坡。任何一位酒店经营者都不敢轻言与携程决裂。

正因为这种“敢恨不敢弃”的复杂情绪，酒店与携程之间的关系日趋微妙。一位网名为“炳叔”的商务人士在他的个人博客中写道：“通过携程可以订到便宜的客房，但如今不少酒店已经把携程带来的客户当‘垃圾’对待了，给你的一定是最最差的房间。有的是正对着电梯的房间，开门就漏光；有的是临街最不隔音的房间，一晚上都被大卡车伴奏；还有的房间厕所下水有问题，死活冲不下去……”

二、可怕的渠道垄断

与中国的携程、艺龙相似，在美国也有两家实力强劲的互联网订房公司——Expedia. com和Hotels. com。数据显示，这两个网站在2002年共占去网上酒店预订60%的市场份额，坐享高达30%的利润率。由于互联网订房公司的存在，美国酒店业一年要损失10多亿美元，被酒店业内称为“两台提款机”。

这还仅仅是个开端。一位资深酒店业人士预言，零售业渠道垄断的赢利模式将被这些互联网订房公司学习，佣金势必不能满足它们的胃口。现在大多互联网订房公司虽然都采用消费者到酒店前台付账方式，但随着越来越多的人接受网上支付手段，他们会从“经纪”转向“行纪”，通过延期数月支付上游酒店房款，使得其账面上长期存有大量现金，并形成资金体内循环的“类金融”赢利模式。更令人担忧的是，互联网只认“第一”的特性，使其更容易实现寡头垄断，互联网订房公司早晚也会向酒店收取“进场费”、“促销费”、“管理费”等各种名目繁多的费用。

据了解，近几年来，为了遏制互联网订房公司的垄断趋势，美国酒店业内掀起了一个个阻止订房网站的高潮。最初是各酒店集团纷纷建设自己的网站，但它们随即发现，多数消费者都喜欢货比三家，“专卖店”拼不过“大卖场”。随即，万豪国际、希尔顿、凯悦等五大连锁酒店管理集团联合起来建立行业网站——Travelweb. com，并挂出最优惠的销售价格，目标直指Expedia. com和Hotels. com。

三、中国酒店业对策

携程2005年财务年报显示，总营收为5.212亿元人民币，相较2004财年增长了56%;净利润为2.242亿元人民币,相较2004财年增长了68.4%。纳斯达克给予携程的市盈率高达50倍,比号称“中国互联网第一”的网易的市盈率高出20倍。2010年4月,携程的市值更是达到15亿美元,已高过新浪、搜狐和盛大。

虽然携程高层一再宣称“将订房的毛利控制在较低水平,绝不至于瓜分酒店业太多的利润,更不会试图控制酒店业”,但它这种超常规发展速度,已足以让中国酒店业担忧。

相比美国同行,中国酒店业是弱小的,集团化比例不到10%,即使是那些颇具规模的品牌酒店集团,也还没有自己的订房网络。这种状况使得大量集团内的酒店和其他单体酒店一样,需要依赖于互联网订房公司的客源。上海一家酒店集团的高层慨叹:“近30%的客房出租率,是我们自己送给携程的。”从另一侧面,这也可以解释为何纳斯达克看好携程。

出现寡头垄断,无论是对于市场还是消费者,都不是一件好事。面对迅速发展中的互联网订房公司,中国酒店业如何应对?记者了解到,国内最大的酒店集团锦江国际已经和美国德尔公司共同开发具有国际先进理念和高端技术的酒店分销网络。但有关专家认为,酒店集团除了提升自身的客房销售能力外,还应该拓展多元化的销售渠道。全球连锁的瑞士酒店自身的预订系统非常完善,但同时仍与80多家酒店预订网站和旅行社合作。对于相对弱小的中国酒店业而言,更应该综合运用自身网络、订房网站、旅行社等多重销售方式,并变被动为主动,平衡各种销售渠道之间的比重,切忌“在一棵树上吊死”。

(资料来源:陶健.解放日报,http://finance.qq.com/a/20100412/004077.htm.)

思考:你是如何看待“携程”的?通过上文的了解,你对“渠道制胜”是怎么理解的?

第一节　营销渠道与酒店营销渠道

一、营销渠道理论

(一)营销渠道的概念

人走路,需要人行道;汽车行驶,需要车行道;火车行驶,需要铁道;飞机飞行,需要航线。同样,产品要从生产者手中到达消费者手中,也需要“道”,在营销中称之为“营销渠道”,如图8-1所示。

营销渠道就是商品从生产者手中传递到消费者手中所经过的各中间环节联结起来的通道。

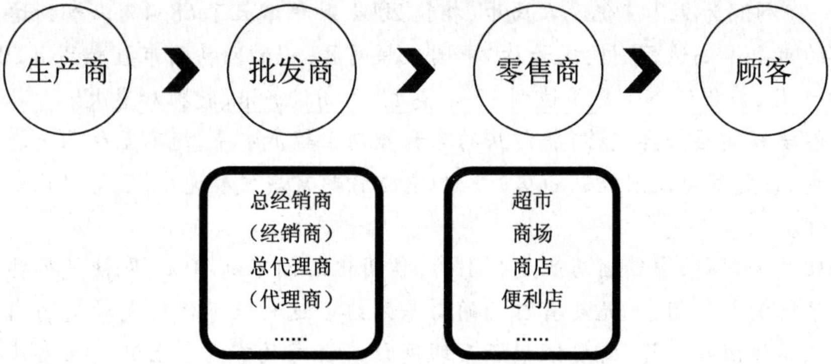

图8－1 商品销售渠道模式图

高效的营销渠道是商品有力的“双腿”，帮助产品“走”到消费者的身边，这“双腿”对每个企业来讲，举足轻重。一般来讲，营销渠道的起点是产品的生产者，终点是顾客或用户，中间是各类中间商，还有一些相关的辅助商（市场调研机构、运输企业、广告代理）促进其流通，如图8－2所示。

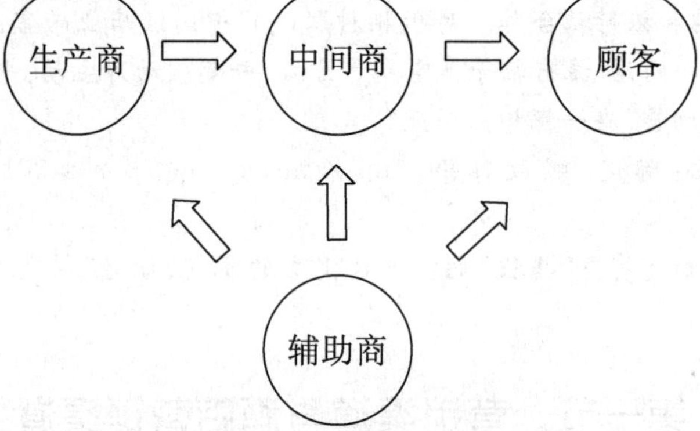

图8－2 营销渠道关系图

（二）营销渠道的功能

营销渠道的功能，主要体现在：充分发挥渠道成员的职能，降低复杂程度，提高经济效益，专业化。

1. 充分发挥渠道成员的职能

营销渠道成员的职能主要包括销售、购买、运输、储存、融资、标准化、风险承担和市场信息处理。所有这些活动都必须利用渠道并实际存在于渠道中。

2. 降低复杂程度,提高经济效益

营销渠道可以减少所有权转移的复杂程度,提高经济效益。

3. 专业化,降低成本

复杂的运作过程要高度地专业化,专业化公司通过规模经济有效降低成本,从而使整个渠道运作成本得到明显降低。

拓展知识

中间商的经济效果

中间商是处于分销渠道各个环节上密切联系的中介机构,在关系视角下,分销渠道是一系列中间商组成的营销关系。正是有中间商的存在,制造商的分销渠道才能建立起来,否则,制造商只能靠自己将产品直接出售给消费者。那么将大大增加制造商的营销成本。并且对整个市场体系来说,产品交易次数会很多。总市场交易成本会很高。然而,通过中间商为制造商销售和转移商品,则会大大减少市场交易的次数,降低市场交易成本,提高经济效益。如图 8－3 所示,假设市场中有 3 个制造商和 3 个消费者,如果不使用中间商,3 个制造商将各自直接与 3 个消费者展开交易。那么市场中发生的交易总次数为 9 次。而当使用了中间商之后,制造商和消费者都与中间商展开交易,市场中的交易总次数减少为 6 次。由此可见,中间商减少了市场中原本必须进行的交易次数,提高了市场的经济效益。

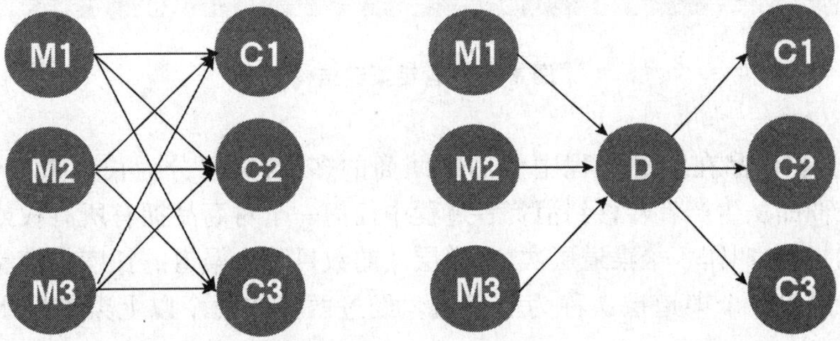

A 联系次数:$M \times C = 3 \times 3 = 9$　　B 联系次数:$M + C = 3 + 3 = 6$

M:制造商　C:消费者　D:经销商

图 8－3　中间商的经济效果

(资料来源:菲利普·科特勒,凯文·莱恩·凯特.营销管理.上海人民出版社,2006.)

（三）营销渠道的类型

分销渠道存在一定的差异，可以按照一定的标准进行分类。分销渠道也是不断发展变化的。

(1)根据商品从生产者到消费者（用户）的流通进程中是否有中间商参加，可分为直接分销渠道和间接分销渠道。直接分销渠道是指产品从制造商流向最终用户的过程中不经过任何中间商，也称零级渠道。间接分销渠道又分为一级渠道、二级渠道、三级渠道和多级渠道。主要结构如图 8－4 所示。

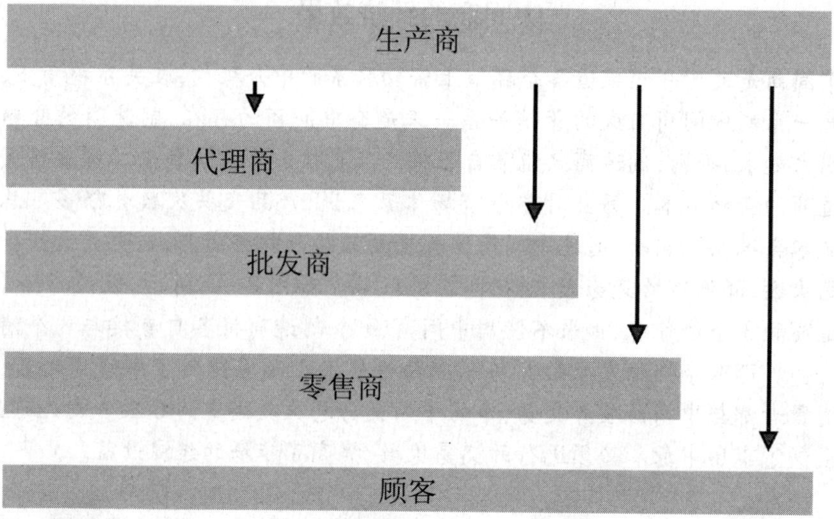

图 8－4　营销渠道结构

(2)根据商品在流通过程中使用中间商的多少，又可分为长渠道和短渠道。我们把在商品从生产者转移到消费者过程中任何一个对商品拥有所有权或负责推销责任的机构，叫作一个渠道层次，渠道层次的数目称为渠道的长度。商品在流通过程中只经过一个渠道层次称为短渠道。经过两个或两个以上渠道层次称为长渠道。

(3)根据渠道中每个层次同类中间商的多少，又可分为宽渠道和窄渠道。宽渠道是指制造商通过尽量多的批发商或零售商在广泛的市场上销售产品，渠道覆盖率较高。分销渠道的每个层次使用同种类中间商数目的多少称为分销渠道的宽度。它与企业的分销策略密切相关，而企业的分销策略通常有三种，即密集分销、选择分销和独家分销。

案例分享

长尾猴、斑马和狮子的故事

长尾猴和斑马一起合作狩猎。长尾猴爬得高望得远,容易发现目标。斑马跑得快,能够及时捕获猎物。有一天,斑马和长尾猴闹了别扭,于是愤愤不平地想:"猴子这家伙太狡猾了,专门挑轻巧的活儿干,却总是让我卖苦力。"

斑马离开了长尾猴,去找狮子做搭档。斑马认为,他们可以一起奔跑,谁也不会偷懒。没想到,有了收获以后,狮子把猎物分成了三份,对他说:"因为我是万兽之王,所以要第一份;我帮你狩猎,所以我要第二份;如果你还不快逃走,第三份就会成为使你丧命的原因。"这个寓言说明:选择跟谁合作是一个关系到生死存亡的大问题,中间商的选择也是如此。

(资料来源:雅瑟.小故事大道理.北京:海潮出版社,2005.)

二、酒店营销渠道

(一)酒店营销渠道概念

酒店营销渠道就是指将酒店产品和服务销售给最终消费者(公司、机构或个人)的各中间环节联结起来的通道。

它可以是一个环节,也可以是多个环节。换句话说,酒店营销渠道就是帮助酒店销售客房、餐饮等各种服务的中间商。这些中间商通过大量买入、加价售出或收取销售佣金的方式维持生存。对于顾客来说,销售渠道为顾客节省了时间、精力,有时还可以节省金钱。

(二)酒店营销渠道模式

酒店营销渠道中,根据到达最终消费者所经历的环节,可分为两种主要模式:直接营销渠道与间接营销渠道。

直接营销渠道是指酒店产品直接由酒店销售给最终消费者的营销方式,中间不经过任何中间环节。这是一种传统的营销方式。如酒店派人直接到机场、车站、码头招徕客人,或者客人直接找到酒店来登记住宿或餐厅就餐。有的也把酒店的预订系统(会员制)归为直接销售渠道,这些酒店在各大城市设立预售处销售酒店产品。直接营销渠道一般适宜于散客,尤其是商务旅游者。采用直接销售渠道,由于没有其他成分介入,所以没有层次环节之别,结构单一,成本较低,便于统一控制和管理。

间接销售渠道是指酒店将产品和服务销售给顾客过程中经过了一个或几个中间商环节。根据中间商环节的多少,间接营销渠道又可分成三种形式,见表 8－1 所示。

表 8－1　酒店营销渠道模式

直接营销渠道	零层渠道	酒店→最终消费者
间接营销渠道	一层渠道	酒店→旅游代理商(如网络订房公司)→最终消费者
		酒店→旅游经销商→最终消费者
	二层渠道	酒店→旅游经销商→旅游代理商→最终消费者
	三层渠道	酒店→旅游批发商→旅游经销商→旅游代理商→最终消费者

各酒店利用渠道成员的数目一般视酒店期望的市场范围的大小而定。间接销售渠道一般适宜于组团的团体游客,它要求酒店与各中间商之间建立良好的合作关系,实现饭店产品的销售。间接销售渠道层次多样,结构较为复杂,管理控制有一定难度。

(三)酒店营销渠道类型

1. 传统直销渠道

利用本地优势,依托旅行社,与酒店周边 3 公里内的公司签协议,利用地缘优势,可以帮酒店保证稳定的客流。但是局限性大,无法获得长远发展,对自己周边以外的客源则完全无法把握。不过近年来,已经有网站利用网络营销平台,搭建起旅行社与酒店的远距离沟通桥梁,比如业内知名的同程推出的“中房信”分销系统,以及针对商旅客户的“差旅宝”。

2. 以携程、艺龙为代表的在线网络订房企业

这些在线旅游企业依靠庞大的呼叫中心＋发卡模式,垄断了国内酒店 30% 左右的房量,已经引起了国内酒店业者的普遍担忧。

3. 搭建自己的中央预订系统,建立酒店直销网站

这一渠道成本较高,目前已开始逐渐在国内相当多的大型连锁酒店集团普及,比如金陵饭店。金陵的全球分销系统建设初期就遇到资金的问题,国内没有先例,国外软件公司的系统过于昂贵。最终,金陵采取合作研发的模式构建分销平台,于 2005 年成功上线,并在当年年底覆盖了当时金陵旗下的所有酒店。

4. 借助大型分销平台

自己中央预订系统这种模式成本太高,单体酒店是无法克隆的,也是国内众多的三星级以下酒店所无法承受的。对中国绝大多数酒店而言,也许一个基于全国乃至全球的中立的分销平台进行无缝对接,共享资源,共享利益,共担风险,这种模

式,国外有四大 GDS,国内则有同程中房信、锦江德尔等分销平台。

以同程中房信为例,酒店本地的网站与该系统无缝对接后,就可以直接与国内数千家旅行社和订房中心签订合作协议,并可以为客人的下一站旅程预订国内的其他 4000 家酒店。将系统与更多的渠道对接,形成真正的分销体系。

第二节　酒店营销渠道管理

案例导入

后携程时代的酒店多渠道管理

酒店的营销渠道,历来被公认为酒店经营中最难的一个环节。在携程 CEO 梁建章尚不知旅游为何物时,中国绝大多数的酒店的营销渠道非常传统,要么设置路口广告、要么与 3 公里内的公司签协议、要么依托旅行社、要么建立呼叫中心。连锁酒店还可以靠规模优势,单体酒店则无法获得共享资源。单体酒店营销渠道拓展投入巨大,收效甚微。

携程的出现,改变了中国酒店业的营销渠道。作为一个独特的资源整合者,携程一只手掌控着全国数十万会员客户,另一只手则控制了全国数千家酒店,逐渐形成了"低价销售—扩大市场规模—更低代理价格—更低价格销售"的循环模式,以佣金形式赚取垄断利润。高昂的成本,推高了佣金,但酒店却是"敢怒不敢言"。因为对于他们中的绝大多数而言,高达 30% 的酒店客源均来自携程这一单一渠道的事实,让携程已成了他们想扔却无法放下的拐杖,而究其原因,只有两个字:实力!

相对携程,中国酒店业无疑是弱小的一方,集团化比例不到 10%,即使是那些颇具规模的品牌酒店集团,也还没有完全建立起自己过硬的订房网络。这种状况使得大量集团内的酒店和其他单体酒店一样,需要依赖于互联网订房公司的客源。上海一家酒店集团的高层慨叹:"近 30% 的客房出租率,是我们自己送给携程的。"

出现寡头垄断,无论是对于市场还是消费者,都不是一件好事。面对迅速发展中的互联网订房公司,中国酒店业如何应对?有关专家认为,酒店集团除了提升自身的客房销售能力外,还应该拓展多元化的销售渠道。全球连锁的瑞士酒店其预订系统非常完善,但同时仍与 80 多家酒店预订网站和旅行社合作,而国内许多酒店则明显忽视了这方面的渠道建设。

2007 年 7 月,全球酒店业的权威杂志《HOTELS》发布了全球酒店业 300 强的

2007 年度排行榜，南京金陵连锁酒店以 10 318 间客房、43 家酒店名列第 73 位，跻身全球酒店业 100 强。

金陵饭店辉煌的背后，并没有号称中国酒店业第一渠道商——携程的身影。而事实上，早在 2007 年年初，金陵就与携程结束了合作关系，当时，曾引得国内酒店业一片哗然。"国内酒店管理集团只有金陵一家敢跟携程脱离关系。"金陵饭店股份公司首席信息官朱明生笑着说。朱明生的底气，源于多渠道合作和管理后旗下各酒店客源结构的改变。

与国内一些酒店高达 30% 的客源来自携程或艺龙等渠道商不同，金陵饭店通过 IT 平台整合了多种订房渠道，冲淡了"一家独大"的渠道格局。"等明年我们针对中小订房渠道的电子商务网站发展起来，金陵的渠道结构会更健康，任何一家渠道商的退出都不会对我们的业务造成影响。"

多渠道的合作和管理是金陵饭店提高收益的显著方式。金陵饭店的例子给了国内其他酒店业者以启示，永远别把鸡蛋放进同一个篮子里，那么，酒店该去哪找适合自己的其他篮子呢？又怎么保证换了的篮子一定合自己的手呢？

渠道管理是指对不同订房渠道实现及时有效的管理。如 GDS、酒店订房中心、携程、艺龙，旅游批发商、公司直接订房、上门无协议散客等。当一家酒店拥有 3 种以上的渠道时，渠道管理的重要性就体现了出来。而这其中最关键的，就是酒店的价格控制。

酒店要想对渠道实现有效的管理，必须作好所有渠道信息、准确、全面，最重要的是做到同一批订单，如通过不同渠道预订其价格应该一致，而不一致让客户对价格等信息感到混乱失去对酒店的信心。如酒店上门无协议散客的房价应与订房中心的正常客户销售价一致，而不是给某个订房渠道特殊价格人为地造成某个订房渠道订房量上升（使终端住店客人从其他渠道转入该订房渠道）。

那么，对于拥有多种渠道的酒店来说，如何制定良好的定价策略呢？通常首先确定一个市场能接受的无预订客人的价格（不含早餐的房价作为基础价也作为柜台价），然后根据不同的细分市场和不同预订方式制定相应价格。其原则根据各酒店集团的要求不尽相同，应根据酒店自身的定位、产品优劣以及市场的接受程度和顾客对价格的不同敏感度作相应定价。

而在多种渠道并行，多种价格变动复杂的同时，要确保酒店价格转化良好，避免出现价格的互串，这需要酒店的相关管理系统具有极强的联动性和可操作性。以同程中房信系统为例，对于接入中房信的全国近千家旅行社和中小订房网，酒店房价变动，只要酒店登录中房信系统后台修改后，全国 500 家旅行社和中小订房网上的房价可实现自动实时更新。

而对于没有接入中房信的其他订房网和酒店机构客户，签约企业，中房信则提供客户管理功能，可以针对旅行社、签约企业、其他订房网进行短信和传真群发，降低酒店营销和渠道管理成本。避免价格出错，而只有这样，才能保证多渠道模式下酒店的效益的稳步提高。

金陵饭店对携程说不，给了国内酒店业者不小的反思。对于相对弱小的中国酒店业而言，更应该综合运用自身网络、订房网站、旅行社等多重销售渠道，变被动为主动，平衡各种销售渠道之间的比重，切忌“在一棵树上吊死”。

（资料来源：李妍. 搜狐旅游. http://travel. sohu. com/20071126/n253472381. shtml.）

思考：你是如何看待金陵饭店集团与携程终止合作的？从营销渠道管理角度，你是怎么理解“永远别把鸡蛋放进同一个篮子里”的？

一、渠道的选择

酒店销售渠道管理从构成渠道的中间商的选择开始。酒店在销售渠道的设计、中间商的选择上，必须把销售渠道当作自己手脚的延伸。不能有效管理的渠道一定不要，管理就是发挥酒店与中间商的各自所长，使双方为了共同的利益朝着一个目标努力。

中间商的选择有以下三个步骤。

1. 确定选择标准

选择的标准包括中间商的规模、财务状况、商业信誉、市场范围等。

2. 寻找合适的中间商

根据这些标准寻找被选中间商。可以通过公开招标的形式广泛地与有意加入者进行接触、了解。

3. 谈判签约确定中间商

通过实际接触、谈判，最终确定成为酒店销售渠道的中间商。

案例分享

双星就这样离开河南的舞台？

有88年历史的民族品牌——双星集团正面临着一场决裂危机。

继2008年西南双星、济南双星代理分销商“倒戈”之后，目前，河南双星也加入了这场“决裂”大合唱。

进入2009年5月，仿佛一夜之间，郑州街头的双星专卖店突然摇身变为“运动之星”。安阳、鹤壁、荥阳等地的“运动之星”新店扩张潮也在有计划地上演。

而这一切源于双星集团旗下双星名人有限公司(以下简称双星名人)私有化改制后而引发的“51%控股权”和“断货”危机。

面对潮涌不断的决裂风波,双星集团以在河南设立直控分公司为平台,开始了其反攻平叛的“河南救赎”。

一、“决裂”进行曲

同样的店铺、装修风格,店名却从“双星”换面成“运动之星”。不少前去光顾双星的老主顾们有点蒙了:双星到底怎么了?

走进运动之星的任一家门店,如不细看,内部所有布局几乎和原来无异。店内促销台和展架上,还依然有双星品牌,与其混杂一起叫卖的更多是新牌子“舒美捷”。

在郑州西大街的一家运动之星店里,一名售货员告诉记者,“舒美捷”是双星的升级品。而航海路店的一名销售员工则表示,“双星已经没了,全国都换成了运动之星”。

双星集团总部市场部一位李女士回应电话采访称:“双星还是原来的双星,没什么升级产品。只是郑州的代理商现在不做双星了,其所控制下的原双星直营店改了名。”

说到运动之星店员的不实误导,李女士很气愤地说:“我们已在报纸上刊登了严正声明,如果这种诋毁双星、误导消费者、打擦边球的做法继续存在,我们不排除运用法律手段解决。”

2009年5月5日,记者来到了位于航海东路的郑州运动之家有限公司(系运动之星品牌的实控者)的加盟中心。

企划部负责人刘向阳告诉记者,“从2月开始,双星集团就开始对河南断货了”。

在刘向阳看来,为摆脱双星的“断货”危机和自主发展公司的新品牌,“运动之星”的诞生既是无奈也是必然。“毕竟它能保证数量和新款式的供应。”

而对于质疑其借“双星”搭售“舒美捷”和双星集团的严正声明,刘向阳表示无奈,“这我们也没办法,可能是下面的店员为了销售这样说”。

他表示,“现在卖的双星都是原来的尾货,他们又不给退,我们只能把原库存处理掉,完了就不会再卖双星了”。

刘向阳称,运动之家公司旗下的原100多家双星直营店换面“运动之星”的工作马上完毕。届时,这些几乎覆盖郑州三环内所有重要位置的店面将与双星完全脱离干系,而包括安阳、鹤壁、荥阳等地市在内的“变身”潮也在计划中上演。

二、“分手”幕后

“真正是富了和尚穷了庙!”5月4日,作为总公司派驻河南并负责运营新成立的河南双星名人商贸有限公司（下称河南双星）的副总经理赵守国接受记者采访时语出惊人。

由于各地省级代理商可以从双星名人拿到渠道底价，可以在自己市场范围内享有定价权，赵守国不无感慨地说，“不少双星代理商通过代理都成了富翁，但双星集团却获利很少。所以，改革，刻不容缓！”

话题还要从双星名人的私有化说起。

2006年，集团负责人汪海从双星集团剥离出鞋服业务，成立了主要由他实控的关联企业——双星名人公司，来专做鞋服业务。

此后，双星名人提出要在各地省级代理商的股权中占有51%的股权，否则断货。

“双星名人的改革降低了省级代理商的利润和定价权！”赵守国一句话解释了分手原因。“当然，我们是也尝试通过51%股权控制各省区域，目的是为了实现公司集约化、品牌化的统一管理，但实际上根本就没执行过。”

其实，51%股权之争被认为是双方决裂导火索的说法，在坊间早已流传。

由于拒绝被双星名人控股51%，经过一段时间的“断货”风波后，去年，西南双星、济南双星与双星名人双方终于分道扬镳。

郑州也同样遭遇着类似的控股话语权之争。因此，自去年年初至今河南双星也饱受“断货”的煎熬。

虽然，对于双星名人要控股郑州分公司51%股权的传言，赵守国极力予以否认。而刘向阳也表示这并非主因。但是，一直以来，双星名人面临着各区域经销商“单打独斗，各自为政，利用双星资源经营自己品牌”的问题。而重整市场资源、改制营销渠道，是双星亟待解决的难题。

其实，在河南双星“倒戈”前，郑州的双星专卖店可分成两类：一种是原郑州分公司直控的直营店，另一种是加盟店。“倒戈”之后，直营店纷纷变身“运动之星”，而大部分在市中心外的加盟店选择继续经营双星。

“目前郑州还有40～50家加盟店是跟着双星干。”赵守国说。而刘向阳则认为“没有那么多”。

在终端为王的商业背景下，靠控股和“断货”手段来实施品牌的市场渠道改制显然激化了双方的矛盾。专业人士认为，而这些网点的剥离，对双星集团的销售业绩和形象将会造成一定的影响。

三、“救赎”河南

面对潮涌不断的决裂危机，双星集团以在河南设立直控分公司为平台，开始了其反攻“平叛”的河南救赎。

“我们领的是工资，只负责运营。”赵守国透露。“新物流公司更像一个分拣中心。所有货都运到这里,然后我们再对加盟店进行分拣和直供,同时掌控河南区域的产品定价权。”

为了重建渠道,保障河南区的产品供应,解除对郑州公司河南区域的授权后,双星集团在河南的新物流平台已于两个月前在郑悄然落成。

5月4日,记者前往河南双星物流公司进行探访。还没到河南双星,就远远望见厂房上端红底白字标注的“双星名人,潇洒一生,加盟双星,走上百万富翁流水线”的大宣传招牌。

记者在公司门卫的登记表上发现,有不少“加盟双星”的来访登记。一位进货的加盟商告诉记者,他是原郑州公司的加盟店,现已投奔双星。“直接从这儿进退货比以前方便。”

“双星在河南不会消失。”赵守国满怀自信地说,“目前河南省只有郑州出现大范围倒戈,其他地市大都在双星的控制中。”

已在双星工作40年的郑全海因10年的河南工作经验也被公司从总部空降至河南市场。“我们正在布局重返郑州市区,计划在年底再开100家加盟店。现在郑州已建好4个店,建设中的19家,有意向的百余家。”

他认为,现在集团力推的加盟店模式,实现了物流平台与加盟店的直接对接,跳过了各地区的代理商,这样代理商不能再控制区域定价权和各加盟店,从而寻求最大化利润。

建立新的物流平台,重招加盟商——成了双星重返河南的一套组合拳。

另一边,运动之星也没闲着。除了已经控制郑州中心区的100余家店铺外,“五一”期间郑州及周边地区又有16家专卖店开业。

面对双星的反击,刘向阳也信心满怀,“现在我们除经营好现有的门店,主要任务是建店,计划在全省200家的基础上年底扩张到500家以上,并在明年进军全国”。

“随后,我们会有一系列的动作,除了加快开设直营店的速度,也会鼓励加盟店。公司会在选址、供货等一系列政策上给予优惠。并通过平面广告等一系列动作加强自有品牌的建设。”刘向阳说。

显然,失去双星品牌优势的“运动之星”也感受到了竞争压力。“近段时间的频频疯狂打折就是表现。”赵守国猜测说。

从鼓励厂里“自己人”去各省运营双星专门店到不断出现代理商的“倒戈”,再到如今的平叛和救赎,对于双星“名人实业”而言,失去的不仅是各省区域已有的成熟销售网络。

“双星河南市场很快就能恢复。”不少加盟商对双星河南救赎直抒信念。尽管,这还有待定论。

四、记者手记：双星后遗症——拉锯战式的内耗

在采访期间，我一直在思索一个问题：是什么让双星走到这一步？

说到底，双星内战就是品牌商与代理商之间利益矛盾不可调和的产物。

作为一个发展了那么长时间的民族品牌，在面对国外品牌阿迪达斯、耐克的包剿和国内品牌李宁及一批新生品牌的挑战，双星却还在瓜分自家的那点少得可怜的利润。

说实话，双星的确需要改革。现在的双星走的基本上是中低端路线，市场基本上都是在国内二三线城市，产品的利润并不高。不论是鞋服款式的研发还是品牌的推广，都显得有些力不从心。

但改革需要看市场行情，需要调节矛盾，否则，一不小心就变成了革命。

就像一位企业管理顾问所说，“一开始就定好规则，划定权限，从组织上进行权限的管控，避免形成缺少统一管理的独立王国”，同时“加强团队沟通，及时处理问题，避免因价值观出现分歧而导致分崩离析”。

长远发展与眼前利益、整体利益与局部利益、内部矛盾与外部矛盾……面对这些，理性沟通与顾全大局是很需要的，甚至必要的退让都是明智的。

如今，双星和运动之星已经在河南全省范围内展开全面竞争了，双方也都投入了很多资金去重新建立。

也许双星还能重新站起来，也许运动之星也会壮大起来，但在他们拉锯战式的内耗中，在他们小心翼翼的重建过程中，在他们舔舐伤口逐渐痊愈中，很多新的竞争对手已经远远地把他们甩在了后面。

他们忘了两点：第一点，成本是最需要考虑的。第二点，问题是需要解决的，不是用来制造另一个更棘手的问题的。所以，赌博或赌气都是不合算的。

（资料来源：中寰创世. http://www.zhcssy.com/zhal.php.）

思考：双星河南经销商为何集体倒戈？如何避免类似情况的发生？

二、渠道的评估

为了更有效地发挥销售渠道的作用，以下指标对评价中间商有重要意义：

（1）中间商为酒店销售的量的大小。具体分为两个指标，一个是售出间/夜的数量，另一个是总的销售额。

（2）各分市场的具体背景情况。有的中间商占据的分市场是酒店的传统市场，因此可以很容易地获得较大的销售量；有的中间商是在开拓酒店新的客源市场，在同样努力的条件下，就无法完成同样的销售量。

(3)销售成本。酒店为了维持某个销售渠道所支付的成本的多少。这里成本不但是指金钱费用方面的成本,同时还包括除金钱以外的成本,如时间、精力等。

(4)中间商是否严格遵守酒店的渠道政策、程序与合约。

(5)中间商的桥梁作用。首先,中间商是否在努力了解酒店设施、服务的各种特点,并把这些特点努力与其客户需求结合起来;其次,中间商是否能够迅速地捕捉市场变化情况并及时反馈给酒店。

(6)中间商是否利用其优势努力宣传酒店的服务。

(7)中间商的市场适应能力、外拓能力与帮助酒店服务创新的能力。

(8)中间商协调、维护酒店与顾客之间的关系能力。如协助酒店处理投诉的能力。

三、渠道控制

传统的销售渠道是把产品供应商、批发商和零售商松散地结合在一起。每个渠道成员都试图达到自己的目的而很少考虑整个渠道的运行状况。所以,经常会发生渠道成员各自为政,发生利益冲突,尤其是破坏酒店的经营战略,从而造成渠道混乱。实践证明,渠道控制与管理是维持渠道成功运转的必要手段。实施渠道控制与管理,使每个渠道成员都认识到,大家是个利益共同体,利润都来自最终市场,渠道控制与管理会对每个渠道成员的获利产生积极的影响,从而减少和消除中间商没完没了向酒店"争"利益的现象。对酒店来说,通过渠道控制与管理可以及时发现渠道运营的效率低下并及时纠正。

渠道控制与管理策划的主要内容有:

(一)规定渠道成员的权利与义务

1. 中间商的权利

(1)房量保证;

(2)服务质量保证;

(3)退订保证;

(4)价格折扣;

(5)设备支持;

(6)促销协助。

2. 中间商的义务

(1)应提供反馈信息资料的义务;

(2)执行价格的义务;

(3)服务水平保证的义务。

（二）对渠道成员的考评

为确保营销渠道的高效运转，酒店应定期对营销渠道成员进行绩效考评。如果某一渠道成员的绩效很好，酒店应给予物质或精神激励；若渠道成员的绩效低于既定标准，酒店营销应找出导致绩效低的原因，同时考虑可能的补救办法。如果是由于经销商缺乏应有的职业道德，或不愿主动适应新市场，不思进取，又或是不能紧跟企业步伐，缺乏长期合作意愿。酒店应对渠道成员进行必要的调整、更换，以保证整个营销渠道系统的运转效率越来越高。需要注意的是，渠道成员的调整是一项“伤筋动骨”的大手术，酒店要慎重决策，以免挫伤其他渠道成员的积极性。中间商评价主要从以下几个方面：

(1)中间商的销售量的完成情况；

(2)中间商预订取消率；

(3)中间商的价格折扣率的高低；

(4)中间商执行促销计划的情况；

(5)中间商执行价格政策的情况；

(6)中间商执行服务措施情况；

(7)中间商的回款率(付款方式)。

（三）渠道成员的激励

渠道成员并不认为自己是酒店雇用的一条供应链中的一员。他们首先是客户的采购代理商，其次才是酒店的销售代理商，它关心的是销售客户需要的酒店产品。可见，酒店和渠道成员的关系不是上令下行的关系，维系相互之间关系的纽带是对利益的追求。因此，对酒店而言，为使整个系统高效运转，渠道管理中很重要的一部分就是不断增强维系双方关系的利益纽带。针对渠道成员的需求，持续提供激励，激发他们推广产品的热情，提高服务水平，保证不仅让顾客购买酒店产品而且乐于购买。

对渠道成员的激励方式分为直接和间接激励。直接激励是指通过给予物质或金钱来肯定渠道成员在销量和市场规范操作方面的成绩。间接激励是指通过帮助渠道成员提高服务水平、提高销售效率和效果来扩大其利益，从而激发他们的积极性。

实际上，酒店对于中间商的控制力是有限的与困难的。其理由是显而易见的，在酒店供大于求的情况下，酒店必然求助中间商的力量扩大客源市场，占优势地位的中间商为了自身利益往往会向酒店压低价格，并想尽量自由控制酒店的房量。比如说，旅行社就希望在旅游旺季手中的房量多一些，而淡季则希望尽量少一些。酒店面临着要么给予中间商以较低的房价、要么放弃这部分客源的两难境地。面对这种局面，酒店可以在强化直销能力的基础上，选定少数几家中间商建立长期全面联盟关系。例如,提供必要的资金支持,帮助中间商进行广告促销,共同设计酒店服务,共同开拓市场等,同时要求中间商保证酒店客源数量与销售收入。

四、渠道冲突

案例导入

携程再遭垄断指责:一场误会引发的"封杀"

继格林豪泰之后,又一家企业将矛头公开指向了携程。作为上海世博会唯一的订房业务承办方,汇通天下指责携程"干扰"了世博会酒店业的价格体系。此时,距离2010年上海世博会召开已不足一个月。

2010年4月5日,包括《中国经营报》记者在内的多家媒体同时收到来自汇通天下的《致媒体公开信》。汇通天下在信中公开指责酒店预订服务商携程通过垄断地位阻挠同行和酒店为世博参观者提供优惠房价。

对于汇通天下的突然发难,携程方面很快作出回应,称此事完全是出于一场误会,并表示不愿意再与对方做无谓的口水之争。分析人士指出,这背后,其实是一场行业新秀与业界霸主之间的利益之争,这在行业里非第一例,也绝非最后一次。

一、促销活动遭"封杀"

4月7日下午,汇通天下总裁兼首席执行官张滇把他刚刚收到的一条手机短信读给《中国经营报》记者听。这是上海一家酒店的高级销售经理发过来的,内容是"鉴于压力,订单暂不做确认标志"。

而上述上海酒店销售经理短信所指,是汇通天下在4月1日起举办的"世博开盘价"活动。当时汇通天下联合上海43家酒店,拿出800多间特价客房进行促销。世博会的网络赞助商腾讯网下的QQ会员世博特权频道也参与到这个活动中。

张滇表示,酒店的促销信息刚刚在网络上发布,就遭到了来自携程的强大压力。4月1日,又有28家参加活动的酒店被携程关闭了5月份的房态,这也意味着这些酒店5月起不能在携程售卖客房了。4月2日,上述酒店的4月份房态也被关闭。

一位参加活动的酒店方销售经理在4月1日下午两点即发邮件给汇通天下说,由于酒店参加上述促销活动涉及了携程的价格倒挂,已经被携程关闭了5月份的房态,迫于压力,他们决定退出"世博开盘价"这个活动。

随后,又陆续有酒店退出上述促销活动,截至4月7日上午,总共有7家酒店明确发函通知汇通天下退出活动,这让张滇感到有些措手不及。他在给投资方汇报此事后,投资方也倍感恼怒,这让张滇下定决心站出来"讨一个公道"。

据称，该公司已经将此事举报至世博局及上海旅游局等主管部门，但暂不考虑走法律途径，称“毕竟市场的事情要通过市场的手段解决”。

二、毕其功于一役

汇通天下是一家基于B2B模式的酒店预订服务商，2005年初创时，德尔集团与中国最大的酒店集团锦江集团各占有其50%的股份。2007年年末，这家成立不足3年的公司击败携程，取得了2010年上海世博会订房业务的承办资格。

而它此时“发飙”应该与其经营压力颇有关系。张滇对记者表示，2010年，公司的业绩目标是去年全年业绩的三倍，其中一倍将直接来源于世博会。

而其不惜代价地拿下世博会订房业务承办资格，不仅是看中世博会对其业绩的帮助，更是希望通过承办世博会订房业务扩大自己在业界的影响力。汇通天下及其投资方曾多次表示，“世博会将是汇通天下的关键一役”。

但无论是短期的世博会还是其长期的发展，汇通天下最大的竞争对手无疑是行业霸主携程。尽管携程一直对外表示，自己的市场份额只占2%～3%，远称不上垄断。但业界普遍认为，从散客或自助行的角度来看，携程已经至少占有了50%的市场份额。

这也成为汇通天下“反击”携程的另一大论据。张滇表示，携程利用其行业垄断地位作出的相关“最低价”承诺，以及对“价格倒挂”现象的打击，表面上看从携程预订客房的消费者得到一些实惠。但从长远看，其已经严重影响了酒店的定价权和消费者的选择权，“使消费者最终为携程的佣金埋单”。

汇通天下甚至不忘给相关主管部门施压，公开指责携程操纵酒店价格的行为可能会导致世博期间酒店价格的混乱。

三、携程声称“误会”

“他们总共只有40多家酒店、800多间客房参与活动，扰乱世博会酒店业价格体系之事不知从何说起?”携程方面有关负责人在接受《中国经营报》采访时表示，不愿意与汇通天下做无谓的口水之争，但也容不得对方恶意诽谤，尤其是拿世博说事。

但携程也承认，确实曾关闭过参与“世博开盘价”酒店的房态，并称这完全是一个“误会”。据悉，3月10日，携程网曾推出“双重低价保证、三倍赔付承诺”，即在网络预订条件下，携程保证境内酒店价格市场最低，否则赔付三倍现金差价。

为此，携程每天都有专门的人员盯在网上比价。4月1日，相关人员发现参与“世博开盘价”的客房价格低于携程网，即按照公司既定流程对相关酒店进行了关闭房态的处理。该人士表示，之后携程发现汇通天下主要针对的是B2B客户，且只是短期促销，并不属于比价的范畴，因此很快又恢复了这些酒店的在线销售。

尽管携程方面已澄清是误会，且已恢复相关酒店的在线销售，但张滇仍感觉携程是在处处针对汇通天下。他表示，汇通天下是一家B2B的酒店预订服务商，手中有5000家酒店，2000多家旅行社以及大量合作网站的资源，简言之，就是把酒店的实时价格信息第一时间发布到旅行社及网站，使他们能够成为一个个“小携程”。这也是他们被携程视作“眼中钉”的一个主要原因。

对于汇通天下的这种说法，携程副总裁汤澜显得有些不屑，他反问，“艺龙、芒果规模都要比汇通天下大很多吧，我们为什么要刻意针对他们？”

（资料来源：宋文明．中国经营报．http://finance.qq.com/a/20100417/002473.htm.）

思考：汇通天下为何指责携程“干扰”了世博会酒店业的价格体系？同一酒店产品在不同销售渠道价格不一致有哪些危害？如何确保酒店产品在不同销售渠道的价格一致？

渠道冲突是指某渠道的成员意识到另一个渠道成员正在从事会损害、威胁其利益、或者牺牲其利益为代价获取稀缺资源的活动，从而引发在他们之间的敌对和报复等行为。酒店销售渠道作为一个系统也存在着冲突的现象。根据系统学的原理，和谐、高效的整体的作用往往大于各部分的简单相加的总和。服务渠道成员的合作所产生的整体渠道利润将高于各自为政的利润。通过合作，渠道成员能够更为有效地了解目标市场，为其提供可靠的服务，满足顾客的需求。

（一）渠道冲突的种类

1．按其作用的方向，可分为垂直渠道冲突、水平渠道冲突和多渠道冲突

垂直渠道冲突指同一渠道中不同层次之间所产生的利害关系冲突，在现实中这类冲突最为常见。

水平渠道冲突是指存在于同一层次的成员公司之间的冲突。

多渠道冲突是指企业建立了两条或两条以上的渠道向同一市场分销产品而产生的冲突，其本质是几种分销渠道在同一个市场内争夺同一种客户群而引起的利益冲突。由于市场竞争的压力，使得企业加强了对市场的争夺，几乎到了“寸土必争”的地步，所以在同一区域市场往往会使用多种分销渠道，不可避免地就会发生几种分销渠道将产品销售给同种客户群的现象。

2．按其性质可以划分为功能性冲突和病态性冲突

功能性冲突是指渠道成员把对抗作为消除渠道成员之间潜在的、有害的紧张气氛和病态动机的一种方法的冲突状态。这种冲突具有建设性。它能够创造良好的渠道成员之间的关系，特别是如果渠道成员不认为中度的冲突会花费很高的成本;不同的意见往往能够产生更好的见解;大家都具有积极的进取心,但不是非理性的和破坏性的。

当冲突是以对手为中心时,它则会蜕变成蓄意破坏、损害或阻挠信赖关系中的另一方面的行为,也就产生了病态性冲突。病态性冲突是指渠道成员之间敌对情绪和对抗行为超过一定限度并因此对渠道关系和渠道绩效产生破坏性影响时的冲突状态。它产生的主要原因是渠道成员之间缺乏理解,或者渠道中出现强制的官僚主义的渠道管理行为。病态性冲突对于渠道关系具有强烈的破坏性,会带来严重的消极后果。因此,我们应该尽量避免其出现或者出现时能够快速地解决。

3. 按其产生的原因,可划分为竞争性冲突和非竞争性冲突

竞争性冲突是指两个或多个渠道成员在同类或相似的市场竞争时发生的冲突。非竞争性冲突是指渠道成员在目标、角色、政策和利润分配等方面存在不一致引发的冲突。

(二)渠道冲突的协调

渠道中存在冲突是正常的,我们必须正确地面对它。如果对冲突置若罔闻,那么对渠道成员之间的关系和渠道的健康发展都是有害的。因此,应该着手解决渠道冲突。

1. 信息密集型策略

解决冲突的信息密集型策略要求在解决冲突过程中公开地交换信息,交换信息就意味着某种控制力的丧失。信息和合作就可能成为信息密集的冲突解决过程得以实施的条件。公开共享信息的方法不仅有利于分享信息的双方,而且有利于信息的接收者。许多酒店都认识到了这一点的重要性,已经与其关系密切的渠道成员建立了共同的、彼此公开的计算机网络系统,做到真正意义上的信息共享和整合。另外,有的渠道把人员交换作为管理冲突的一种策略。他们彼此互相派驻人员,进行沟通,帮助对方解决问题。

2. 信息保护性策略

双方都不期望在解决冲突的过程中形成共同的目标。分歧的范围和特征被看作是不变的。而且存在时是一种"零和博弈"即双方的利益和为零,你赢了,我就输了。它的特征是采取威胁或承诺也不能够改变行为,只有通过第三方的调解或仲裁才能够解决。

一般而言,应该尽可能地使用信息密集型的冲突解决策略,这样可以使渠道关系更长久,渠道成员的关系更加密切,易于合作,提高效率。

第三节 营销渠道开拓

☞案例导入

谁在向携程叫板

携程,眼下是中国酒店预订的No.1。因其较为方便的预订模式和最低价的承诺,成功占得酒店散客预订市场的六成多。然而,随着2010年9月1日亚洲最大的酒店集团——锦江集团开始进行"中央化管理",集团在上海的25家酒店首先"中央化",即对客房分销和预订服务的各个流程实行统一的"中央化"运作后,引爆了携程行业垄断的"毒瘤",原来携程并不是消费者的唯一。

一、抱团出击,锦江酒店集团"中央化"

据记者了解,锦江酒店管理集团的这一"中央化"决定在中国酒店业是可以被载入史册的。在这之前,虽然酒店集团在中国酒店业早已成立,但是在最关键的分销环节上却一直是"集"而不"团"。一个集团下各个酒店各自为政,散兵作战。结果是被大的分销渠道牵着鼻子走,酒店自己也丧失了定价权。

目前记者从行业了解到,9月1日前锦江酒店管理集团已经举行了若干次高层会议,决定以集团作战的方式改变目前的散兵作战,力争实现真正的集团"中央化管理"。何为"中央化管理"?其实这是欧美酒店业早就实行的企业营销方式——通过自己的中央预订系统把酒店的多种产品(包括房间、餐饮等)同时通过众多的分销渠道即时地展现在消费者面前,使得消费者能通过多种渠道选择适合自己的不同的酒店产品。

锦江的"中央化"得到了大部分分销渠道的支持,12580、芒果等国内数百家主要代理商都表示支持锦江集团的中央化政策。因为他们可以从中获取和市场目前最大分销渠道——携程一样的价格和产品。但国内散客最大的分销渠道携程却发出了不同的声音。

2010年9月6日,携程"关闭"了参与此次锦江集团"中央化"的25家上海酒店,公开"对抗"。国内酒店行业最具影响力的"下线门"事件发生了。经过几天的协商,携程在9月9日又重新开启了锦江集团的酒店。

二、捞过界线,携程垄断酒店最低价

在酒店实现"中央化管理"之前,携程一直垄断着酒店的最低价。据记者了解,携程在和酒店签订的协议中,规定酒店和其他同类预订网站在签订协议时须明确价格,也就是说酒店在其他预订网站的卖价,不能比携程低,酒店也不能把更优惠的产品和价格通过其他渠道转让给消费者。这就是携程敢在网上公开承诺如有比携程价低,愿意三倍赔付的内因。如果一旦发生售价低于自己的情况,携程便以在网上“关闭”该酒店预订为要挟,迫使酒店提高在其他销售渠道的价格。因为携程在目前国内散客市场上的绝对垄断地位,酒店一般都会迫于压力“屈服”。一位不愿透露姓名的行业管理人士对记者直言,携程应该扮演的角色是酒店分销商,而不应该对酒店制定的价格指手画脚,但是现在携程俨然成了定价机构,在给每一个酒店确定着最低价。其实最终损失的是消费者,消费者已经无权获得酒店从其他途径提供的低价客房。最终,携程通过垄断散客市场而抬升价格,其结果是消费者获取的价格越来越贵,酒店也没有得到更高的利润,携程却从中获取最大的佣金。

携程为了维护自己的最低价,在近几年中,经常制造“锦江下线门”类似事件。几年前格林豪泰酒店集团针对自己的会员客户,推出低价优惠,被携程当即“封杀”。

2010 年5 月,世博旅游官网汇通天下旅游网同上海多家酒店搞促销,最终多家酒店收到携程的“封杀”令。

2010 年8 月,类似事件发生在著名的洲际酒店集团。洲际快捷酒店在自己的网站上推出周年庆优惠产品,24 家洲际快捷酒店因此被“关闭”了一个月。

三、入股酒店,携程推销大有说道

“作为携程这样的分销商平台,应该提供尽可能多的酒店平台,来让消费者选择。但是现在携程已经开始参股酒店了,这样给消费者在提供酒店的选择上就会有限制。”一位在酒店业混迹多年的老行尊告诉记者。记者在调查时发现,携程目前已经是如家的第一大股东,并参股汉庭和首旅建国,而在携程的酒店预订页面上,也会很方便地找到如家等酒店的预订。“自己入股的公司,自然会得到重点的推荐,这其中的道理想必大家都知道。”这位老行尊的话一语中的。显而易见,携程已与分销的若干上游酒店缔结同盟,那么中国那么多其他的酒店集团和单体酒店将如何面对呢?

四、直击死穴,携程“三倍赔付”能否坚持

“酒店形成‘中央化管理’后,最得利的当然是普通消费者。‘中央化’后,所有的分销代理渠道,都可以通过‘中央化’的系统,拿到合理的价格和优惠的产品,对于消费者来说,有更多的实惠。多渠道意味着消费者有了更多的选择权,可以享受更多的实惠。”移动 12580 的一位高管在接受记者采访时如是说。

事实上,在 2010 年 3 月携程召开新闻发布会,推出“三倍赔付”以来,在业内遭到了大范围的“口诛笔伐”。艺龙、去哪儿网纷纷指责携程的此项政策无疑是赤裸裸的行业垄断。而不少“受制于人”的酒店负责人也私下表示了担忧:以后我们的定价完全丧失了自主权。消息灵通人士透露,“三倍赔付”也让 CTRIP(携程)“外患内忧”，网上开始流传“住酒店白赚钱”帖，短短的几个月内，携程遭遇大量的“索赔需求”，有的索赔金额还相当惊人。

业内人士指出，锦江集团此番成立中央预订系统就是想独立运营销售，而不受第三方的控制。所以这次的“中央化”行动被看成是锦江集团和携程的一次博弈。酒店业的消息灵通人士告诉记者，如果锦江中央预订系统此番能顺利运营的话，那么会有更多的酒店摆脱携程而拥有完全自主的预订系统，消费者也将享受到更多的实惠。

五、任重道远，酒店抱团誓破垄断

近年来国际饭店品牌大举进军中国市场。虽然国内酒店管理水平已经逐渐发展成熟，但总体上不论是理念、标准还是效益，与国际知名国际饭店管理集团存在很大差距，尤其在品牌、战略、技术等核心方面。按国际品牌进入中国的这种惊人速度，数年之内，本土品牌面临着被国际饭店品牌全部挤出中国高端饭店市场的窘境。

随着供应的充足和市场的透明，提高核心竞争力和品牌价值将成为酒店集团的生存和发展之本。香格里拉、雅高、洲际、凯悦等国际酒店集团几乎无一例外地常年花费巨资打造并改善集团自己的中央订房系统，因为他们明白，通过中央订房系统输送到成员酒店的价值是让订单直接到成员酒店的 n 倍（n 约等于集团的成员酒店总数）。

不同的酒店集团采用不同的营销策略和战略将决定集团的未来。

锦江酒店深刻认识到核心竞争能力关乎生死存亡，十几年来的探寻之路从未中断。比如其曾在美国、澳大利亚、日本及香港地区设立分支营销机构，在北京、上海建立互售办公室，最后只剩香港订房中心硕果仅存。2006 年，锦江建立起了锦江自我品牌的“吉瑞”中央预订系统（JREZ），为锦江集团借鉴国际化理念和标准、整合资源、创建品牌战略、贯彻营销计划、建立忠诚客户、发展战略联盟、发挥协同效应、提高经营效率创造了必要条件。JREZ 的面世曾引起国际国内市场的高度评价。

锦江推行通过电子连接统一存量管理系统来管理渠道、维护房价和可售房数，承诺最低公开价真实性和一致性标准获得众多渠道商的积极响应和高度赞赏。在标准推出不到 4 个月的时间内，超过百家国际国内专业订房网站、代理、订房中心签约加盟 JREZ，GDS、国内国外 IDS、商务公司全面铺开，在线订房流量直线攀升。2006 年来自国际渠道的订房比重过半，国际市场占有率显著上升；首家月订房流量突破 1000 间/夜的成员酒店在系统开通后不到一年即闪亮诞生。

Travelocity 亚太地区的战略合作总监 Roshan Mendis 在 JREZ 全面登录 Travelocity 之际曾经发表评论：“锦江国际正在改变中国传统的酒店管理和营销方式”。

Expedia 亚太伙伴服务集团区域总监 Cameron Jones 当初在谈及和锦江的合作时也曾表示:“这一和锦江的新合作代表着 Expedia 寻求和其合作伙伴建立灵活和互助的关系。”他认为,“通过提供特制的销售计划,增加其在 Expedia 全球网络的能见度,特别是在北美和欧洲,Expedia 给予锦江一个市场领先型合作伙伴,促进高价值顾客入住他们酒店数量的提高。”

继锦江之后,CRS 在中国全面升温,首旅、金陵、粤海、海航、开元等酒店集团不甘落后,相继开始探索和启动 CRS 项目,欲在新一轮的竞争中抢夺先机,拔得头筹。

(资料来源:上海侨报. http://www.17u.net/news/newsinfo_278594.html.)

思考:携程为何如此抗拒酒店的“中央化管理”? 散客旅游时代,酒店业该如何与在线旅游企业合作?

一、酒店传统营销渠道

(一)旅行社

在我国,将为旅客安排旅游服务以及出售旅游线路的公司统称为旅行社。国外将旅行社分为三类:旅游代理商、旅游经销商、旅游批发商。旅行社主要依靠收取佣金来获得收入。

我国旅行社与酒店的取酬关系与国际通行做法不同:旅行社能获得远低于门市价的批发价,很少采用佣金制。其实这就成为酒店与渠道之间、各渠道成员之间产生矛盾的一个重要原因。首先,这种方式使得酒店与旅行社利益对立,旅行社拼命压价。因为差价越大,其利润越高,酒店又极不情愿自己的利益受损;其次,酒店对各渠道成员所给的旅行社价格高低不一,这样也不利于渠道成员间的融洽关系,很多精力都用在跟酒店讨价还价上了。因此,在国内实行佣金制,与国际旅游运作标准接轨,已成为一种需要和趋势,这样才能促使旅行社积极开拓市场,因为在佣金制下,销售额越大,利润越高,也能使酒店与渠道成员精诚合作,共同推出具有竞争力的价格,达到“共赢”。

由于旅行社在业务经营中存在风险大、批量大、季节性强等特点,旅行社对酒店的预订也会受上述因素的影响。旅行社订房主要有以下几个特点:

1. 订房数量大

除大型会议外,一般商务、政府组织机构等订房数量受其自身业务规模所限不会太大,但旅行社订房则不然。通常旅行社的年接待量都在万人以上,大型旅行社其组团(或接团)人数甚至达上百万人。因此,旅行社的订房对旅游酒店尤其是旅游城市和风景区的酒店而言是最主要的生意来源。

2. 订房价格低

旅行社为了尽可能提高经营利润,降低直观报价,增强旅行社价格竞争力,通常会向酒店争取较低的批发价格。加上酒店付给旅行社的佣金,旅行社的实际支付的房价往往比门市价低四成或更多。

3. 订房时间集中

旅行社订房季节性强,通常都集中在旅游旺季,而淡季则订房极少。这样便使酒店在旅游旺季客源激增,形成营业高峰,淡季时则营业处于低谷。在运营高峰酒店设施超负荷运转,而接待淡季,酒店设施和接待能力闲置,这种现象给酒店的经营带来一定的困难。为了避免订房过于集中,酒店应采取相应的措施,如采取淡旺季价格,与旅行社合作开展冬季包价或在淡季推出特殊旅游活动项目,尽可能做到淡旺季订房的均匀分布。

4. 订房取消率高

酒店大量接受旅行社订房,具有很大的风险。旅游业是一项很敏感和脆弱的行业,尤其是组团旅游,极易受政治、经济和突发事件的影响而出现大幅度波动。团队取消十分普遍。千岛湖事件发生后,由于台湾团大部分取消,以接待台湾团为主的大陆许多酒店蒙受很大的经济损失。鉴于团队旅游容易出现的高取消率,酒店在确定自己的目标市场时,应合理地安排各细分市场的比例,以期实现市场细分配置的最优化,尽可能降低风险,正如西方谚语所说:“不把所有的鸡蛋放于同一个篮子里。”

5. 订房连续性强

酒店通常与旅行社保持密切的业务联系,因而旅行社的订房也能够连续持久。旅行社一般都将自己的团队安排在有主要业务往来的酒店,而不会随意向其他酒店订房。原因很简单:双方了解,合作容易,能够与酒店达成有利的价格协定。如果酒店能够保持与旅行社的密切合作,对于酒店客源的稳定以及进行客源预测都十分有利。

(二)奖励旅游经营商

企业为奖励客户、完成销售指标的推销人员、中间商、渠道成员等,常常安排他们去旅游。因此,奖励旅游发展很快。由于奖励旅游的迅速发展,专业奖励旅游经营商就应运而生了。

目前,奖励旅游组织者主要有:商务会展公司、旅行社、奖励旅游计划组织人员等。职业奖励旅游经营商除了向参加奖励旅游的人员介绍旅游目的地的详细情况和活动内容以外,还协助制订奖励旅游方案,并协助搞好营业推广工作。由于他们专门从事奖励旅游组织、咨询工作。因此,他们比旅行社更了解目前奖励旅游的价格、旅游目的地、酒店、交通等方面情况。

1. 奖励旅游经营商的主要工作

奖励旅游经营商的主要工作包括:收集有关旅游目的地和酒店的信息,在向旅客介绍酒店前参观酒店,向旅客介绍后,在确定旅游计划前再次参观酒店,向旅客介绍旅游目的地。

奖励旅游经营商对最终确定包价旅游方式有极大的影响。但在规划奖励旅游时,各经营商有其独特的标准和计划方法。一般来说,在收集信息,向顾客介绍旅行目的地和酒店,进行决策等工作中,缺乏经验的经营商比较注重从酒店获取有关信息,更重视与酒店和顾客交换意见;而经验比较丰富的经营商则更注重自己的经验和判断。

2. 奖励旅游经营商的需求

奖励旅游经营公司希望酒店专门为奖励旅游编写宣传资料。大多数奖励旅游经营商希望酒店和旅游目的地提供有关奖励包价旅游的信息,特别是有关包价旅游所包括的内容、目的地地区情况、酒店周围的环境、酒店设备、休息娱乐吸引力、特殊活动内容、附带的旅行活动等方面的信息。他们特别强调希望具体了解有关宴会、难忘的经历、特别服务和价格等方面的情况。虽然他们知道需通过与酒店谈判,确定最终价格。但是,为了搞好旅游计划,他们需要事先了解可能的价格范围。

奖励旅游经营商除了需要详细介绍酒店和目的地情况的资料之外,还希望与酒店指定的专人保持私人联系。他们要求酒店营销人员能对他们的需求作出迅速的反应,并能为他们组织的团体作出灵活的安排。

奖励旅游经营商的淡旺季与旅行社的淡旺季恰好相反,如果酒店能够有效利用这两个渠道,可以有效提高酒店客房出租率。

(三)全球分销系统

全球分销系统(GDS,Global Distribution System)是第一个在全球国际旅游行业使用的预订系统,并且是全球旅游行业主要的预订系统,因此全球旅游行业的酒店预订 GDS 的占有率为50%,加入 GDS 等于直接与全球 50 万家旅行社签订了订房合作协议。然而,那些真正关注酒店长远发展的领导者、决策者以及国际连锁型的酒店管理集团更愿意加入到 GDS 系统中来提高自己的订房效率,且加入该系统的酒店将获得更大范围、更为紧密的客户群,游客也可以通过 GDS 联盟网站查找到酒店的所有信息,客人也可直接与酒店预订。GDS 平台全球性的推广,能在无形中提高酒店在游客心目中的地位,同时与境外旅行社建立合作关系。

当前,GDS 系统有一个难以解决的问题,对于单个的独立酒店,该系统尚无法以合理的成本将它们纳入其数据库。1995 年,平均预订费为 18 美元(不包括付给旅行社的费用),这么高的收费标准对于中档价格的酒店确实是个难题。虽然希望利用 GDS 这一受欢迎的预订网络,但它们的房价大致在 40 ~ 60 美元,如此高的手续费让他们难以承受。

（四）专门的酒店预订组织

它是一种单纯的酒店预订组织。除代理客房销售外，有些酒店订房及销售组织还通过本系统的传播媒体，如年鉴、成员酒店宣传册等为成员酒店促销。世界上较著名的有尤特尔国际有限公司（Utell International LTD）、最受欢迎酒店组织（Preferred Hotels）、世界一流酒店组织（Leading Hotels of the World）、斯坦根伯格预订公司（Steigenberger Reservation Service）、超级国际酒店组织（Super National）、旅行资源公司（Travel Resource）、德尔顿全球预订公司（Delton Global Reservations）、选择酒店订房系统（Choice）等。

二、网络订房公司

根据有关媒体报道，自1998年以来，全国已经有大大小小的网络订房公司不下千家。社会上的订房公司数量众多、参差不齐，红红火火的不多，维持不了几个月就倒闭的不少。面对这些订房公司的实际情况，我们既要从长远的眼光出发积极与订房公司合作，又必须严格地挑选合作对象，使合作能够卓有成效。我们在与订房公司合作时应该考虑以下几个方面的因素。

（一）市场定位

有些订房公司市场定位模糊，作为高星级酒店来说，我们不应该把这些市场定位模糊的订房公司作为被选对象。在挑选那些有明确市场定位的订房公司时，酒店首先应该把自己的客源市场定位与订房公司的客源市场定位进行比较，订房公司的会员是否与我们酒店的顾客群一致，它们的会员规模有多大，它们的会员集中地是否与我们的客源发生地相一致。与之相辅相成的是签约酒店的定位，它们的签约酒店是否与我们是同档次、同性质的酒店，它们的签约酒店与我们的酒店是否在同一城市（地区），与我们是一个什么样的竞争关系等。在这个基础上，我们当然要选择在市场定位上与我们比较一致的订房公司，但是，这样做有人也有所担心。例如当我们的酒店与直接竞争对手的酒店同时出现在订房公司的客户面前时，我们的酒店被预订的可能性只有50%。其实，这种担心是没有必要的。即使我们不同竞争对手加盟同一订房公司，直接的竞争仍然存在，选票最终在顾客手里，我们要想得到顾客的选票，只有超过对手，提高我们的竞争力。

（二）知名度与美誉度

订房公司的知名度与其在大众媒体上曝光的次数、范围、程度有关，那么实际上就是与其广告、公关的策划能力与实施财力有关。知名度高的订房公司自然会吸引较多的人关注，因而拥有较多的客源。但是，我们需要注意的是高知名度并不一定与高美誉度一致，因为高知名度有可能是通过媒体操作造成的。所以，我们在关心订房公司的知名度的基础上更应关心它们的美誉度，美誉度是顾客实际感受的反映。顾客感受越好，美誉度越高，那么自然客户的使用率、忠诚度就越高。

（三）签约酒店与会员客户的数量与质量

我们与之合作的订房公司，应该保证有一定数量的酒店与客户，也就是平常我们所说的网络的大小，网络越大触角越长，覆盖的客户面就越大，那么，接受预订的机会就越多。但是，仅仅有数量还不够，如果这家订房公司的签约酒店都是一些公众形象较差、经常有顾客投诉的酒店，与它们为伍也会影响我们自己酒店的声誉；同时，订房公司的客户也存在着一个层次问题，具体包括：客户主体所需酒店的档次、规模、支付能力、需求的淡旺季变化等。

（四）推销、广告

酒店加入订房公司的根本目的就是为了扩大销售，如果订房公司只做被动地酒店预订代理，不对客户进行推销、广告投入，对于我们签约酒店的意义就不是很大。当然我们知道订房公司也希望拥有良好的市场形象与更多的客户，但是，由于有些订房公司的财务能力问题或决策取向问题，可能做不到有规模、有效果的投入。如客户销售队伍的建设就需要相当大的经济投入。

（五）代理费（佣金）

订房公司代理签约酒店预订其客房必然要收取一定的预订代理费或佣金。它们一般有两种收费方式：一是酒店给订房公司一个对客销售价格，订房公司照价售出后，按一定比例提取代理费；二是酒店给订房公司一个底价，由其加价出售，超出部分由订房公司获得。多数酒店倾向于采取第一种方法，因为这样有利于酒店控制房价，掌握市场的价格承受能力。

（六）硬件系统及其维护能力

订房公司所使用的网络技术的先进程度，所拥有的设备情况及其维护能力等也是酒店与其合作过程中应该考虑的因素。

拓展知识

酒店为什么要关注在线旅游市场

目前，我国网民总数已经突破3.84亿，位居全球之首，其中有1400万人在通过互联网安排旅行，消费者预订旅游产品的方式正在从线下逐步向线上转移，人们只需轻点鼠标就能购买到最具本地化的旅游服务，让旅游和互联网得到了有效的融合。而预计未来5年，我国网民数量将保持10%的复合增长，到那时在线旅游市场必将迎来一个全面爆发的时刻。

国家旅游局发布的2009年旅游经济运行报告显示，2009年我国网上旅游服务收入仅占旅游总收入的4.95%。而美国在线旅游销售收入则占到了旅游市场总收入的39%。这一组数据的对比,展示了我国在线旅游行业未来的发展空间。中国在线旅游市场的发展道路必定会越走越宽广。

从全球范围来看,旅游电子商务已经成了旅游业发展不可逆转的趋势。电子商务的便捷性、低成本、覆盖面广等优势是传统旅游方式所不可比拟的。另据PhoCus Wright的调查,2009年中国在线旅游渗透率从11%增至14%,并将继续增长。预计3年之后,将有60%的休闲旅行者使用在线旅游预订,30%的商务旅行者使用在线旅游预订。

在线渠道分销商带给酒店什么样的威胁?

随着良好的在线预订体验,最近艺龙旅行网报出在线酒店日预订量顺利突破1万间夜,这背后却引来了许多酒店的担忧。随着自由化市场竞争,在线旅游渠道商的专业服务能力进一步提升,渠道商队伍进一步壮大。中国网上旅行预订成规模的酒店渠道商有携程、艺龙、芒果、号码百事通、12580、快乐e行、同程、傲游等。在线旅游渠道商实力的壮大推动了酒店的客房销售,但是,这些以佣金为主要赢利模式的渠道商也压缩着酒店的利润空间,酒店房间平均每个间夜支付给携程们的成本为75元左右。

酒店成了渠道商预订平台"提款机"。凭借庞大的终端用户资源,渠道商在与酒店谈判时拥有较大的话语权,也能够获得较低的采购成本,但是酒店仍须向渠道商支付8%~15%的佣金。此外,由于酒店缺乏对构建直销平台的关注度和相应的构建能力,因此,酒店直销渠道建设滞后,而渠道商因发展迅速而逐渐强势,造成部分酒店过分依赖网络渠道商来推动销售,使酒店供应商失去了"议价权"。国内一些酒店超过10%甚至30%的客源都由携程、艺龙等旅游电子商务网站提供,如果渠道分销商要求提高佣金或进行活动赞助,成员酒店基本会无条件接受。渠道商的最低价承诺也进一步削弱酒店的议价能力和自主价格制定权。

酒店要赢得未来为什么要先平衡好渠道力量?

直销与分销模式都是帮助酒店实现客房销售的有效途径,两者相辅相成,缺一不可。可在网络分销渠道力量过于强势的情况下,酒店只有构建复合型的销售平台,有效平衡各类渠道的依赖程度,才能从根本上取得议价的主动权。

"酒店的核心是直销,拓展直销,这样才有可能完全掌握议价权。"中国旅游研究院副院长戴斌表示,多种销售模式并存对酒店来说并不是坏事,有条件且发展成熟的酒店可以尝试拓展直销之路。

随着越来越多的人转向在线预订,中国酒店业开始从传统扫楼式营销向互联网营销方式转型,在线渠道成本往往是传统渠道营销费用的1/2~1/3。目前,各个酒店自身也在积极发展在线直销,不少酒店都已采取"直销+分销"模式,线上和线下都是重点。

酒店建立自身的直销网络是势在必行的，而且这样做的核心目的正是要提升收益。建立直销不意味着要完全关闭分销，所以，酒店方要做的是调整直销和分销的比例，当分销比例从20%以上下调至10%以内时，价格也就自然不会受到第三方分销渠道的控制。

为什么酒店业直销渠道建设如此重要？

所谓网上直销就是酒店通过自己网站进行网络营销活动。据统计，万豪、希尔顿通过自有网站的直接销售收入与通过网上中介的间接销售收入之比已经高达75∶25。而从消费者来说，他们也不愿意在中间商那里多花钱。Forrester Research调查公司发现69%的美国休闲旅客喜欢直接订房，而只有27%的旅客愿意从中间商那里订房。因为他们认为高质量的服务只能来自于酒店本身。

HeBS预测，北美地区酒店业在2010年的在线直销预订量比例将达60%，而在线分销预订量则只占40%。

酒店业者为何要关心在线订单来自哪里？以下的案例分析对在线直销渠道的性价比进行了明确的分析：

在线直销渠道（酒店网站）：每订单预订成本为12.92美元。

在线分销渠道（在线旅行社）：每订单预订成本为107.57美元。

在线直销与分销渠道之间的成本差距高达8.3倍！

很自然地，我们不可能期望百分之百的在线预订都来自在线直销渠道。在线分销渠道的在线旅行社和其他分销商的确在旅游计划和交易过程等部分领域扮演着不可或缺的角色，例如针对休闲旅游目的地的产品打包（机票+酒店+租车+观光）。即使在互联网兴起之前，美国也大概有25%的酒店预订来自分销渠道（如旅游代理和旅行社等）。

不过，你可以想象如果有5%、10%、15%、20%甚至更多的在线分销渠道转移到在线直销渠道，你可以节省多少成本！

在线直销渠道除了是性价比最高的销售渠道，还可以带来长期效益和竞争优势：

减少对在线旅行社和费用高昂的传统分销渠道的依赖；

防止品牌和定价能力的损害，避免统一预订平台下同质化的价格竞争；

可进行交叉渠道或多渠道营销，以及客人互动；

让酒店可以“拥有”自己的客人，建立长久会员关系营销；

建立品牌忠诚度；

与客人进行入住前、入住中和入住后的各种互动及品牌印象建设。

在线渠道商每个地方有很多的合作酒店，所以并不在乎客户选择谁，在线渠道商在乎的就是谁给的佣金高就推荐谁，或者说客户想住哪个酒店就订哪个酒店。酒店的特色、品牌影响力都无法得到建立。长久以往所有的酒店将是非常同质化的价格竞争及佣金之战。而且培养越来越强大的在线渠道商培养出的不是酒店的忠实客户，而是在分销渠道上本身。

中国酒店今日的直销渠道建设遇到了哪些困境？

国内酒店在直销渠道建设起步较晚，酒店自建网站且能自营网上预订的比例很低，估计只有10%左右。而造成这种现象最主要的原因是：我国酒店大多是单体酒店加上认识不足，如果自建网站不加营销推广，实为“孤岛”，无人知晓，真正能达成预订及支付的也非常少。事实上，多数酒店的网站目前只是一个简单的形象展示窗口。由于缺乏技术维护人员，就连定期更新也难以实现，更别提进一步开展网络营销及电子商务了，而这也正是国内酒店与国际酒店的最大差距之一。

建立有效的网上直销系统，铺设网络直销之路，但酒店在建立以互联网为核心的网络直销时是需要承担额外成本的，酒店做网络直销并不是无成本营销。酒店要建立健全的网络直销平台，需要投入不小的资金和技术成本，单凭这一点，就不是每个酒店都可以做到的。

酒店在线直销渠道建设是否值得投资？

导致酒店不自建直销渠道的原因有很多，借助别人的在线分销渠道实现免费销售就是其中的一个错误认识。

在线网络营销其实并非一种开支，而是可以迅速获得回报、且回报率非常高的投资行为。还有一个原因，大型酒店集团有足够的资源能够对接最前沿的互联网营销服务和技术从而获得较好的回报，而单体酒店则因技术团队成本过高而不敢涉足这一领域。

酒店可以成功地从在线渠道上夺得相当份额的收入，方法是通过对在线直销渠道进行投资，同时充分利用最佳实践经验以及新的互联网营销技术和形式。

酒店业者必须谨慎采取以投资回报率为中心的方案，包括网站改版、网站优化和搜索引擎优化、付费搜索、电子邮件营销、在线显示广告和赞助、手机营销以及有效可行的社区媒体营销策略。

酒店不应该降低或者取消酒店的互联网营销预算。在线直销渠道，是酒店唯一的低成本快速增长渠道，我们为客户运作的互联网营销方案也获得了极高的广告开支回报率。

酒店在线直销渠道建设是自建还是外包？

酒店自己组建网络营销队伍固然是个比较好的选择，沟通也比较方便，但是存在技术团队费用比较高，而且增加管理难度和成本。从国内网络营销人才奇缺与参差不齐的情况来看，作为不专业的酒店在这方面的管理不好，就容易造成在线渠道产生的利润不足技术团队搭建的成本。从单体酒店来说更是如此，而且也难以聚集到有非常高专业水准的人才。

采用易度网网络营销整体外包服务，可以在花费比较少的费用下就可以获得全面、专业及行之有效的酒店网络营销整体解决方案，共享专家团队于在线直销渠道建设方面多年的成功经验。易度公司作为一家专业的酒店网络营销公司，酒店可在稳定的业务合作中获得有竞争力的服务时，还能减轻专业团队管理压力，以及降低网络营销成本！

酒店在线直销渠道就是建立一个网站吗？

酒店要建立在线直销渠道不是简单的网站建设，在国内很多酒店的网站仅仅是作为酒店的企业形象展示窗口，并不具备预订和支付功能，更别提会员客户的管理及营销。

具备这些功能的酒店网站是否就可以等待在线渠道达到预期效果了呢？酒店网络营销系统的建设仅仅是为开展在线渠道铺垫的基础，能否从在线渠道获得效益还要更多后期的网络营销及推广计划的长期跟进。所以，酒店在线直销渠道的建设除了在线网络营销系统的建设外还要有后期行之有效的网络营销策划及推广的推进才能取得初步成效。

（资料来源：易度网. http://www.yidujia.com/index.jsp.）

思考与练习

1. 酒店营销渠道有哪些类型？

2. 酒店营销渠道的选择要注意哪些方面？

3. 如何正确选择酒店中间商？如何对中间商进行有效管理？

4. 根据本章所学，结合自己实习经历，分组（5～8人一组）讨论自己所在实习酒店（或自己熟悉酒店）的营销渠道类型及策略。

实践与训练

实训项目主题：国内在线旅游企业调研

实训目的

1. 了解国内各主要在线旅游企业

2. 具备在线旅游营销渠道开拓所需的基本素质

3. 掌握不同在线旅游企业的目标市场定位

实训内容与要求

根据教学班级学生人数来确定数个小组,每一小组人数以 5 ~ 8 人为宜(建议自由组合或按学号进行),各小组成员合理分工,在教师指导下统一认识、统一口径。每小组对携程网、艺龙网、到到网、去哪儿网、芒果网、青芒果网、同程网、中航信等在线旅游经营商中的一家企业进行调研,在小组各成员充分讨论基础上,形成小组的调研报告(Word 版),以 PPT 汇报的形式展现给本班全体同学。

成果与检测

通过对各个小组最终形成调研报告(Word 版)打分和现场汇报(PPT 展示)效果打分来确定小组实训成绩,分学生互评(每小组推选出一名学生做评委)和老师评阅两部分,各占 50%。主要从以下几个方面进行考查:1. 小组分工的合理性和成员积极性;2. 资料准备的充分性,报告书内容的深度和广度(所调研企业的成长历程、市场定位、商业模式、合作单位和会员情况等);3. 小组汇报表现。

第九章 建立良好的酒店顾客关系

引　言

酒店作为一个经营主体,处于各种复杂关系的包围之中,只有处理好与各方面的关系,包括与顾客、员工、新闻媒体、政府、竞争对手和社会的关系,才能长期稳定地发展,在竞争当中立于不败之地。

酒店发展依赖于稳定的客源,那么,建立、维持和发展与顾客长期良好的关系,并使顾客长久忠诚于酒店,则是所有酒店都追求的恒久目标。通过建立和维持顾客关系,尤其是与大顾客的良好关系,并在此基础上建立顾客对酒店的忠诚,是进行顾客关系管理的基础。酒店还要注意维护好与内部员工之间的关系,通过物质和精神奖励等手段努力建设员工对酒店的认可和忠诚,即进行有效的内部客人忠诚度管理,也是酒店的重要工作之一。此外,酒店还要积极处理与政府、新闻媒体、竞争对手以及社会等各方面的关系,并通过广告宣传酒店的产品和服务,加强与外界的联系。

教学目标

● 知识目标

掌握酒店忠诚度管理的两个方面。

理解顾客关系管理的基本内容。

掌握顾客关系管理的方法。

掌握顾客档案管理的类型与内容。

掌握酒店公共关系的含义。

● 能力目标

了解大顾客关系管理技巧。

理解员工忠诚度管理的原因与目的。

理解酒店公共关系管理的作用。

• 素质目标

掌握酒店开展公共关系的方式。

掌握常见的几种酒店广告媒体及其优缺点。

导入案例

在美国航空业流传着这样一个故事:西南航空公司遇到了一位误了班机的乘客,而该乘客要去参加本年度最重要的商务会议。于是,他们专门调拨了一架轻型飞机,将该乘客送往目的地。正是这样竭尽全力"讨好"乘客的法宝,使这家原本不起眼的小航空公司跻身于美国前四大航空公司之列。

航空业是一个资本密集型的行业,用在飞机上的费用是十分巨大的。另外,航空公司还必须提供超级的服务。航班延迟、行李丢失、超额订票、航班取消以及不能为乘客提供优质服务的员工等情况都会使乘客迅速疏远某个航空公司。对有些企业来讲,"以顾客为中心"只不过是一句口号而已。然而在西南航空公司,这却是一个每天都在追求的目标。西南航空公司的员工对顾客的投诉所做出的反应是非常迅速的。比如,有五名每周需要通过飞机通勤到外州医学院上学的学生告诉西南航空公司说,对他们来说最方便的是那个航班却总是使他们每次要迟到15分钟。于是,为了适应这些学生的需要,西南航空公司就把航班的起飞时间提前了整整一刻钟。

(资料来源:百度文库.)

思考:你认为酒店是否应该重视顾客关系管理?上述案例中航空业的做法是否值得酒店行业借鉴?为什么?

第一节　酒店顾客忠诚度管理

建立、维持和发展与顾客长期良好的关系,并努力实现顾客忠诚,是酒店市场营销的核心,也是每一个酒店都想达到的营销目标。其中如何实现顾客的忠诚并维持顾客的忠诚度,即如何进行顾客的忠诚度管理是顾客关系管理的关键,也是营销管理的关键。应该强调的是,这里的"顾客"既包括我们通常讲的"消费者",即酒店的外部顾客,还应该包括酒店的内部顾客,即酒店员工。所以酒店忠诚度管理也应该包含两个方面的内容——酒店外部顾客忠诚度管理(顾客关系管理)和员工忠诚度管理。

一、外部顾客忠诚度管理——顾客关系管理

(一)顾客关系管理的基本内容

依据酒店所在地理位置、区域环境以及规模、档次、实力与星级的不同,酒店可

以有不同等级、不同区域、不同性质的顾客群，然而就顾客关系管理的内容而言，它们还是具有许多共性的东西。

1. 与顾客建立伙伴关系

为了与顾客建立伙伴关系，拜访活动中就应谨记如下几条注意事项：

(1)尊敬顾客。以客为尊，是与顾客建立友好关系的第一步。

(2)赞扬顾客。适当的赞扬之语可以使双方的关系更进一步。

(3)挖掘共同语言。拜访顾客并不仅仅是简单的介绍产品，要不断与顾客进行顺畅的沟通，而这就需要有共同的话题和语言，才能吸引顾客继续交谈并引导其消费酒店的产品。

(4)笼络顾客的心。学会通过一定的语言技巧，引导顾客偏爱本酒店产品而不是选择竞争对手的产品，学会抓住顾客的心，引导其消费倾向。

(5)想着顾客。顾客关系不是一锤子买卖，需要定期维护。

2. 深入到顾客的内心，理解顾客的体验以及是什么因素形成了顾客的忠诚

这一点不仅仅是营销部门员工的任务，也是所有酒店员工必须参与其中的。有时候一线的员工反而能够通过一些细致入微的服务，很体贴地"深入"到顾客的内心，发现他们的需求，提供超出他们期望的服务，从而赢得了顾客的心，使之成为酒店的忠诚顾客。

(二)顾客关系管理的方法

对顾客进行管理，需要采用科学的管理方法，主要有巡视管理、关系管理与顾客筛选。

1. 巡视管理

进行顾客管理，必须了解顾客，了解顾客的一种切实可行的办法是实施巡视管理。巡视管理的实质是倾听顾客意见，与顾客保持接触。

(1)倾听。倾听的方式多种多样。一是拜访顾客。二是召开顾客会议，即酒店定期把顾客邀请来参加座谈会、意见恳谈会。三是热情接待来访顾客。四是利用现代通信工具与顾客进行沟通交流，认真处理顾客来函来信，及时解决顾客疑虑。五是通过安装顾客免费"热线"投诉电话来处理顾客抱怨。

无论采用哪一种方式，要求对顾客意见处理及时。营销部门应制定严格的意见处理制度，营销总监必须亲自过问。有些酒店指定某个高级行政秘书专门处理顾客与消费者的每一条意见，且必须在 24 小时内给予解决。

(2)教育。教育是相互的：一是对顾客进行教育，引导顾客树立正确的合作、促销、消费等观念，教会顾客如何预订、查询酒店产品和服务；二是接受顾客教育，将顾客信函、来电公布在酒店醒目的公告牌上，把真实、完整的信函和来电让大家看，就能使员工真正了解顾客的需要和自己服务方面的欠缺。

(3)帮助。帮助顾客解决问讯、预订、接送或支付等方面的问题,为顾客提供优质服务。

2. 关系管理

关系管理能指导酒店营销人员如何与顾客打交道。为搞好关系管理,酒店应为每个顾客选派精干的关系经理。关系经理的主要职责:一是协调好酒店各部门的关系,为顾客提供最佳的服务;二是接待重要顾客,执行礼貌、礼节性的任务。

3. 顾客筛选

在每年年末筛选时应将顾客数据调出来,进行增补删改,将顾客每月的交易量及交易价格详细填写,并转移到该顾客明年的数据库里。有些顾客数据库里仅填写了顾客名称及地址,其他交易情况欠缺,此时就应将该顾客有关情况记录进去,诸如顾客组织中主管人员的性格志向、营业情况、财务状况,甚至将竞争对手情形一并记入。

在筛选顾客时,可以从五个方面衡量顾客,作为筛选依据:

(1)预订量:1~12月份的交易额予以统计。

(2)收益性:要了解顾客毛利额的大小。

(3)安全性:要了解接待费用能否足额回收。

(4)未来性:要了解顾客在同行中的地位及其经营方法,看其发展前途。

(5)合作性:要了解顾客对产品的预订率、付款情况等。

针对上述五种衡量指标逐一打分,满分100分。预订量40分,收益性10分,安全性30分,未来性10分,合作性10分。

(三)大顾客关系管理技巧

所谓大顾客是指酒店大部分的销售量来自于一小部分顾客,而这一小部分的顾客就构成了酒店的大顾客。这些大顾客可能是酒店在某个销售区域的总代理,可能是一个大型的工商企业集团,也可能是一家客房预订网络。按照管理学中著名的“80/20定理”进行解释的话,就是说酒店顾客中有20%的顾客给酒店带来了80%的销售量,而其余20%的销售量才是由另外的80%的顾客提供的。

1. 正确处理与大顾客的关系

在建立与大顾客的长期交易关系中,酒店要不断协调二者之间的关系。一方面,酒店要弄清顾客的需求,诸如对产品报价的时间要求,对预订批量、批次的数量要求,对折扣与奖励的利益要求,促销与推销的支援要求等;另一方面,酒店还要了解自己的产品能在多大程度上满足顾客的需求。根据实际可能,将上述两方面的需求结合起来,建立一个有计划的、垂直的联合销售系统。在此销售系统中,酒店应把旅游经销商、批发商、零售商与代理商看作是酒店营销部门的工作人员,看作是营销部门在地域上的延伸,在处理与他们的关系问题上,应本着互利互惠、互谅互解、全力支持、共同发展的思路，帮助顾客实现经济利益与社会利益，稳定与他们的关系，从而也实现自己的经营目标。

2. 大顾客管理技巧

开展大顾客管理工作应注意如下方法：

(1)大顾客优先。优先满足大顾客对产品数量以及产品系列化、一条龙服务的要求，是酒店大顾客管理的首要任务，尤其是对于有着明显淡旺季区别的酒店，更应注意大顾客优先原则。

(2)提高大顾客的销售量。要重视对顾客基层职员的公关。诚然，顾客中上层主管掌握着产品选择与预订、接待费用按时足额支付等大权，处理好与他们的关系的确十分重要，但产品是否能够为广大消费者所识别和认同，还有赖于顾客的基层工作人员，与他们工作的好坏、积极性的高低有着更直接的关系。充分调动顾客中的一切与销售相关的因素，是提高大顾客销售量的一个重要因素。

(3)协助大顾客促销。大顾客作为酒店市场营销的重要一环，酒店应积极主动协助大顾客开展市场营销活动。根据顾客的不同情况，与顾客共同设计促销方案，使顾客感觉到他是被高度重视的，他是你们营销和营销渠道中重要的一分子。

(4)营销总监或总经理拜访大顾客。一个有着良好销售业绩的酒店营销总监每年大约要有 1/3 的时间是在拜访顾客中度过的，大顾客是他们拜访的主要对象。

(5)征询大顾客对营销人员的意见与要求。对于工作不力的人员要提出整改、培训或调动等方面的处理意见，以保证营销渠道的畅通。

(6)加强信息传递。大顾客管理中一项很重要的工作就是及时、准确地统计、分析、汇总大顾客的销售数据和情报，以便针对市场变化及时进行调整。保证与大顾客之间的信息传递及时、准确，紧紧把握市场脉搏，这是酒店以顾客为导向的一个重要前提。

(7)召开恳谈会、联谊会。酒店可有计划地组织召开大顾客恳谈会、联谊会，听取顾客对酒店产品、服务、营销、促销与推销、产品开发、酒店业与旅游业高新技术的采用与流行趋势以及消费者需求流行趋势等方面的意见和建议，介绍酒店在采纳顾客的意见与建议的基础上对酒店产品所作出的改进与完善的地方，说明酒店今后的打算与发展计划等。这样的恳谈会、联谊会不但对酒店有关决策非常有利，而且可以加深与顾客之间的感情，增强顾客对酒店的忠诚度。

(8)奖励大顾客。酒店制定适当的大顾客奖励政策，并对大顾客采取适当的奖励措施，如各种折扣、人数减免、合作促销让利、销售竞赛、返利或参股等，可以有效地刺激顾客的销售积极性和主动性，对稳定大顾客的长期交易关系作用明显。

(9)大顾客价格管理。大顾客数量一般只占酒店总顾客数量的 20%，针对这部分的顾客，酒店应坚持每年对他们进行有计划地再筛选。最佳大顾客不仅预订量大，而且预订额也高；但现实的情况是，预订量大的顾客其预订价相对于预订量小的顾客而言要低很多，也就是说大顾客在通常情况下谈判实力都很强。因此，酒店必须最大限度地降低大顾客对酒店的压价压力。

（四）顾客档案管理

顾客档案是针对不同客人的特点及住店情况，在酒店接待过程中形成的具有参考利用价值、并按一定制度归档存查的一种专业档案。建立顾客档案是市场竞争环境的需要，是保持顾客忠诚度的需要，也是满足客人个性化需求的需要。

对客服务工作中，很重要的一点就是要让客人有宾至如归的感觉，也就是通常所说的亲情化服务。但是，受人员流动、员工素质、培训力度和方法等诸多因素的制约，要让与老顾客直接接触的一线员工都能够了解顾客的情况有相当大的难度。因此，如何让老顾客日积月累的消费记录成为酒店经营决策的财富呢？建立一个详细和不断扩展完善的顾客档案系统就显得尤为重要。

1. 顾客档案的作用

在激烈竞争的市场环境中，广大顾客已经拥有了更多的选择空间和权利。因此，要想使顾客继续保持对酒店的忠诚度，只有不断提升自身服务质量和完善服务设施，以换取顾客的满意度和忠诚度，使酒店能够赢得更多的顾客、获取更多的利润。通过查阅顾客档案，可以使酒店更好地了解客人的情况，以便有的放矢地开展酒店的对客服务和销售工作。

（1）能够对客人的特征和历史消费情况进行量化分析，充分挖掘客人的消费潜力，在有限的资源基础上提高销售额和销售利润。对顾客的消费行为进行分析，对顾客流失、价值下降等情况自动报警，为管理者提供有利的决策依据。

（2）能够知道客人的情况，更好地向客人提供个性化服务，满足客人的个性化需求。服务的最高境界就是要使客人有到家的感觉，这就需要尽可能地了解客人的喜好并加以记录，充实到顾客档案里，并培训出能充分了解客人心理的核心服务员，以保证个性化服务的水平。

（3）能随时查询到客人的生日等纪念日的情况，可以根据客人的价值排行榜做相应的关怀，如送鲜花、生日蛋糕和其他礼物等。

2. 顾客档案的类型与内容

顾客档案主要包括以下类型：

（1）客人个人档案。顾客的个人情况档案主要包括以下内容：

①顾客的个人情况。包括顾客的姓名、国籍、地址、电话号码、单位名称、出生日期、婚姻状况、性别、职务及同行人数等。由此，酒店可以分析客源的基本情况，如客源市场的动向及客源构成等。

②顾客的消费情况。包括顾客租用客房种类、房价、折扣、每天费用支出的数

额、付款方式、所接受的服务种类及酒店从顾客处获得的营业收入。由此,酒店可以了解每位顾客的支付能力及信用程度,同时还可以获得有关顾客对服务设施的要求、喜好、倾向、接受程度方面的信息。

③顾客的入住情况。包括顾客入住的季节和月份、住宿时间、订房方式及预订渠道等。这些信息可以帮助酒店拓宽客源渠道,利于酒店改进广告和促销工作。

④顾客的特殊信息。包括顾客的旅行目的、个人爱好、生活习惯、宗教信仰、特殊要求、接待规格、顾客对酒店的意见与建议、特殊事件以及顾客的签名等。这些信息可以帮助酒店提供有针对性的服务,改进服务质量。

⑤顾客的投诉资料。包括顾客在住店期间所发生的投诉种类、投诉原因、投诉处理情况及顾客对投诉的满意度等。这些信息有助于酒店对某些薄弱环节提高重视,避免今后发生类似事件。

(2)宴会顾客档案。宴会顾客档案的内容包括:举行宴会、酒会、招待会的团体或个人的姓名;负责宴会安排者的姓名、地址及电话号码;每次宴会的详细情况记录,包括宴会日期、类别、出席人数、收费标准、宴会地点、宴会布置要求、额外服务、特殊情况以及宴会后出席者的评估等。

(3)团队顾客档案。团队顾客档案的基本内容可以分为团队基本情况、组织单位基本情况和团队组织负责人基本情况三个方面。其中团队基本情况要素为团队名称、来店次数、累计人数、平均留店时间、人均消费水平、具体要求(包括对会务、用餐、娱乐、客房等方面的具体要求)、对酒店意见及评价、优惠价格、酒店接待者、是否为协议单位等。组织单位基本情况要素为:单位名称、单位地址、单位联系电话、单位简介、单位域名、单位负责人等。

3.顾客档案的建立

(1)建立渠道。顾客档案的资料可以通过多方面的渠道获得,包括:

①总服务台。在总服务台收集的顾客信息主要通过顾客的预订资料、入住登记单、账单以及对退房顾客的问候式意见征询来完成。

②大堂副理。通过顾客投诉及处理结果的记载资料、顾客意见征求书以及走访顾客、与顾客交谈沟通所获得的信息为来源。

③客房、餐饮、娱乐等前台服务部门。通过员工在对顾客服务时获得的信息、管理人员与顾客交流对顾客意见的记录以及顾客的账单和预订单建立顾客营销渠道的消费档案。

④其他渠道。酒店还可以通过会员俱乐部申请登记表、贵宾卡申请登记表、金卡顾客登记表等方式,进行散客信息收集。

(2)建立方法。包括以下几方面:

①档案卡。建立顾客资料档案卡是最常见的方法。档案卡可采用不同的颜色

来代表不同的内容与含义，卡片也应按照一定的特点和规律的系统排列方式自上而下地存放，并设立字序指引卡，表明字母顺序，方便查找。

②电脑。电脑在酒店内的广泛应用，给顾客档案的建立和使用提供了极大的方便。电脑扩大了顾客的信息量，而且可以随时对其进行更改、修整及补充。需要时通过电脑可以随时调用资料，查找迅速、方便。

在酒店顾客档案建设过程中要注意个性化需求把握的问题。通过对已有的顾客消费记录进行分析，也可以通过和顾客的热情交流，主动搜集顾客的消费习惯和消费心理，并将信息及时反馈到顾客档案中。在掌握了顾客的个性化需求后，就可以不断地设法满足顾客，这样个性化的服务才会给顾客带来意想不到的惊喜，提高顾客对酒店的满意度。

4. 顾客档案的使用

建立了有效的顾客档案后，通过酒店内部的电脑网络系统，就可以随时了解顾客入住酒店的情况，知道这些顾客有些什么具体要求以及行踪，从而可以事先作好安排。另外，在顾客的生日和结婚纪念日、公司顾客的公司成立日等，可以提前通过各种方式（电话、拜访、电子邮件等）关心和拜访顾客。

二、员工忠诚度管理

在酒店业，大多数营销活动都是由营销部以外的人员完成的，而不是营销人员。酒店的营销计划将顾客吸引到酒店当中来，而酒店员工必须把这种初次来访的客人转化为酒店的常客。酒店当中的很多部门，尤其是与顾客直接接触的部门，如餐饮部、客房部和销售部等，都是贯彻和体现酒店营销理念的重要领域。前台的接待人员、餐厅的服务员、门童，以及客房服务员，他们所提供的酒店服务、他们与顾客接触所形成的人际互动关系，都影响到客人离店时的心情。他们对处理客人要求的态度、神情和主动性，都会给客人留下印象，而这种印象是针对整个酒店的。员工提供的是酒店的产品，通过这个过程，员工也成了产品的一部分。在当今的酒店业竞争环境当中，一般很难从硬件上使酒店同竞争酒店明显地区别开来。在同一价格水平上的酒店餐厅和客房通常都很相似，真正的产品差异来自提供服务的个人。而酒店业的独特之处就在于，员工就是产品的一部分，酒店的员工必须能够在提供服务的过程中表现出色。

针对市场所进行的外部营销将顾客带到酒店里来，但如果员工不能满足顾客的期望，外部营销就毫无意义。所以，内部营销，即针对酒店内部员工的营销就必然成为酒店营销非常关注的一个方面。其中，针对员工的忠诚度管理是内部营销的重点。

（一）员工忠诚度管理的原因和目的

员工忠诚度管理是酒店内部营销的一部分，即将员工作为酒店的内部客人，通过采取一定的营销措施，提高员工的满意度，继而提高其工作积极性和忠诚度，达到员工、顾客满意、酒店受益的多重效果。

1. 员工忠诚度管理的原因

（1）酒店是一种提供组合产品或服务的企业，这种产品的特点要求酒店各种功能性的机构和人员之间对酒店整体营销战略有一致性的理解和支持。

（2）酒店是一种顾客与员工高度接触的企业，对顾客的服务质量在很大程度上取决于员工的服务表现。

（3）顾客满意与员工满意两者之间存在着高度的相关关系，通常，只有员工在其工作中得到了满足，才能保证向顾客提供稳定、一致、高品质的服务。

（4）员工是形成企业核心竞争力的最强有力的营销工具，这种核心力一旦形成，是很难为竞争者所复制的，这与硬件优势有着本质的区别。

2. 员工忠诚度管理的目的

员工忠诚度管理的目的，就是要通过提高员工满意度来最终提高顾客的满意度。因为，好的内部营销能够创造员工的满足感，而这反过来又会创造顾客的满足感。所以，员工忠诚度管理有两个效应，即顾客满意和员工满意。最终会提高利润水平，因为员工的流失减少了，而回头客却增加了。

在顾客满意与员工满意之间存在着一种平行的正相关关系。当顾客满意度降低时，员工的满意度也会降低；相反，当顾客的满意度增加时，员工的满意度也增加。满意的员工创造满意的顾客，与满意的顾客打交道，员工会感受到乐趣，这样，高水平的顾客满意也就创造了高水平的员工满意。在酒店业当中，人力资源的职能与营销是密不可分的，必须把它们结合到一起，以创造出满意的顾客和满意的员工。

（二）酒店忠诚度管理的形式

酒店的员工是“社会人”，而不是“经济人”，酒店的管理者要注意满足他们的物质上和精神上的双重需求，只有这样才能增强酒店对他们的凝聚力和归属感，才能使他们的积极性得以激发，并且巩固和保持下去。

（1）对酒店员工的成绩、爱好、兴趣等加以承认和表扬，经常地组织并开展有意义的员工活动。

（2）经常和酒店员工进行各种交流，沟通信息，以便使员工们了解酒店的经营情况和市场现状，同时，也给予酒店员工机会向上级反映一些实际工作中的具体情况。

（3）提供各种特殊刺激或是奖励，比如给予优秀员工奖金、奖品等。

(4)酒店要对自己员工的个性、兴趣、自尊心等方面的内容十分重视,以体现出酒店对他们的关心。

(5)酒店还应该关心员工的家庭生活并积极地去协助解决他们生活中存在的实际问题,如对酒店新婚员工进行祝贺,对生病的员工进行慰问等。

拓展知识

忠诚的顾客是这样的:对酒店的产品和服务非常满意,感到酒店正在研究并满足他的需要,并为酒店免费做宣传——将之推荐给朋友和家庭,最重要的是他们可以多年与企业同甘苦共患难。

顾客忠诚度被认为是取得长期利润增长的途径。取得新顾客的成本是非常高的——包括广告、销售、开创新业务及顾客学习过程。而保留顾客的成本包括维系服务的成本和沟通成本,这种成本呈不断下降趋势,保留顾客是通过顾客不断购买食品并将食品推荐给其他人来达到酒店收入的不断增长。顾客的终生价值随着时间的推移而增长。据估计,获得顾客的成本是维护现有顾客的5倍(巴斯基,1994;瑞持海尔德 & 萨瑟,1990)。虽然,这一数据根据行业的不同而有所不同。

忠诚顾客是酒店一笔巨大的财富,他们对酒店的实质性贡献(酒店80%的利润来自数量仅占20%的忠诚顾客身上)占据酒店顾客资产管理的核心地位。

有关顾客忠诚度和满意度的关系可以总结为以下几种:

1. 顾客忠诚度高,并不一定表明顾客满意度高,必须探究顾客忠诚度产生的原因,并区分出真假顾客忠诚度;

2. 顾客满意度高,也并不能表明顾客忠诚度高,必须分析满意度高的顾客类型,并找到促使顾客满意度高的原因;

3. 短期的或相对的顾客满意度,不可能维系顾客持久的忠诚度,只有长期的顾客满意度,才能获得顾客真正的忠诚度,并使这种顾客关系保持长久、紧密、稳固;

4. 真正的顾客忠诚度来自于顾客的满意度,没有顾客满意度,是不能赢得顾客忠诚度的。

通过以上的方法,我们可以试着分析出什么样的顾客才是我们真正的好顾客,再将视角专注在这些忠诚顾客的身上,关注他们的需要,追踪他们的变化,快速捕捉顾客的新需求、新变化,不断创新,最大限度地满足他们的需要,才是保持顾客长期满意度和忠诚度的良方。

(资料来源:关于酒店行业提高顾客忠诚度的全程管理. http://news.bjhotel.cn.)

第二节 酒店公共关系管理

一、酒店公共关系的概念

公共关系(Public Relation)是市场营销组合的组成部分,这一观点是由美国营销学家科特勒提出的。1984 年,科特勒提出了著名的“大市场营销论”,在过去 4Ps 理论的基础上又加上了 2 个“P”,即政治力量(Politics)和公共关系(Public Relation)。

酒店公共关系是指酒店为了增进内部及社会的信任与支持,以现代传播沟通为基本手段,以建立互利合作的公共关系为重点,以塑造良好的组织形象为目标的管理科学与经营艺术。酒店公共关系作为一种促销手段,它的公共宣传与广告不同,它不是商业性的宣传,而是形象宣传,可信度更高,因而在促销中往往能达到广告达不到的效果。

对于酒店公共关系的理解,可以从静态和动态两个角度来进行。从静态角度看,它表现为一种关系状态,这种关系状态反映了酒店内外部各种关系的亲疏程度、好坏程度。作为一种状态,公共关系具有客观性的特点,因为任何一个酒店,一经成立,就必然存在各种关系,包括酒店内部员工之间、酒店管理层和基层员工的关系,以及酒店外部与竞争对手、新闻媒介、政府部门的关系等。这些关系就是酒店公共关系状态的具体体现,它是不以人的意志而客观存在的,是一种自然存在,因此,任何一个酒店都应正视公共关系的这一特点,创造一种和谐的公关状态。从动态角度看,公共关系表现为一种活动,即一个酒店为了协调各方面的关系,为在社会上树立酒店良好形象而开展的一系列专题性或日常性公关活动的总和,这些活动始终贯穿酒店企业的发展过程。

酒店公共关系由三方面的要素构成,即主体、客体和手段。

1. 主体

酒店公共关系的主体是负责和实施公关活动的部门和个人,他们在酒店公关活动中居于主动地位,是公关活动的实施者和倡导者。作为公共关系的主体,应具备强烈的公关意识,并能根据变化的内外环境,适时、适地开展公关活动。

2. 客体

酒店公共关系的客体是在公关活动中处于被动地位的组织或个体的总和,是公共关系主体的作用对象或活动对象,相对于公共关系主体而言,公共关系客体具有被动性的特点。

3. 手段

公共关系手段是联系公共关系主体和公共关系客体的桥梁。最常用的公共关系手段是传播沟通活动,通过形形色色的传播沟通活动,在公共关系的主体和客体之间搭起一座信息交流的桥梁,使得主体和客体在信息充分共享的基础上,实现一种比较良好的关系状态。酒店可利用的公共关系手段是很丰富的,主要包括以下几类:

(1)出版物。酒店广泛地依靠传播性材料对目标市场进行宣传和影响,如年度报告、宣传手册、卡片、文章、音像制品及酒店简介和杂志等。

(2)活动事项。酒店可以通过举行特别的活动事项来吸引人们对酒店新产品及酒店其他活动的注意,如新闻发布会、研讨会、户外活动、展览会、比赛和竞赛、周年庆祝、体育运动及向目标群体宣传的文体赞助活动等。

(3)新闻。公关人员的一个主要任务就是发现和制造对酒店、产品及其成员有利的新闻。一个优秀的公关媒体主管,应该清楚新闻界需要的是哪些有趣、及时而又有价值的新闻,策划具有“新、奇、特”特点的新闻事件,写出文笔出色、引人瞩目的新闻稿件。

(4)社区关系。酒店要加强与酒店驻地社区的联系,得到良好的社区口碑。

(5)选择标志性媒体。酒店必须为赢得公众的注意而竞争,应该努力创造出一种一眼就能识别的视觉标志。这种视觉标志存在于酒店的商标、文具、宣传手册、招牌、业务表格、名片、建筑物、制服及各种车辆中。

(6)游说。酒店公关人员应与政府官员打交道,以促进有利于或阻止不利于酒店经营的立法及其他法规的制定,以保护酒店的经营。

(7)演讲。演讲是进行产品和酒店宣传的另一种工具。酒店要慎重选择演讲者,举办一次演讲的费用无疑是昂贵的,所以要花时间去筹备。每一次演讲的效果可以通过印制演讲稿副本或节录发给新闻界、股东、员工和其他公众来实现。

(8)社会公益营销。酒店可以通过向慈善事业捐献金钱和提供服务来提高在公众中的声誉。

二、酒店公共关系的作用

从营销角度看,公共关系是一个成本低、任何规模的酒店都可以支付的促销工具,与广告相比,它更有劝说力,因为人们并不认为它们是单纯的商业信息。公共关系在酒店促销中的作用主要表现在3个基本方面。

(一)收集信息、参与决策、树立良好的企业形象

信息是酒店营销中最为灵活也最为重要的资源。运用各种公关手段可以采集各种有关销售信息,监测酒店所处的营销环境。酒店公关需要收集的信息包括以下几个方面:

(1)产品形象信息,顾客对酒店产品和服务的价格、质量、态度等的各种反应

与形象等的评价。

(2)企业形象信息,顾客对酒店组织机构、经营管理水平、酒店人员素质及酒店外观等的评价。

(3)内部公众信息,酒店员工对酒店的意见、评价。

(4)其他信息,外界竞争者的动态,顾客需求的变化,国内政治、经济、文化、科技等方面的重大变化。

公关人员应充分利用所收集到的各种信息,进行综合分析,及时、准确地向决策者提供咨询,提出合理可行的建议,为塑造或重塑酒店形象,为酒店促销奠定坚实的基础。

(二)交往沟通、协调关系

酒店是开放的系统,不仅内部各要素需要相互联系、相互作用,而且需要与外部各种环境进行交往沟通。交往沟通是公关的基础,任何公共关系的建立、维护与发展都依赖于主客体的交往沟通。酒店通过交往沟通主要协调两方面的关系:一是与酒店直接打交道的和间接打交道的个人和团体建立并保持一种持续的、互惠互利的正面关系;二是当酒店遇到危机、面对反面宣传时,建立应对系统,协调各种关系,发挥公关的面对反面宣传时的反宣传和对负面新闻的抵制封锁能力,维护或重塑酒店形象。可见,公共关系在有利的情况下是一种主动进取的手段,在不利的情况下则是一种有力的防御策略。

(三)教育引导、提高其他促销组合要素的效率

公共关系可以通过广泛、细致、耐心的劝服性教育和优惠性、赞助性服务来诱导公众对酒店产生好感,从而使顾客更容易接受促销组合要素所提供的各种劝导信息,这样就为广告人员推销和营业推广铺平了道路。

三、酒店公共关系的分类

酒店公共关系可分为两种主要类型,即酒店内部公共关系和酒店外部公共关系。

(一)酒店内部公共关系

为了提高酒店员工积极性,建立员工主人翁精神及培养员工自豪感而进行的公共关系,称为酒店内部公共关系。要注意满足员工物质上和精神上的需要,才能增强酒店对他们的凝聚力和归属感,才能使他们的积极性得以激发并持久下去。为此,有效的办法就是系统地组织好酒店内部的公关活动,通过酒店内部的公关加强员工主人翁精神,提高员工为酒店争光的自觉性和为酒店客人服务的积极性,增强酒店员工的士气。

内部公关活动的形式是灵活多样的,主要包括以下几种:

(1)对酒店员工的成绩、兴趣、爱好等加以承认和表扬,如举办酒店员工月活动奖,开展有意义的各种活动。

(2)经常与员工进行各种交流活动,沟通信息,以便使员工了解酒店的经营情况和现状,同时,也便于酒店管理人员了解员工的实际情况。

(3)通过组织酒店员工的集体活动来提高员工的集体荣誉感。如组织酒店各部门之间的篮球、足球、围棋、象棋等体育活动比赛及各种知识竞赛。

(4)提供各种与酒店内部公关有关的特殊刺激或激励奖。如对成绩优异的员工给予奖金、奖品或岗位轮换等奖励。

(5)对员工的个性、兴趣、自尊心等内容的重视,以体现出酒店对员工的关心。

(6)关心员工的家庭生活和解决他们日常生活中所碰到的问题。如酒店管理人员对新婚员工、新生婴儿等贺喜,对生病的员工进行探望等。

总之,酒店内部公关活动在尽量使员工感到酒店对他们的关心的同时,还要培养员工对工作的积极性、主动性和对酒店的责任感,使整个酒店最终形成员工高兴、客人满意、酒店受益的良好局面。

(二)酒店外部公共关系

酒店外部公共关系是指酒店与除本酒店员工以外的公众之间的关系,其目的是通过针对外界公众而展开的活动,树立酒店在外界公众中的良好形象。因此,酒店公关人员在进行外部公关活动时,应处理好以下几种关系:

1. 与顾客的关系

顾客是酒店外部最大的公众,顾客关系是非常重要的公共关系。酒店是服务性行业,没有顾客就没有酒店存在的必要,顾客的需求是酒店一切活动的中心和出发点,良好的顾客关系是酒店生存发展的基础和条件。因此,酒店经营中应处理好与顾客的公共关系。具体应从以下几方面入手:

(1)树立“顾客是上帝”的思想。酒店应树立“顾客总是对的”的思想,为顾客提供优质服务,赢得顾客的理解、信赖和认可。

(2)研究、了解顾客的消费习惯和消费心理的变化。酒店要注意研究、了解顾客消费习惯和消费心理的变化,尤其要注意研究潜在顾客的心理需要,及时改进服务和销售策略。

(3)处理好顾客的纠纷与投诉。酒店在经营过程中,纠纷与顾客投诉是难免的,公关人员要正确引导和处理纠纷、投诉,应稳定顾客情绪,缩小因纠纷所造成的不利影响,将坏事变好事,借以提高酒店的形象。

2. 与新闻媒介的关系

媒介对于酒店来说是一种最特殊的外部公共关系,它具有双重身份:一方面它是传播手段,酒店可以凭借媒介把各种公关信息传递给公众;另一方面,新闻媒介本身也是一种公众。酒店公关人员只有搞好与新闻媒介的关系,才可能发挥好媒介这一传播工具的作用,并在社会舆论导向中占得先机。酒店与新闻媒介之间的关系,实际上是与记者、编辑的关系。要做好这方面的公关工作,就要经常与他们保持联系,并主动制造新闻事件以引起新闻媒介的重视。

酒店与新闻界联络的具体形式有:

(1)发布新闻稿或提供资料。经常及时给新闻媒介提供有价值的新闻稿、资料是与新闻媒介密切联系的重要形式。

(2)召开新闻发布会。用召开记者座谈会的方式发布重要新闻,让记者有机会提问题,提供实物、图表、资料帮助记者了解重要新闻的内容与背景。

(3)制造新闻。所谓制造新闻,是有计划地策划、组织并举办具有新闻价值的活动和事件,吸引新闻界和公众的注意及兴趣,争取新闻报道,从而提高酒店知名度。酒店公关人员可采用配合新闻、与新闻人物建立联系、与名人攀上关系等方式去“策划”新闻。

(4)与记者保持经常性的联络。公关人员应每天关注新闻并作出反应。对新闻界的询问、批评或要求要及时作出回答,要指定专人负责与新闻界联系,及时处理有关事务。

3. 与政府的关系

做好与政府的关系主要有两方面内容:一是主动适应。酒店公关人员应熟悉政府所颁布的政策、法规,认真研究分析政府的决策动态和趋向,预测政府的导向,及时收集信息,供决策参考。二是主动沟通,争取政府的支持。酒店应保持与政府机构的有效沟通,使上情下达,下情上达,使政府部门对企业有充分的了解。还可以利用周年庆典、总结表彰大会、捐助活动等大型活动的机会,邀请政府领导亲临酒店,扩大酒店的影响。

4. 与竞争对手的关系

从长远的观点来看,竞争对手更应是合作的伙伴。酒店在营销中应处理好与竞争对手的关系,尽量避免价格大战,努力创造一种公平、双赢、平等、互惠的战略伙伴关系。

5. 与社会的关系

(1)维护社区环境。包括维护社区环境卫生,不排放废气、废水、固体废弃物,垃圾每日清理。

(2)维持社区安定。酒店人来人往,治安复杂,酒店必须与社区配合,加强酒店和社区的治安管理,避免给社区治安带来负面影响。

(3)支持社区公益活动。酒店财力强大,人员素质高,要主动出钱出力,支持社区公益活动,建立良好社区关系。

(4)给社区带来自豪和骄傲。酒店是社区标志性建筑和社会交往中心,应以良好的形象给社区带来荣耀。

6. 与当地社团的关系

酒店的经营离不开当地企事业单位及其他社会团体的支持与帮助。当地社团对酒店态度、看法的好坏,直接影响到酒店的客源、餐饮、会议设施的销售。

四、酒店开展公共关系的方式

(一)选择多种大众传播媒介

酒店主要是通过广播、电视、报纸、杂志以及专家、学者、名人等来传递关于酒店的经营宗旨、方针、策略方面的信息,同时传播酒店产品和服务的优势与特色,从而展示酒店的风采。

(二)举办各种会议或社交活动

酒店要定期或不定期地召开座谈会、答谢会、联欢会,借此来密切酒店同社会各界知名人士和代表的友好关系。酒店可以借此机会来介绍本酒店的发展,以建立广泛的社会联络以及双方的信任与合作。

(三)参加社会公益活动

酒店可以利用参加社会性、公益性、赞助性的公关活动,来支持社会的公益事业,扩大酒店的社会影响力,提高酒店的信誉,赢得社会公众的了解、支持、赞扬甚至是爱护,为酒店树立良好的社会形象。

(四)听取和处理公众的意见

酒店应该积极地收集公众对自身所提供的产品和服务的意见及建议,并要在第一时间将改进后的情况告知他们,予以感谢。这样,酒店既可以满足公众的要求,发扬诚实的作风,又可以使光临的顾客心满意足,密切自己与公众之间的关系。

(五)开展酒店内部公共关系

应该十分关心自己职工的福利,提高他们的工作积极性。并且还应该开展针对员工家属等的公共关系活动,进一步密切与员工的关系。

五、酒店开展公共关系的程序

(一)建立营销目标

确定营销目标,公共关系活动围绕营销目标而展开。

1. 树立知名度

公共关系可利用媒体来讲述一些情节,以吸引人们对酒店产品、人员或构思的注意力。

2. 树立可信性

公共关系可通过社论性的报道来传播信息以增加可信度。

3. 刺激销售队伍和经销商

公共关系对于刺激销售队伍和经销商的热忱非常有用。在新产品投放市场之前先以公共宣传方式披露，则便于帮助销售队伍将产品推销给零售商。

4. 降低促销成本

公共关系的成本比直接邮寄和广告的成本要低得多，越是促销预算少的企业，运用公共关系就越多，以便能深入人心。

酒店对于每次公共关系活动都应该确定具体的目标，以便于评估其最后的结果。

（二）选择公共关系信息和载体

公共关系目标确定后，酒店就要确认该产品是否具有有趣的经历可报道，如果新闻性信息数量不足的话，公关人员就应该提出一些酒店能予以资助的有新闻价值的活动事项。公关人员此时面对的不是发现新闻而是制造新闻。公关创意包括举办重大学术会议、邀请知名人士演讲、组织新闻发布会等，每一项活动都有大量的事情可以报道，它们分别受到不同群体的关注。

（三）与媒体建立良好关系

公关宣传活动要求谨慎地进行。例如，通过媒体传播信息这一问题，激动人心的信息很容易得到报道，但是，大多数新闻发布会都可能缺少吸引力，难以引起那些编辑的注意。公关人员的一个主要任务就是发展与媒体编辑的良好关系。

（四）评估公共关系的效果

由于公共关系经常与其他促销工具一起使用，故其使用效果很难衡量。但如果公共关系使用在其他促销工具之前，则其使用效果较容易衡量。有效公共关系常用 3 种衡量方法：展露度，知名度、理解和态度方面的变化，销售额和利润贡献。

1. 展露度

衡量公共关系效果的最简易的方法是计算出现在媒体上的展露次数。这种衡量法也有其缺点，它不能指明实际上到底有多少人读了或者听到某种信息以及后来他们又想了什么。无法知道信息触及的受众的净人数，因为出版物的读者是有重复的。

2. 知名度、理解和态度方面的变化

一个较好的衡量方法是由公共关系活动引起的产品的知名度、理解、态度方面的变化，这需要调查这些变动的前后变化水平。

3. 销售额和利润贡献

如果可以得到的话，销售额和利润的影响是最令人满意的一种衡量方法。

拓展知识

CRM在酒店行业的运用

CRM即客户关系管理,是指企业用CRM技术来管理与客户之间的关系。在不同场合下,CRM可能是一个管理学术语,可能是一个软件系统。通常所指的CRM,是指用计算机自动化分析销售、市场营销、客户服务以及应用等流程的软件系统。它的目标是通过提高客户的价值、满意度、赢利性和忠实度来缩减销售周期和销售成本、增加收入、寻找扩展业务所需的新的市场和渠道。CRM是选择和管理有价值客户及其关系的一种商业策略,CRM要求以客户为中心的企业文化来支持有效的市场营销、销售与服务流程。

从酒店行业角度来看,通过客户消费行为和价值取向进行深入分析,满足客户个性化需求,提高客户忠诚度和保有率,挖掘新的销售机会,降低销售成本,增加收入,扩展市场,从而全面提升酒店营运能力和竞争力。

酒店CRM系统通常具备以下五种基本功能:完整的信息管理、全方位的沟通手段、可量化的销售管理、准确的市场分析、其他辅助功能子系统等。

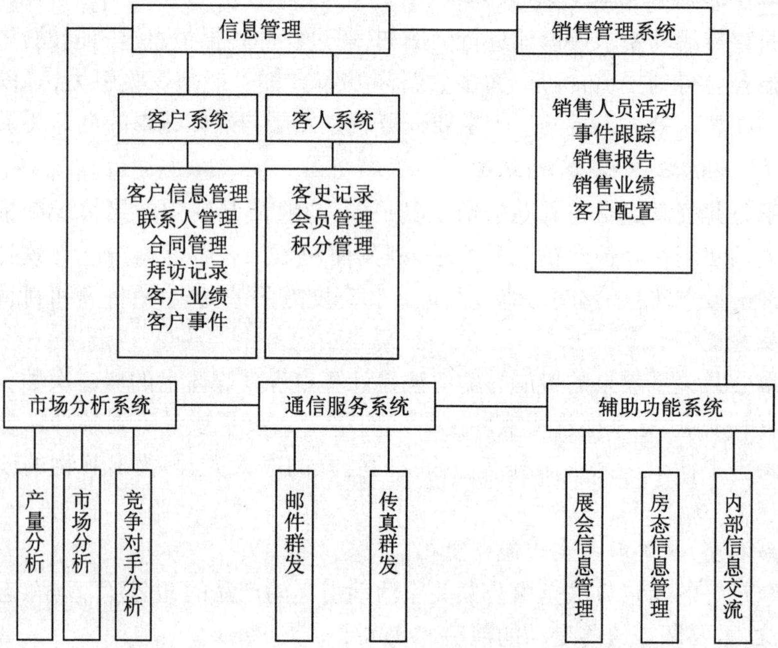

酒店应用CRM采取的对策

1.“以顾客为中心”的企业文化的重塑和变革

(1) 以顾客为中心,以及由此而衍生的重视顾客利益、关注顾客个性需求、面向感情消费的经营思路等企业文化特征,是经改造后以适应新经济时代要求的新型企业文化的重要特征。企业文化的改造是一个系统工程,不可能凭借一招一式,一蹴而就,酒店可以从以下几个主要方面入手,系统地改造原有企业文化:定义企业经营理念时,要从顾客利益出发。酒店经营理念必须紧密结合市场需求,当市场需求发生改变时,酒店经营理念应随之而变革,由于“以顾客为中心”的商业模式迅速来临,对许多酒店而言,渐进式的改革已不足以适应市场需要,而需要的是对酒店的经营理念进行革命式再造,根本改变酒店体质,构建一个“从顾客利益出发”的酒店企业文化体系。

(2)进行培训,让员工接受“以顾客为中心”企业文化。培训是促使文化塑造与变革的一个重要的策略,在文化变革的实施计划安排就绪后,就要督促员工参与培训、学习,让全体员工接受培训。通过专门培训,让员工知道什么是“以顾客为中心”的企业文化,“以顾客为中心”企业文化有什么作用,酒店为何及如何实施文化塑造与变革,“以顾客为中心”企业文化对员工有什么新的要求,认识酒店现有文化状态与“以顾客为中心”的差距。还可利用各种舆论工具,如广播、闭路电视、标语、板报等大力宣传酒店的价值观,使员工时刻都处于充满企业价值观的氛围之中,通过耳濡目染渐入员工心中。

(3)领导者身体力行,信守“以顾客为中心”的理念。酒店领导者的模范行动是一种无声的号召,对下属成员起着重要的示范作用。因此,要塑造和维护酒店的共同理念,领导者本身就应是这种理念的化身。他们必须通过自己的行动向全体成员灌输酒店的理念。

(4)建立激励机制,巩固“以顾客为中心”企业文化。“以顾客为中心”的理念的形成是一种个性心理的累积过程,这不仅需要很长的时间,而且需要给予不断的强化。人们的合理的行为只有经过强化以肯定,这种行为才能再现,进而形成习惯稳定下来。因此,考评内容应是企业文化的具体化和形象化,员工晋升时,要考虑他是否与“以顾客为中心”企业文化相融合,对于那些没有好好工作,并难以和企业文化融合的人员离开酒店,让员工明白酒店在鼓励什么,在反对什么。

2.“以顾客为中心”的制度变革观念再造,根本保证是制度创新

只有制度创新了,观念才能转变。光靠教育和培训,是无法真正实现观念再造的。它需要血淋淋的事实和严格有效的制度才行。观念问题虽然有个人素质因素,但实质上是体制问题。有什么样的体制,就一定有什么样观念的人。观念决定了行动,行动决定了命运。而好的机制则来自于制度创新。

3.“以顾客为中心”CRM 中的知识管理

CRM 在本质上是知识的管理,只有充分了解这些信息,并转化为组织自身的知识,成为组织行动和决策的依据,信息技术才发挥了它应有的商业价值。但是,它改变了企业原有的知识管理模式,组织的知识随组织的历史而成长,而不是建立在某个领导和某些优秀员工的知识基础之上,不会引起随人员的流动而可能遭受知识流失等许多的不稳定的因素。每个人都在为组织的知识增长而贡献,同时也在享受着组织知识给予的培训和教育,在很大的程度上提高自己的效率。与此同时,会受到一些认为其个人的经验和知识具有独自占有的优势的员工的阻挠,在他们看来,这是他们的工作隐私,这些知识和经验是他们自己在工作的过程中慢慢获得和领会的,并没有得到其他员工组织领导或者历史知识的帮助。这就存在一个困难的开始,怎样打破这个不利的“平衡”成为组织领导阶层的任务之一。信息所有权和使用权不再结合在一起这就是最重要的变革之一,从上而下的整个组织的变革。

4.建立“以顾客为中心”的经营组织

现有的组织结构阻碍了公司向客户传递价值的潜力,必须建立以客户为中心的工作协同项目团队。同时,权力和责任必须得到很好的界定和划分。CRM 组织的基本结构应该围绕关键的沟通流程来形成,从客户了解、建立关系到互动沟通,等等。为了辨别正确的客户,提供正确的产品和服务,并通过正确的渠道在正确的时间安排与客户进行互动和沟通,人们步调必须一致,这就需要全新的组织,CRM 营销主管、CRM 营销分析师、CRM 活动经理、CRM 细分经理以及渠道经理等职位对实施 CRM 来说可能是必要的。

第三节 酒店广告策略

一、酒店广告的概念

酒店广告是指酒店通过各种大众传播媒体如广播、电视、报纸或杂志等以支付费用的方式向目标顾客传递有关酒店信息,展示酒店的产品和服务。通过广告,可以帮助消费者了解酒店;广告还可以辅助酒店营销人员的亲自推销,使顾客有可能接触到酒店的推销力量。酒店营销人员往往无法接触到最终顾客,但这些最终顾客则可以从广告中认识和了解酒店。另外,好的广告能够引起公众的兴趣,在某种程度上不仅可以引导顾客的购买,而且还可以激励需求,创造需求,从而扩大酒店的销售。广告是酒店促销组合中重要的组成部分,它的作用是长期的,有时甚至是潜移默化的。

酒店广告的重要性也是由其产品和服务的特性所决定的。酒店产品具有自身的特点:第一,顾客对酒店品牌的忠诚度较低,他们很容易转向其他酒店;第二,顾客对酒店的需求不同于一般日用消费品,作为一种替代性极强的消费,它的需求存在着不稳定性、季节性以及对价格和经济环境的高敏感性;第三,顾客购买行动的超前性,他们通常是在无法看到实物产品的情况下,提前预订和登记,而后才进行消费;第四,顾客对酒店产品的购买行动有时是非理性的,在很大程度上受同事、亲友等外界影响。此外,酒店产品作为一种服务型与设施型产品,相比较于技术密集型的产品具有可模仿性强和竞争程度高的特点。所有这些都说明,顾客在购买酒店产品时,如果对某个酒店和其产品没有印象,便不太可能购买该产品。因此,广告在顾客购买决策中具有举足轻重的影响作用。

二、酒店广告的作用

尽管各个酒店对待使用广告的目的和方法都存在着差异,但是广告作为酒店的一种十分重要的营销手段还是有着巨大作用的,具体表现在以下7点。

1. 宣传酒店及其产品和服务

广告可为酒店树立市场形象打下基础,向市场宣传介绍酒店的产品和服务的用途、特点及对顾客的益处。

2. 刺激初步需求和选择性需求

某种产品或服务进入市场时,酒店常常使用介绍性广告,向市场提供有关产品和服务的信息,刺激最初需求。在竞争激烈的市场环境里,劝说性广告尤为重要。酒店用说服的方式,改变购买者的看法,鼓励他们选购自己的产品和服务,或造成他们对本酒店产品和服务的偏爱。对比性广告是劝说性广告的一种形式。这类广告通过对同类产品或服务的一个或几个特点的比较,刺激选择性需求。

3. 削弱竞争对手广告的影响

酒店使用广告来抵消或削弱竞争对手的促销活动的影响,称为守势广告。这类广告不一定能增加企业的营业额或市场份额,但能防止销售量或市场份额下降。

4. 提高营销人员的销售效率

如果人员推销在促销活动中占相当重要的地位,酒店就应常在广告中说明联系方法,鼓励消费者来索取更多的信息。顾客联系之后,酒店就可派员工上门推销。

5. 宣传产品和服务的多种用途,提高销售量

酒店通过广告,使购买者相信自己的产品或服务有更多用途,或向购买者介绍产品和服务的新用途。在进行这类广告宣传时,酒店应设法增加市场对自己产品和服务的需求量,同时防止增加对竞争者产品和服务的需求量。

6. 提醒消费者购买产品,增强消费者的信任感

在产品生命周期的成熟阶段,酒店常使用提示性广告,设法保持本酒店的产品

和服务的知名度。增强信任感的广告主要用于向消费者证实他们选购本酒店的产品和服务是正确的。这两类广告都以提醒为目的,防止销售量下降。

7. 稳定销售、减少销售波动

酒店通过广告,引导消费者改变购买时间。在旺季,酒店可不做或少做广告,避免过分刺激需求。在淡季,酒店可通过广告,使消费者了解他们可得到更好的服务和优惠的价格,刺激市场的需求量。

三、酒店广告的分类

广告按照不同的标准,分为若干互相渗透又互有差异的种类。

(一)按广告的传播范围划分

1. 国际性广告

就是将本酒店的产品、服务和形象向国际推广介绍时所做的广告。国际性广告常为国际酒店集团所采用。

2. 全国性广告

就是选用全国性的媒体向广告受众推广介绍商品、服务和观点。采用全国性广告的多是一些规模大、产品服务遍及全国的酒店。

3. 区域性广告

就是在一个较大的经济区域内做广告,如华东区、华北区、华南区等。采用区域性广告的多为中型酒店。

4. 地方性广告

就是选用比区域性广告传播范围更窄的地方性传播媒体,如地方电视台、电台、报纸、杂志、路牌及霓虹灯等。采用地方性广告的多为小型酒店。

(二)按广告的目的划分

1. 以推销商品为目标的广告

可细分为三种:一是报道式广告。以教育性和知识性为特征的文字图像,向消费者介绍酒店产品的性质、用途、价格等情况,其基本任务是使人们知道而不是劝导购买。这类广告属开拓性广告,在商品生命周期的导入期和成长期多用这类广告。二是劝导式广告。这是以说服为目标的广告,通过同类商品间的比较,指出本酒店商品的特点,加深消费者对酒店的品牌、商标的印象,刺激选择性需求。这类广告属于竞争性广告,在商品生命周期的成熟期和衰退前期采用较多。三是提示式广告。这类广告的商品均是消费者已有使用习惯、购买习惯的日常生活用品。采用这类广告的目的是刺激重复购买,强化习惯性消费。

2. 以提升酒店形象为目的的广告

这类广告并不直接介绍商品及其优点,而是着重宣传酒店的一贯宗旨、信誉、历史及成就，进而塑造酒店自身的良好形象，增强消费者对酒店的信心，沟通酒店与消费者的公共关系，为酒店长期销售目标服务，故又称为战略性广告。

3. 以建立观念为目的的广告

这类广告既不直接介绍商品，也不直接宣传酒店的信誉，而是通过宣传来建立或改变购买者心目中的一个酒店、一种产品的形象，或者是一种消费观念，以达到有利于招徕顾客的目的。

4. 以解决问题为目的的广告

这类广告通过直接传递信息，解决广告顾客的某一类具体问题，如招聘人员、寻人启事、挂失等。

四、酒店广告媒体的选择

酒店广告可供选择的媒体主要包括以下 7 类。

（一）印刷类

印刷类媒介包括报纸、杂志、旅行手册、旅游出版物及电话号码簿等。酒店采用印刷类传播做广告，可以展示较多的信息，而目标公众可以控制阅读时间，因此，印刷广告通常可以长期保留在顾客的心目中。此外，印刷类广告可以附带奖券和回执，它还具有很大灵活性，例如酒店既可以展示图片、复印菜单，又可列出报价的详细信息。

1. 报纸

（1）优点：读者面最广，地理分布区域广，有助于吸引既定的目标市场；调查表明，顾客认为报纸是收集旅行信息的良好来源，许多报纸有旅行、度假区、餐厅、酒店信息专栏；报纸适于浏览，不必专门占用时间阅读，因而读者众多；报纸广告时效性强；报纸广告成本低。

（2）缺点：报纸广告保存时间短，通常只有一天，且读者只是浏览；广告展示质量差，尤其是采用图片时；报纸篇幅大，而小的广告则容易被掩盖其中。

2. 杂志

（1）优点：读者针对性比报纸强。此外还有专门性杂志，对于吸引特定市场层面十分有效；杂志广告保存时间长，并可以广为传看；杂志的印刷质量好，尤其是彩色图片。

（2）缺点：出版周期长，因此广告必须提前做；杂志很难针对某一地区市场；杂志广告成本高。

3. 旅行指南

（1）优点：旅行指南如酒店城市（区域）旅游景点指南、酒店指南等通常针对特定的目标市场和地理区域，因此，其市场针对性强、效果好，况且有时列入旅行指南无须付费。

(2)缺点:旅行指南出版周期长,价格、设施、服务等资料或许在指南尚未出版时已改变;大部分政府出版的指南不允许做广告,顾客只能看到信息的罗列。

4. 旅行出版物

(1)优点:这些出版物免费发放给旅行行业,发行量有保证,因此可以保证酒店广告传递到适宜的公众手中。

(2)缺点:与其他杂志相比,很难针对特定的市场地理区域;旅行业界人士通常因业务繁忙,不太可能注意到单个酒店广告,因此,广告必须与人员推销配合起来使用。

5. 电话号码簿服务指南

(1)优点:对于酒店吸引本地顾客或临时到本地旅行的顾客有很好的效果;由于保存的时间长,广告的重复曝光率很高;由于广告按行业分类,有助于顾客查阅。

(2)缺点:由于更换频率低,因此很难对广告加以更换或做新的广告。

(二)直接邮寄

如果事先进行有效的策划和选定目标市场,直接邮寄广告可以起到与人员推销同样的作用,尤其适用于介绍新的产品和服务、宣布新的企业动向以及提供特殊惠赠等。直接邮寄广告成功的关键在于要有高质量的邮寄目标;最好的方法是根据酒店内部资料而建立的目标。

这些内部资料包括:过去曾下榻过的顾客,过去顾客的亲戚和朋友,与过去顾客有关的生意来源,询问记录,取消预订记录等。

此外,也可以根据外部资料来列举邮寄目录。例如,电话号码簿,城市旅游景点及购物指南,工商企业名录册,旅行指南,杂志和报纸订阅名册,协会和俱乐部成员名录册,政府机构、旅游组织、商务部门和地区旅行协会出版的名录指南,信用卡持有者名录册,邮政系统发行名录册,参与旅行展销会和旅游会议的代表名册,旅行指南名册等。

1. 优点

(1)市场针对性强。如果对名录册仔细筛选,酒店便可以保证只有潜在的顾客才能接触到酒店广告。因此,酒店不仅可以控制广告的内容,而且还可控制广告所要到达的市场层面。

(2)灵活性大。邮寄的内容十分广泛,凡能插入信封的,如小册子、地图、会议就餐赠券等,都可以用来邮寄。

(3)邮寄广告既可以寄到潜在顾客家中,也可以寄至办公地点。

(4)它不用同竞争对手的广告同时阅读。

(5)可以使广告针对个人,使之感到亲切。人们对列有本人姓名的信件感兴趣,如酒店通过给过去的顾客邮寄手写的生日贺卡,可以使之成为回头客。

(6)通过采用赠券、回执卡或其他反馈卡,可以对邮寄广告进行正确的评价。

2. 缺点

(1)直接邮寄广告成本较高。由于邮寄到个体顾客,往往邮资很高。如果能与邮政公司合作,采取大宗业务,便可享有一定的邮资优惠。

(2)直接邮寄的反馈率通常较低,多为1%~2%。

(三)户外广告

户外广告的形式很多,如广告牌、电汽车站牌、广告车身广告和电话亭广告等,也包括酒店招牌。户外广告一般设立在行人较多的马路上、交通工具经过的线路两旁和闹市中心,它主要是为了建立酒店的声誉,而不是为了眼前的推销。此外,户外广告还对宾客起到指路标的作用。

1. 优点

(1)它对于强化其他类型广告以及吸引过往行人具有显著的作用。

(2)户外广告展示时间长,其暴露次数多,能在公众心目中留下较持久的印象。

(3)由于其尺寸大,因此它们可以采取各种形式和格式来制作。

(4)如果周围没有其他陈列展示,则广告视线不会或较少受到其他的干扰。

2. 缺点

(1)由于户外广告包含的信息量有限,传递的信息必须简短明确。因此,它适合已建立起信誉的企业使用。

(2)户外广告的制作必须做到清晰易读,醒目美观,反映出酒店的鲜明特色,并明显地标明酒店的名称和具体地点。

(四)广播电视广告

广播电视广告主要指广播和电视广告,这类广告真实感强,对于潜在宾客影响很大。

1. 广播

在电视出现之前,广播是一种大规模的广告工具。

(1)优点:在特定的节目有特定的听众群,且广播往往针对某一特定区域,因此在广播做广告针对性很强,能够吸引固定的市场层;广播是一种传播功率极大的媒体,电台广告可以用来强化广告作用,获得立即的反馈,并可以通过重复播放以加强目标公众对酒店产品和服务的了解,加深听众的印象;广播的费用较低,且收听者不受时间和空间的束缚,随时随地收听。

(2)缺点:广播展示时间短,且稍纵即逝,因而,听众往往印象不十分深刻,甚至忽视最重要的信息,且日后无法查阅;广播广告以听为主,无法形成视觉效果,像酒店的许多设施与服务便不可能通过画面和图片展示出来,从而削弱了广告的效果。

2. 电视

电视是目前发展最快、使用最广的一种传媒手段，通过电视做广告是建立酒店良好形象的最佳途径，其广告效果可以通过声像最好地展现出来。

与广播一样，电视在特定的时间、节目和地域有固定的观众群，因而可以大规模地吸引消费者。随着电视的普及，电视广告的作用也将越来越大。

然而，电视广告也有不足之处，如时间短暂，无法持久保留等。此外，电视广告费用昂贵，除播映费外，广告的制作成本也很高，因而，酒店较少直接通过电视来做广告。

（五）交换广告

交换广告是指酒店不直接付费给做广告的媒体，而是允许对方使用酒店产品和服务作为交换。这一方式可以减少酒店的广告支出，提高酒店产品和服务设施的使用率。但是，这一方式应选择在酒店营运的淡季和非高峰时期进行，否则将会增加旺季和营运高峰时的压力。

（六）联合广告促销

联合广告是指酒店同其他企业和组织机构如航空公司、旅游企业、信用卡公司等联合开展广告和促销活动。联合广告促销可以在不增加酒店广告费用的情况下，增强整体广告的声势和曝光率，以扩大广告的影响力，提高广告的效果。然而，联合广告促销也可能因为促销的产品太多，而使酒店的信息被淹没。另外，酒店无法对整个广告的质量和信息量进行整体的控制，也可能达不到酒店所期望的目标市场。此外，联合广告因涉及多家企业和组织机构之间的协调，其准备时间和周期有时会很长。

（七）网络广告

互联网的兴起为酒店的广告宣传打开了新的通道。酒店可以通过 Web 服务器和顾客浏览，在互联网上发布各种信息。消费者可以借助检索工具迅速找到所需要的酒店信息。

常用的网络广告形式有旗帜广告、图标广告、文字链接、电子邮件广告、新闻组以及网上问卷调查。

网络广告本身是一种很有潜力的广告载体，它具有传统媒体广告所无法比拟的优势。

(1)交互性。它可以使消费者随心所欲地选择自己感兴趣的广告信息，而且传播快速，发布和接收基本同步。

(2)广泛性。互联网的全球性使互联网上发布的广告也是全球性的。

(3)针对性。可以分析网站访问者的喜好，以精确定位投放广告。

(4)易于统计性。互联网广告的发布次数和效果均可以用技术手段精确统计。

但是，由于我国的网络经济刚刚起步，网络广告还存在着许多不成熟的地方。

例如，网络广告的实际效果不易把握，酒店难以在投放广告之前有一个准确的收支估计；网络广告的供需很难平衡等。中国互联网络信息中心的调查数据显示，中国网民大多是18岁到30岁之间的收入水平较低的人，占网民总数的52.9%，这些人对酒店产品需求和购买力较低。因此在相当长一段时期内，网络广告还只能作为传统媒体广告的补充。

五、酒店广告计划

酒店广告计划是广告促销活动有效性的前提，它必须建立在整个市场营销计划的基础上。一个成功的广告计划包括以下7个步骤。

（一）确定广告的目标公众

酒店开展广告促销运动，首先必须对市场进行分析，确定其促销的目标市场，以保证广告在促销中的主题、媒体的选择、促销地理区域上的针对性，从而以最少的广告预算，取得最大的广告效果。

（二）确定广告的目标

可供酒店选择的广告目标很多，大致包括三类：

(1)开拓性广告，即酒店通过广告活动向目标公众提供种种信息，诸如告诉目标市场酒店即将推出新式菜肴、主题活动以及价格变动的消息等。这种广告适用于酒店新开业和推出新的产品和服务时采用。

(2)诱导性广告，即酒店通过广告活动建立本酒店的信誉，改变宾客对本酒店品牌的态度，宣传自己的优越性，以鼓励宾客放弃竞争对手酒店转而购买本酒店产品，劝说宾客立即购买。这种广告适用于酒店处于比较激烈的市场竞争形势下。

(3)提示性广告，即酒店通过广告活动提醒宾客在特定的时间中使用酒店的某种产品，如各种节庆活动前酒店推行广告运动，以扩大节日用餐量。

（三）制定广告战略

广告战略是指酒店开展广告活动时所突出的重点特征以及广告信息展示的方法。酒店广告战略主要有以下几种：

(1)产品导向型广告。这种广告战略在于重点宣传酒店产品的特征，强调酒店产品的优势，以及较之于竞争对手的独到之处。

(2)宾客导向型广告。这种广告战略较少强调产品，其重点放在宾客的态度、兴趣和需求方面，其目的在于刺激和引导宾客的消费趋向。采用这种战略，广告必须能够迎合宾客的消费观念和价值取向，让其感受到酒店的舒适、物有所值以及家外之家的温馨。

(3)企业形象导向型广告。这种广告战略在于帮助酒店建立鲜明的企业形象，从而树立本酒店良好的企业形象，并使之区别于其他同类酒店。这种战略适用于新建和新开业的酒店，以及大型酒店集团。

(4)市场定位导向型广告。这种广告战略在于确立酒店在特定细分市场的地位，从而建立其细分市场优势。中小酒店和独立经营的酒店适于采用此种战略。

(四)选择广告媒体

在选择广告媒体时应注意以下几个方面：

(1)广告媒体必须与酒店产品的性质相配合，如果酒店所提供的是纯休闲度假的产品，就不适于在纯针对商务客人的杂志等媒体上做广告，而应当选择休闲度假类的旅行杂志。

(2)选择媒体必须考虑所争取的细分市场，将广告做在其目标市场可以接触到的媒体上。

(3)必须考虑哪种媒体能够适合酒店的广告费用预算，且能达到预期的广告效果。

(4)必须考虑到媒体的发行量或传播范围，以此作为对该媒体评价的基础。

(五)确定广告的主题

广告的主题就是酒店通过广告向公众宣传的中心内容，酒店在确定广告的主题时，必须遵循 SIRIT 原则。

S——Simple，即简洁明了，突出一个重点。

I——Impactful，即具有感染力，能够引起情感上的共鸣和心理上的亲切感，并能够刺激其消费欲望。

R——Relevant，即广告在内容与形式上与其提供的产品和服务以及经营风格特色一致。

I——Interesting，即能够吸引公众并引起广告对象的兴趣。

T——Truth，即真实性。广告必须真实，不能夸大其词。

(六)选择广告代理机构

广告代理机构是一种外界的、通常是独立的商业公司，它们为各种企业和机构设计制作和传播广告，并从中获取相应的报酬，报酬比例通常为广告成本的15%。

由于广告代理机构众多，酒店在选择时，应考虑：

(1)广告代理机构的规模，了解它们是否希望代理本公司的广告业务，以便增加其营业收入。

(2)广告代理机构的地址，如果可能应尽可能选择酒店附近的代理机构，以节省联络时间和费用。

(3)广告代理机构的服务对象，了解它们是否同时为竞争对手服务，它们是否会利用自己对本酒店的了解，为竞争对手服务。

(4)广告代理机构的实践经验，酒店并不一定要选择实力最强的广告公司，但必须选择那些熟悉酒店广告业务的业主来代理。

在酒店与广告代理机构的关系中，最重要的是保持相互之间的信息交流。广告代理机构在创作广告前，必须了解酒店经营、建筑、设备、顾客及服务等方面的情况；酒店应提供市场、销售计划、产品、竞争、销售情况及预算等方面的信息，以及通过广告所要达到的目标。通过双方密切合作，广告便能体现酒店经营意图，使酒店获得最大收益。

（七）评估广告的效果

测定广告的效果一方面在于它产生的心理效果，另一方面是它所带来的销售效果。

（1）对于心理效果的测定。主要包括以下几种方法：

①知觉度的测定。此种调查应在广告发布后立即或同时进行。

②记忆度的测定。记忆度测定代表性的方法为知名度调查，了解酒店产品在公众以目中的知名度。

③理解度的测定。这种测定有助于判断广告表现手法和方式是否适当。

④购买动机的测定。主要通过深层面谈法，从多方面进行综合性判断。

在实际工作中酒店还可以采用简单的方法，如对住店客人和有意住店客人进行调查，以测定酒店广告的效果；使用广告回执卡或广告附赠券，通过回执者的反馈数量来判断广告的效果；计算征询电话数量，了解通过广告而带来的电话征询量；也可以请宾客填写问卷调查表，从而掌握他们通过何种途径了解并下榻酒店。这些方法都有助于了解广告在宾客购买决策中所起的作用。

（2）销售量的测定。指酒店对旅行社、公司或个人购买量作动态性调查，然后与这期间投下的广告量作比较，以测定广告的效果。广告效果高低可以通过广告成本效率指数体现出来，其计算公式为：

广告成本效率 = 广告引起销售额增加数/广告费

广告成本效率越高，则表明该广告的商业价值越大。

拓展知识

酒店广告媒体的选择技巧

1. 酒店营销目标与媒体的选择

酒店在进行广告决策时，其营销目标与广告媒体的选择有着紧密的联系。有的酒店的营销目标是扩大销售额，增加客房率，而有的酒店则是将提高企业的知名度作为自己的营销目标。对前者来说，要求广告能促使消费者马上将欲望付之行动，缩短其决策过程，这就需要媒介有较强的影响力和感染力，如电视、电台、直接邮寄广告是较为理想的媒介;而对后者来说,着眼于未来,使宾客树立对酒店的信任感是其主要目的,因此,需要媒介有保持较长时间和容易接近的特点,较为理想的媒介有户外广告、交通广告、礼品广告等。此外,还有一种竞争性广告,它是针对酒店的竞争对手,要求广告能在维持老宾客的同时,积极地争取新的客源,将竞争对手的客源拉过来,此类广告的媒介主要有报纸、杂志、电视、电台、邮寄、礼品、户外广告等。

2. 目标市场与媒体的选择

酒店在选择广告媒体时,应充分考虑到其目标市场的定位,这直接关系到广告成本的投入和广告的效果。一般说,酒店目标市场可以按地理因素划分和以非地理因素划分两种。在以地理因素划分的目标市场中,如是全国范围的目标市场,应尽量寻求成本低,广告曝光度大的媒体,杂志、电台等是较理想的媒体。经常在《中国旅游报》、《中国日报》、《人民日报(海外版)》等报发布广告的北京五洲大酒店、新大都酒店就成功地利用了这些媒介成本低、传达迅速的特点,起到了良好的促销作用。而像希尔顿、假日等酒店集团则常采用在地区性的专业和综合性杂志上发布广告,来促进这些集团属下的酒店在重点目标市场的销售。由于这些媒介能有效地覆盖其重点目标市场,因此,往往能事半功倍。针对性别、社会等诸多非地理性因素而划分的目标市场,酒店可采用"取脂"定价的方法,将广告集中投入到最可能成为宾客的公众中去。所以,媒介一定要有针对性,如日本的一些以妇女为服务对象的餐厅,就时常在妇女杂志上刊登广告,这就是因性别因素而选择的广告媒介。

3. 营销环境对目标市场与媒体的选择

由于地理、历史、社会、文化和法律等营销环境的不同,酒店在目标市场选择广告媒介时,应充分考虑到其所处的营销环境,这对于广告媒介的正确选择是非常重要的。一般来说,发达地区的各种广告媒介发展比较均衡,而不发达地区的广告媒介却千差万别。太平洋上有一个群岛,这里风景优美,民风朴实,是著名的旅游胜地。岛上的一家酒店为改善同当地土著居民的关系,树立良好的酒店形象,在报纸上大做广告宣传。然而,当地居民对这家酒店仍然知之甚少,令酒店领导层大惑不解。在随后的调查中发现,这里的居民文盲率颇高,他们传递信息的方法是自己办的电台和电视台。后来改用上述媒介播放广告,才取得了良好的效果。这则例子充分说明,酒店在选择广告媒介时,要对目标市场的人口素质、密度、生活水平及习俗等因素进行充分考虑,以免多走弯路。

(资料来源:http://www.hotelcis.com.)

思考与练习

1. 根据在酒店实习一年的情况,并按照本章所学客人档案的相关内容,整理一份包含3~5人的客人档案,以档案卡的方式,或者以所在酒店常用的方式展现。

2. 举例说明实习酒店所采用的广告促销活动,并分析其对酒店经营的作用。

实践与训练

实训项目主题:酒店产品广告促销方案

实训目的

通过设计某酒店某一产品的广告促销方案,深入理解顾客关系管理的重要性,了解广告策划的相关内容和注意事项,能够设计简单的酒店产品广告。

实训内容与要求

1. 实训组织

在教师指导下,由学生自由组合成4~6人为一组的产品推广小组,并确定负责人。根据所学的促销手段之一——广告促销方案的设计,并结合当地市场实际,为某酒店设计某一类产品的广告促销方案(计划),并组织实施。

2. 实训要求

促销品的选择:提出小组将介入的产品市场;完成对这一产品市场的分析报告;确定具体的产品项目。

基本原理的应用:确定准备介入的产品品牌;与生产商的销售代表进行接触和磋商;拟订该产品的市场导入的广告促销方案和实施方案。

促销活动的实施:各小组在一月内完成前期调研并确定产品项目,提交书面的广告促销方案,通过教师和酒店的审批;各小组在教师的指导下组织广告促销方案的实施。

成果与检测

通过对各个小组最终形成的方案书打分来确定小组实训成绩,分酒店打分和老师评阅两部分,各占50%,主要从以下几个方面进行考查:1. 产品项目确定的合理性;2. 资料准备的充分性,方案书内容的深度和广度,格式的规范性;3. 广告实施的效果。

第十章 酒店市场营销的发展趋势

引　言

酒店业作为21世纪的朝阳产业，面临着新的挑战和前所未有的发展机遇。谁能顺应时代的潮流，把握市场的新需求，适时进行管理的创新，谁将是市场竞争中的赢家。

酒店业作为非常典型、非常传统的服务性行业，需要充足的资本、灵活的机制、优秀的人才、精细的管理、强大的品牌才能长期稳定地成长和存续。作为一个长期的产业，在繁荣的背后也就存在很多不稳定因素，只有紧跟市场变化，才能立于不败之地。

教学目标

- 知识目标

了解中国酒店业的发展现状和趋势。

理解中国酒店业市场营销的发展目标和方向。

- 能力目标

掌握主要的酒店营销特点。

能结合不同的酒店管理集团分析其营销方式及战略。

- 素质目标

培养综合分析的能力。

用发展的、全面的、辩证的眼光审视酒店市场营销的发展和改革。

案例导入

可口可乐全球首家主题餐厅在中国开业

你以为可口可乐只卖可乐吗？继将在上海等城市推出咖啡品牌“乔雅”后，2014年11月13日，可口可乐在东方明珠开出全球首家主题餐厅。

可口可乐主题餐厅名为“东方明珠 Coca－Cola 欢乐餐厅”，地处浦东陆家嘴中心区域东方明珠电视塔内。目前在试营业，提供包揽中式、日式、西式、东南亚等多种菜系。该餐厅由可口可乐和上海东方明珠（集团）股份有限公司合作，餐厅所有权和经营权归东方明珠公司，可口可乐公司授权其使用可口可乐文化、logo 等相关内容。

店内设有可口可乐互动娱乐区，新潮的三轮摩托、30 年代的三轮车还有旋转木马等。

（资料来源：赢商网，2014－11－18.）

第一节 中国酒店业的发展现状和趋势

一、发展现状和存在问题

随着国民旅游消费基本需求的进一步释放推动，2014 年国内游继续保持两位数的增长。上半年国内旅游人数 18.5 亿人次，同比增长 10.2%，国内旅游收入1.5 万亿，同比增长 16%。旅游产业总体景气水平保持平稳，区域旅游一体化进程加快。2013 年出台的《旅游法》、《国民旅游休闲纲要（2013—2020）》对旅游业起到了指导和巨大的推动作用。2014 年出台的《国务院关于促进旅游业改革发展的若干意见》，对现阶段提升旅游行业在国民经济中的地位，以及对未来十年稳定发展有着非常积极的指导作用。

2014 年 11 月 10 日，美国总统奥巴马在出席 2014 年亚太经合组织工商领导人峰会时表示，美中两国同意做出新的签证安排，学生签证有效期将由目前的 1 年将延长到 5 年，商务和旅游签证将延长到 10 年。该政策受益的各个行业中，旅馆业首先受惠，不仅中国游客数字会大幅增加且酒店入住时间更长，不同形态的酒店都会找到其目标客户群。

作为旅游业的三大产业之一，酒店业的发展前景更加广阔。特别是在信息化和科技浪潮的影响下，酒店业已逐步高效地利用信息技术提高经营效率、提升顾客满意度，酒店智能应用也越来越广泛，智慧酒店、智慧客房正在中国酒店市场逐步发展起来。跟传统酒店相比，智慧酒店、智慧客房通过智能系统对消费者行为信息进行了充分有效的把握，而这对改进酒店服务管理，提高经营管理水平有着积极的意义。

截止到 2014 年 9 月，中国共有 3211 家酒店参与 STR（Smith Travel Rsearch）Global 平台共享数据，其中奢华和超高档占 16.2%，高档和中档偏上酒店占 25.4%，中档和经济型酒店占 58.3%。所有级别的酒店需求涨幅均高于供给增长，使得各级别酒店的入住率较2013年同期呈现了自1.54%至6.45%不等的提升。其中超高端酒店入住率增长幅度最大,为6.45%,奢华酒店的入住率保持了3.07%的增长。高端、中档偏上、中档及经济型酒店的入住率涨幅较小,分别为1.54%,1.61%和1.75%。

平均房价方面,在中央政策的导向下,各级别酒店市场的房价均出现了不同程度的下滑。高端酒店房价下滑显著,较2013年同期下降3.32%;其后为奢华酒店和超高端酒店,分别表现出2.81%和2.71%的降幅。平均房价相对稳定的是中等偏上和中档及经济型酒店市场。前者的该指标降低1.41%,后者仅呈现小幅下滑0.51%。

每间可售房收入方面,截至2014年8月底,只有高端酒店市场的该项绩效指标呈现了下降,其他各级别市场的每间可售房收入均表现出小幅上涨。其中,涨幅最大的是超高端酒店市场,为3.7%,使收益达到511.30元人民币;中端及经济型酒店紧随其后,该指标增长1.3%,每间可售房收入为160.40元人民币;高端酒店以2.0%的降幅使该市场的每间可售房收入回落至360.29元人民币。

截至2014年9月,中国酒店市场现有客房量达126.56万间,未来新增供给为31.38万间,占现有客房量的24.79%。现有供给以单体酒店居多,其次为高端连锁和超高端连锁品牌,中等偏上连锁品牌目前在市场中所占份额有限。

从新增供给来看,涨幅最快的是超高端连锁品牌,新增供给涨幅达85.1%,其次为奢华连锁品牌和高端连锁品牌,分别代表了68.3%和63.4%的客房量增长。

以首都北京作为研究对象,我们可以发现北京作为中国的政治和文化中心,不仅是重要旅游目的地,也是重要的商务会议市场。自2012至2014年期间,北京酒店市场客房供给量与需求量均逐步放缓;2014年初,需求量逐渐回升。具体而言,供给量以5.0%的增幅趋于平稳,而市场需求在2012年初起即出现同比下降。2013年末,该指标呈现负值下降,其后反弹增长,且该趋势一直持续至今。每间可售房收入在需求的带动下持续走低,尤其在进入2013年后,该指标的变化率持续呈现负值下降。随着2014年初需求量的增加,每间可售房收入降幅明显缩小。

根据北京市场的最新数据表现,各级别酒店的业绩在此期间呈现了不同特点。奢华酒店入住率增长幅度最大,为10.83%,使整体入住率达到62%,但这是以牺牲平均房价为代价;超高端酒店入住率增长6.13%,入住率提升至66%,高端酒店的入住率与2013年同期持平,而中档偏上和中档及经济型酒店的入住率均下降了1.7%,分别达到70%和79%。

奢华酒店店房价下滑显著,较2013年同期下降7.25%跌至1224.13元人民币;超高端酒店房价下滑6.89%,跌至776.32元人民币。相对表现稳定的是中档偏上和中档及经济型酒店市场,两者均降低1.0%,平均房价分别为463.09元人民币和246.36元人民币。

总体而言,酒店市场收益的微幅上涨主要依赖于入住率的提升,而平均房价在政策的影响下始终呈现下降趋势。虽然从目前情况来看,部分市场的绩效表现可圈可点,但考虑到各级别酒店的新增供给量,我们还需对未来市场的走向拭目以待。

(一)发展现状

1.产品功能不断完善

经过多年的发展,我国酒店业已从一般的酒店细分为商务酒店、旅游酒店、度假酒店、会议酒店、经济型酒店、主题型酒店和一般旅馆等,不断满足多样化的市场要求。酒店集团化步伐加快,目前我国酒店集团100多家,连锁酒店近1000家。酒店联合重组不断推进,特许加盟开始兴起,国际酒店集团从高端市场向中低端客源市场推进,国内市场国际化步伐加快。

2.个性化服务突出

以电子信息技术和连锁经营为代表的现代科技加速进入我国酒店业,向客人提供全球信息高速公路的全新服务,如人工智能对技术温度、光线的自动调节,在客房能有宽带上网、客房电视机能接收卫星网络信号、远程网络预订等,使酒店业的发展越来越依靠科技进步。酒店应该培养自己的高技术人才,利用现在快捷的互联网系统为客人提供优质的服务,让客人从预订入住到结账都能一步到位,实现全电脑系统化管理与服务。酒店的智能化应该体现出快捷、方便、信息通信等方面,让客人在享受酒店优质服务的同时感觉到酒店智能化带来的超值享受。

3.经济型酒店将成为市场主体

在住宿业中,经济型酒店拥有未来发展的最大空间。经济型酒店符合国际酒店业发展趋势,符合中国酒店细分市场的实际,符合国内旅游者的需求且对重大事件、经济因素变化不敏感。中国住宿业将从星级酒店为主体转向经济型酒店发展的新时代。

4.绿色、环保、节能、安全、健康将成为发展的新时尚

绿色、环保、节能、安全、健康是国际型酒店发展的新方向,是21世纪酒店业发展的新趋势。顺应这些趋势,积极创建绿色酒店,推动中国酒店业进入以“安全、健康、环保、节能”为主题的“绿色”时代,将是全国酒店业贯彻落实科学发展观,全面建设小康社会,提高人民生活质量,走可持续化发展的必然选择。当前,中外酒店经营管理的生态化主要体现在以下方面:注重环境生态的营造,包括旅游酒店的选址、服务项目设计、功能生态布局等;强化绿色生态环保意识,如节能降耗、废品处理、一次性用品改造等。

(二)存在的主要问题

1. 酒店总体分布和建设的不均衡

发展不均衡:从总体规模来看,这种差异基本上是与改革开放形势吻合的,与地方经济发展特别是当地旅游经济发展形势相适应的。

多种体制并存发展:我国的酒店体制形式多样,以国营酒店为主体,辅之以集体、个体、合资、合作等其他管理体制。

客源结构发生了很大变化:现在酒店客源的分布,大体上为大酒店或城市中心酒店常驻商客占15% ~20%。目前,许多城市建设公寓和写字楼的势头很旺,大量常驻商客会随之从酒店迁出,这将在一定程度上减少酒店的客源。

从酒店业的宏观经营状况来看,这几年保持了年年上升的势头,我国酒店业正处于快速增长而且是效益型增长的阶段。

一大部分三星及三星以下级的酒店尽管外界环境不错,仍然长期处于亏损之中。另一小部分三星及三星以下级的酒店销售良好,入住率很高,但酒店似乎发展到了一个瓶颈,员工热情、销售业绩、服务质量都无法再上一个台阶。大多数四、五星级酒店在战略态势、管理精度、服务深化和全球运作方面与国际同等酒店有很大的差距。

2. 缺乏品牌化战略

酒店连锁经营的基本条件是有较高知名度的品牌,世界上很多成功的酒店在制定企业总体发展战略时,都把宣传和扩大品牌在世界市场的竞争力作为运营的核心,但是我国的酒店企业绝大多数缺乏品牌战略,这可能与我国酒店业发展历史较短有关。中国酒店业效率低下,运作及形式千篇一律,找不到差异化和多样性的轨迹,在国际竞争中附加值极其微薄。

3. 缺乏酒店管理人才

造成酒店企业管理人才缺乏的原因归结起来大概有三个方面:酒店管理教育的落后,教学条件及师资水平有限,理论与实践相脱节;一般酒店为了节省成本只从其他酒店挖取人才,导致全行业职员整体素质不高,人才流失严重,极大地阻碍了酒店管理水平的提高;目前社会公众对酒店管理工作了解不够,除了酒店管理本专业的人才之外,很多大中专院校毕业生不愿意到酒店就业,这在一定程度上也限制了酒店管理技术的提高。中国本土酒店人才在素质与培养模式上与国际酒店人才存在较大差距,一个不可回避的现实是中国现有高级酒店管理人才70%来自国外,或者有过国外酒店培训经历,没有一个规范完整的酒店人力资源市场。

4. 缺乏成熟的管理模式

在国内,虽然一些酒店企业也拥有较丰富的管理经验,但是往往没有形成系统成熟的管理模式。很多酒店在借鉴其他酒店经验或者从酒店管理公司获得管理技术时，没有结合本酒店的实际情况和发展特点。

5. 经营分散化且管理技术和理念落后

目前我国酒店大多小规模经营，而且地区差异较大，发展不平衡，而且不能适应和紧跟世界酒店发展趋势，与国际成功酒店还存在着很大的差距。

二、发展趋势

国家旅游局预测2010年全年旅游发展的目标，国内旅游人数21.5亿人次，增长13%，国内旅游收入1.15万亿，增长13%，过夜旅游者是5450万，增长7%，旅游外汇收入430亿美元，增长8%，总收入1.44万亿，增长12%。而世界旅游组织预测，全世界国际过夜旅游者2010年增长率在3%～4%，亚太地区在5%～7%，中国在7%左右。

2009年被各方人士认为是我国酒店业发展最为艰难的一年。全国多数酒店入住率持续下滑、客房空置率持续偏高、门市价格下跌、物业减值严重，可谓是在夹缝中求生存。但是2009年下半年以来，随着我国经济的恢复性增长、上海世博会的召开，我国酒店业逐渐显现出复苏的迹象，未来中国酒店业发展呈现以下热点趋势。

（一）酒店品牌化发展的趋势

品牌是中外酒店业经营管理发展的灵魂，也是国内旅游酒店新世纪实现可持续发展的关键。目前国内已开始出现一些具有知名品牌的民族化旅游酒店集团，但这些民族化的旅游酒店企业品牌与国外相比，从品牌的知名度、品牌的无形价值、品牌的扩张程序而言，均存在着巨大的差距。

在目前我国酒店业市场竞争如此激烈的前提下，品牌建设的重要性越来越凸现，国内外酒店集团之间的竞争归根到底就是品牌之争，创建知名品牌已是酒店集团在市场竞争中制胜的法宝。

任何一家酒店在建设之初若没有建设、提升自身品牌的战略规划，就注定是没有持久生命力的。虽然我国酒店业经过20多年的发展已取得了非常大的成绩，但在国际品牌酒店强势的竞争面前，本土酒店集团品牌的弱势地位不容否认。我国酒店业必须认真思考：在自己未来的发展道路上如何打造具有国际竞争力的本土品牌。

在酒店品牌化发展的过程中，品牌创建和品牌价值提升是两个最重要的部分。我们必须清楚，我们所要创建的品牌不仅仅是一个产品的标志，更是产品质量、性能、服务等满足消费者使用产品可靠程度的综合体现，凝聚着酒店企业家们的创业精神、经营理念和思想、管理水平及对酒店文化的缔造。因此，酒店品牌的创建是一个长期的过程，需要经过战略规划、品牌定位、服务质量、技术能力、品牌运作等多方面的努力,更需要全体员工的共同参与和维护。

酒店品牌价值可以从“精神”层面和“物化”层面进行提升,“精神”层面的品牌价值主要指品牌文化价值方面,即通过长期凝聚的品牌精神和品牌文化来实现品牌价值提升的目的;“物化”的品牌价值则关注于品牌的资产价值方面,是指通过收购兼并、特许经营、联营品牌等方式实现品牌价值提升的目的。

(二)酒店国际化发展的趋势

酒店国际化发展主要包括品牌国际化、市场国际化、资产国际化、经营管理国际化这四个方面,通常是以某一品牌为载体,采取直接经营、合作经营、租赁经营、特许经营等多种市场手段在全球范围内拓展市场。通过酒店的国际化发展不仅可以扩大市场网络、增强酒店集团的影响力、获得更多的收益,还能使酒店集团在全球化战略视角下整合、优化各种资源,实现最大效用。

目前,我国酒店国际化发展程度还很低,在其发展过程中还存在很多障碍。

首先,我国酒店的国际化战略意识不强,很多国内酒店集团都存在着一种畏惧心理和短视心理,认为我国的酒店不具备国际化发展的实力,更愿意在国内市场中“偏安一隅”。其次,我国酒店的国际化运营水平不高,在国际化模式选择、酒店经营方式、内部管理制度、产品与服务的标准、财务运作等方面经验不足。最后,文化差异也是我国酒店国际化发展的一大“拦路虎”,我国酒店集团在其他国家发展的过程中还需要协调好与当地社会文化的关系,既使集团本土化,又能保持固有特色。

金融危机使得许多酒店陷入经营困境,但也为我国大型酒店集团的国际化创造了机会。如上海锦江集团在 2009 年下半年用总计 3 亿美元以合资形式收购美国洲际集团,无疑是迈出了中国酒店集团国际化发展的第一步。

(三)酒店集团化发展的趋势

在国际化程度越来越高的酒店行业,集团化成为中外酒店经营管理不可避免的潮流与趋势。这些年来,中国需要能够参与国际竞争的旅游酒店企业集团,否则,将严重阻碍我们成为旅游强国的进程。

酒店要创建品牌,前提是必须集团化,通过各种形式的扩张,组建跨地区的酒店集团,形成连锁品牌。集团化发展具有降低营销成本、扩大市场网络、有效利用资源、提升品牌形象等众多优势。中国酒店集团化发展已进行了 20 多年,但相对而言,我国酒店企业的集团化水平还比较低。

我国酒店在集团化发展过程中首先是要不断加强自身实力,特别是要加强对各种资源的掌控能力。

首先,酒店集团是一个资本和人才密集型的企业,它要求集团核心层必须拥有雄厚的资本、庞大的人才库、先进的管理经验和模式,只有这样才能输出管理,才能有效地引导成员酒店的发展。其次,对于那些由各级政府、企事业单位投资兴建的,承担当地政府、企事业单位行政接待工作的酒店,必须要明确产权关系,实现经营权与所有权的真正分离。如果我国酒店业不能摆脱所有制的束缚和行政干预,就很难真正实现集团化发展。最后,我国酒店集团化很大程度上需要政府和各级国资主管部门推动。酒店业作为充分竞争性行业,应该在地方政府的主导下,推动酒店资产国资整合,加速集团化进程。

随着国资管理体系的调整,各地已经形成的酒店集团将进一步整合地方国资体系内的酒店资产,并借助资本市场做大做强,这也必将成为未来一段时间内国内酒店业发展的重要趋势。

(四)经济型酒店细分化的趋势

目前,我国酒店业资本市场投资过热现象明显,尤其是经济型酒店市场异常火爆,酒店业结构略显失调;酒店盲目投资带来酒店数量增长过快,经营管理水平跟不上酒店快速扩展的步伐等。中国酒店业必须增强投资理性,注重酒店业的结构性调整,不断提高酒店国际化管理水平和集团化运作能力,协调好数量增长与质量提升之间的平衡,促进中国酒店业持续健康地发展。

我国经济型酒店近几年的发展可谓异常迅猛,一方面要看到我国经济型酒店发展的广阔市场空间,另一方面也应看到其中存在的诸多问题。过快发展带来经济型酒店专业化分工不足,服务太过简单化,服务质量参差不齐,酒店同质化现象日益严重等,经济型酒店需要进行更为明确的市场定位和服务定位,需要进一步的市场细分和精细化的管理,在细分市场上寻求突破。

经济型酒店细分化的角度有很多,可以针对价格、客人类型、酒店主题等要素进行市场细分。目前,国内比较成熟的经济型酒店在市场细分方面已有所动作,出现了“背包”、“商务”、“主题”经济型酒店等,并且在有些细分市场当中已经形成了自己的品牌。如家就推出了第一家定位于经济型酒店和高星级酒店之间的中高端细分品牌“和颐”,其按四星级标准定位为“商务型酒店”,以服务中高端商务人士为主;汉庭从成立之初的汉庭酒店开始,在不到 5 年的时间里已陆续推出汉庭快捷、海友客栈等 3 个不同的酒店品牌,覆盖了出差预算在 100 元到 500 元之间的商务客人的差异化需求;锦江之星也分别向上和向下推出了“白玉兰”和“百时快捷”这两个品牌。

速 8 酒店集团大中华区总裁兼首席执行官柏力认为,目前经济型酒店市场中 70% 左右的酒店属于小品牌或无品牌管理,5 年之内 60% ~70% 的酒店市场有望达到大品牌管理。速 8 集团在中国的发展目标是通过直接投资或收购的方式达到 48 家直营店。

针对目前客房数量超过 10 万间、酒店数量有近 1000 家的国内经济型酒店市场,中国社科院旅游研究中心发布的《2007 中国经济型酒店发展绿皮书》披露,虽然中国经济型酒店市场发展前景依然良好,但随着行业竞争的日趋加剧,产业扩张需要更加理性。国内经济型酒店在朝向品牌化、连锁化、规模化发展的同时,也亟须业态自身创新来推动产业扩张。速 8 的柏力认为,欧美经济型酒店的平均出租率情况一般是欧洲 60% 左右、美国 50% 左右,虽然 2007 年中国的经济型酒店平均出租率略有下降,但经济型酒店发展仍有很大空间。目前速 8 的出租率在 80% 左右,是理想的出租率水平。

汉庭集团的董事长兼 CEO 季琦认为,考虑到通胀因素的影响,汉庭旗下酒店的平均房价将逐渐上升。经过 3 年的发展,汉庭目前平均房价已由 120 元提升到目前的 170 元左右。季琦的观点"我国服务业还将有至少 30 年的再增长,这对于经济型酒店来说,是一个非常好的背景,所以经济型酒店市场还有数十倍的增长空间"。

速 8(中国)的柏力认为,农村地区的土地、人力成本低,将是经济型酒店发展最有潜力的地方。未来几年,速 8 将大力发展广大的二、三线城市和广袤的农村市场。

锦江之星的重点发展区域包括有特大型城市圈、环渤海、长三角、珠三角以及中西部省会城市,同时根据集团目标市场客人需要来完成局部城市布点工作,目前,锦江之星西藏店已开业。

基于一线城市市场的成熟性、可靠性以及酒店管理跨度的实际考虑,汉庭的发展目标将仍定位于一、二线城市,重点发展区域包括:环渤海、长三角、珠三角以及武汉、重庆等大型内陆城市。

(五)酒店信息化发展的趋势

掌握国际酒店业最前沿的东西,比如信息科技在酒店业的应用,这些我们已经做到了,但太初级。与国内其他行业相比,酒店业常为自己与国际接轨较为顺畅而自豪,但用国际标准来衡量,我们还有许多要掌握和运用的东西,包括酒店的网络营销。

随着计算机、互联网、多媒体等各种技术的不断发展,越来越多的科技元素注入酒店当中,酒店的信息化程度也成为客人评判酒店好坏的重要标准之一。信息时代的到来改变了酒店的营销方式,拓宽了营销领域,丰富了营销技术,如何借助网络的信息化平台开展酒店网络营销、提供有特色的服务、优化酒店管理的流程,成为酒店业竞争的新内容。

从目前我国酒店的客源市场构成来看,随着旅游业的蓬勃发展,来华外国客人的数量逐年增加,世界旅游组织预测中国在 2020 年将成为世界最大旅游目的地,接待旅游者人数将达 13 710 万人次,庞大数量的接待任务需要高效率的信息流程管理,尤其是商务客人的数量将有较大增长,信息化商务酒店将为客人入住营造良好的网络环境,顺应我国制定的旅游信息化战略决策。

在我国酒店信息化建设方面,7 天连锁酒店集团做得比较成功。尽管 7 天是一家非常年轻的经济型酒店,但该公司从建立之初就非常注重信息化服务,在 2005 年 3 月该公司第一家分店广州北京路店开业之后,次月就开通了 7 天酒店官方网站,公司自主开发的中央预订系统(CRS)和会员系统也正式投入使用,及早的信息化让 7 天积累了庞大的数据库和那些"不爱和人打交道"的年轻客户。而且 7 天酒店始终走在信息化的前沿,目前已成为业内少数能同时提供 4 种便利预订方式的连锁酒店,该酒店从管理到营运无一不得益于信息化的建设。

随着互联网技术的发展和全社会信息化进程的加快,以电子信息技术为代表的现代科技,逐步进入酒店业,酒店的智能化程度不断提高,客人感到更加舒适、方便。网上预订、网上宣传促销将逐步取代传统的电话预订、邮寄宣传资料和新闻媒体广告等;客人入住手续方便快捷,完全电脑化操作,客人可直接从电脑屏幕挑选自己喜欢的房样类型,不再像以往那样由总台分配哪间房间就住哪间房间;客人的身份资料也将利用先进的电脑扫描技术录入电脑,免去人工登记、确认等烦琐的程序;客房配备先进的 VCD 设施、多媒体互联网络和电子控制技术,客人可以通过房间内的电脑显示确认自己的个性服务内容,如每天叫醒时间、送餐时间、收衣和送衣时间、预订机票和宴席、与工作单位联系和客户进行业务联系等。

(六)酒店主题化发展的趋势

基于我国酒店业目前功能单一、产品趋于雷同、差异化越来越小等现状,主题酒店作为一种个性化酒店模式,以其独特的产品、文化和专业市场细分,冲击着我国现有酒店的标准化格局,并具有良好的发展前景。主题酒店主要是通过独具特色的建筑风格和装饰艺术来创造出吸引顾客的环境和文化氛围,同时将特色服务项目融入主题,以个性化的服务取代常规服务,给顾客带来新鲜感。酒店主题的设定不单单仅局限于某一事物,历史、文化、人物、游戏、典故等都可以成为酒店的主题。酒店不再是单纯的住宿、餐饮设施,而是独具特色的精神乐园;消费者不再是为产品和服务付账,而是为自己的愉悦买单。

主题酒店的打造最重要的就是对酒店的主题定位,这是主题酒店的灵魂与核心竞争力。在对酒店主题定位的过程中首先是要注意符合市场需求,捕捉那些让多数人感兴趣的事物,并通过各种手法增加其特色,形成市场上鲜明的视觉亮点。而且针对不同的客源市场所打造的主题也有所差别,比如老年人对文化艺术的主题比较感兴趣;年轻人则对潮流新颖的事物主题比较感兴趣。其次,主题的制定要结合周边环境,借助周边环境来增添主题色彩,并与之相适应。例如,坐落于广州长隆野生动物旅游景区的生态园林式主题酒店——广州长隆酒店就以“人与自然和谐发展”为卖点,主题与环境相得益彰,事半功倍。最后,主题定位还要与酒店企业文化相结合,并将其共同的价值理念注入所有员工的工作当中。这样才能让客人全身心感受到酒店主题的魅力。

除此之外,还有一些比较有特点的趋势也逐渐显现出来:首先专业化趋势,也称个性化趋势。过去国内旅游酒店企业追求的是综合,强调规模大、功能全,而忽视个性化和专业化。然而,在消费者需求越来越个性化的中外酒店市场,专业化却成为时尚和潮流。其次,创新化趋势,随着市场竞争的加剧,使得酒店业“人无我有,人有我新”的经营之道表现得更为突出,国内酒店业迫切需要在原有的发展基础上持续创新以适应不断变化的、多样化的旅游市场的需求,提高核心竞争力。再次,生态化趋势。当前,中外酒店经营管理的生态化主要体现在以下两个方面:一是注重环境的营造,包括旅游酒店的选址、服务项目设计、功能生态布局等;二是强化绿色生态环保意识,如节能降耗、废品处理、一次性用品改造等。最后是休闲度假旅游的趋势。随着旅游的持续发展,休闲度假旅游将逐渐进入民众的生活,度假型酒店适应了目前中国旅游业由观光型向休闲度假型转变这样一个大的发展趋势。按国家旅游局的初步估计,目前我国已有星级度假酒店 111 家,其中 2004 年至 2006 年出现了 14 家,但我国的度假酒店还没有世界顶级产品。在旺盛的酒店需求推动下,众多世界顶级的酒店管理集团正在中国迅速布阵,未来几年将催生出世界一流的奢华产品。

拓展知识一

2014 年精品酒店 10 大发展趋势

2014 年,我们可能会看见酒店前台工作人员佩戴谷歌眼镜进行客人识别。移动端的优势将不在,更多奢侈品零售商将会进入酒店业。

1. 酒店正面——品牌宣传的好地方

酒店临街正门将成为酒店品牌宣传最有利的位置,但是酒店品牌宣传不再是增加酒店宣传广告牌,或者是增加酒店橱窗海报了。这类宣传由于广告牌、海报太多,不易引起客人注意,而且还分散了客人的注意力。

未来酒店将出现更多的酒店橱窗“影院”和数字品牌广告,内容更多的是酒店客人在社交媒体上与酒店互动。

2. OTA 与酒店客人走得更近

OTA 不断加大投资,依靠价格吸引力提升客户忠诚度,将依然是酒店提升直接预订的最大威胁,价格仍然是主导要素。此外,酒店还要密切关注 OTA 开发出的各类免费移动应用。

3. 精品酒店入住体验不断个性化

豪华酒店不断从万豪 Moxy 酒店品牌汲取创意和灵感，酒店越来越时尚化、个性化。高端酒店房价更加灵活，餐饮住宿更具价值。

此外，由于千禧一代逐渐成为主流消费人群，精品酒店集团正在不断努力迎合未来年轻消费人群的需求。

4. 移动端的优势不在

智能手机制造商数据显示收入持平，平均销售价格降低，移动技术已不再是新兴技术或媒体平台。尽管移动端旅游收入占据了总收入的 20%，酒店经营者都在努力将移动用户转化为酒店客人，但是目前移动用户预订酒店客房的可能性要比 PC 用户要小 3 倍。酒店营销人员要不断探索新的技术领域，关注酒店营销趋势的最新动向。

5. 有形技术无处不在

谷歌眼镜的推出，虽然看起来很奇怪，但是前瞻的酒店经营者已经开始关注酒店可穿戴技术。

酒店移动应用不计其数，酒店营销人员要不断思考哪些应用是可行的，哪些是不可行的，酒店和普通消费者要如何使用这些技术。

6. 酒店评论倾向于酒店清洁卫生

酒店清洁卫生是客人入住考虑的首要要素，精品酒店经营着有责任向客人提供安全清洁的入住环境。不同酒店品牌的客房服务标准不一，行业内也没有统一的酒店客房服务标准。目前，衡量酒店客房清洁度的方法就是目测，这在很大程度上是无法衡量酒店清洁卫生的。酒店业主未来将会使用更加常规和彻底的 ATP 检测设备检测表面微生物污染以及紫外光线笔检测肉眼看不见的污渍。所以，如果看见疯狂的酒店客人带着紫外光线笔检测酒店环境卫生时可不要奇怪！

7. 高端酒店将发达国家的中产阶级甩在了身后

对于有能力入住豪华酒店的旅行者，旅行对他们来说是一种奢华享受。但是，随着技术和信息的自由流动，中产阶级境况越来越差，中产阶级的工资增长与生活成本上涨不成比例。这对精品酒店预订、酒店消费以及酒店管理层工资来说也会产生负面影响。过去，一座城市和酒店业进入衰退时，城市中产阶级就会消失。一座城市和酒店业进入繁荣阶段时，中产阶级就会奇迹般地产生。这就是新兴市场发展中正在发生的事情，新的中产阶级在俄罗斯、印度、中国以及中东等国家不断涌现，所以未来这些国家出现大量的酒店将不足为奇。

8. 送餐服务的取消创造了全新的酒店餐饮体验

纽约市中心希尔顿近日取消了酒店客房送餐服务，在酒店业掀起了轩然大波。

如果送餐服务只有少数客人认为有价值,那么酒店就会毫不犹豫取消这项服务,转而选择更加高效的方式为客人提供服务。取消这项服务的同时也减去了高昂的服务费用以及客人对送餐服务的投诉及抱怨。

赫伯恩厨房(Herb N' Kitchen)是希尔顿开创的全新餐饮理念,取代酒店传统的提供一日三餐的餐厅,酒店客人在这里可以随时享用他们想要的美食。早餐类别中有咖啡、面包和糕点;午餐类别中有羹汤、色拉、三明治;晚餐提供各类现制烹饪热食。这种餐饮模式省时、清洁、高效,这是大多数酒店客人尤其是商务旅行的客人想要的就餐方式。

9. 食物个性化

未来没有什么比食物更加个性化了,今天的消费者对于食品格外讲究。酒店餐饮已经成为酒店与用餐客人一种全方位的互动体验方式。随着用餐客人对于食品的了解越来越多,他们对食品安全、食物成分以及新鲜度越来越重视。因此,精品酒店未来将会专注于提供当季、当地、新鲜、野生、有机的食品。

10. 更多奢侈品零售商进入酒店业

由于千禧一代对于奢华更多看重酒店能够为人提供的价值,而不是酒店拥有什么样的设施,豪华酒店品牌对于奢华的定义也在不断改变。奢侈品零售商早已超出了时尚领域,而是根据客人的购买取向、餐饮取向以及参考取向,向客户提供全方位的体验。

(资料来源:迈点网,2013-12-25.)

拓展知识二

酒店营销未来发展趋势

PhoCusWright商务开发总监及目的地营销专家塞斯(Cees Bosselaar)近期在伦敦举行的世界旅游市场会议上对未来旅游创新和技术发展趋势作了报告,指出:虽然旅游需求在经济衰退中停滞不前,但是技术前进的步伐并没有因此而停止。酒店集团和旅游公司要想在未来竞争中立于不败之地就必须迎头赶上,否则可能就要在激烈的竞争中被淘汰。并指出:单个利用酒店发展趋势并不能改变酒店发展竞争环境,只有将这些酒店发展趋势综合利用,才能改变旅游酒店业的竞争格局。

以下为未来酒店营销和旅游技术发展趋势,可让酒店更好地利用未来旅游酒店业的新营销和新技术。

1. 新内容模式不断挑战酒店营销

传统的酒店营销模式不断受到新的营销模式的冲击。例如,个人云技术让用户可以随时随地获取信息。物联网技术对旅游消费者影响巨大,可以实时追踪行李信息，天气情况等。

无处不在的网络让最不起眼的小酒店也可以与客人进行实时沟通，不用通过全球分销系统就可以从多种渠道获得旅游消费者信息。

2. 客人的选择越少越好

OTA 过去一般都为客人提供了多个选择。客人面临的选择越多，他们对服务的满意度就越低。

今天，我们面临的主要消费者是 80 后、90 后和 00 后，他们希望能够获得个性化的体验和服务，所以旅游酒店业产品和服务也要更加有针对性和个性化。

在移动营销领域，精准营销变得越来越重要，不仅要提供高效的服务，还要提供优质的个性化体验。

3. 社交媒体技术改变着旅游方式

仅 Facebook 就有超过 10 亿的用户，一般社交媒体的用户都达到了全球互联网用户人数的 85% 以上。但是，酒店业并没能真正释放社交媒体的巨大潜力。社交媒体的发展现在还处于起步阶段，现在谈投资回报率还为时尚早，酒店应当把社交媒体看作一种与目标客户沟通交流的方式。未来 5 ~ 10 年，社交媒体将极大地改变旅游酒店业的发展。

4. 新科技将不断提升客人体验

由于消费者对旅游酒店业服务要求不断提高，新科技的出现使得酒店的服务成本逐渐降低。酒店必须考虑如何利用高新科技提升客户体验，酒店今天在技术方面的节省可能让酒店在未来竞争中得不偿失。

酒店应当探索如何在增加新技术投入的同时降低服务成本。

5. 交互平台数据让客人不断参与互动

现在，消费者已经可以在任何设备、任何平台上获取他们所需要的信息。

交互平台数据获取要求酒店不断追踪用户界面模式变化并提供相应的服务。由于新技术不断发展，这将是一个持续的过程。酒店对于员工使用的办公设备限制也越来越小，未来能够提供优质用户体验界面的酒店将会占领更大的市场份额。

酒店要不断改进提升酒店 APP、移动网站的功能和用户体验，这将是一个长期的过程。

6. 云技术——信息技术的未来

云技术已经越来越先进，不仅降低了 IT 成本，加快了产品上市时间，而且让旅游中介机构的服务日益集成化，让客户可以同时可以预订酒店客房与机票。但是，酒店业还没有完全认识到这项技术。云技术反映了市场关系的变化，谁拥有更为庞大的数据规模，谁就可以提供更广、更深的信息和服务。

（资料来源：迈点网，2013 - 12 - 13.）

第二节 酒店市场营销的发展趋势

随着新时代旅游的发展,市场需求呈现多样化、个性化态势。酒店将注重市场需求的细分化,实行"小市场、大份额"战略,通过开发个性化产品和提供个性化服务来赢得目标顾客,许多有着鲜明特色和明确市场定位的主题酒店增多,如:现代商务酒店、青年旅馆、汽车旅馆等。与此同时,随着顾客需求的变化和市场竞争加剧,酒店的营销策略呈多元化的发展趋势。整合营销、利基营销、品牌营销的三元结构、关系营销、政治营销、资料库营销、绿色营销和网络营销等新的营销观念和策略不断涌现。正如市场营销权威人士菲利普·科特勒所说:"每一个10年,都要求公司的管理当局重新思考和更新它的目标、战略和战术。"迅速变化的形势往往使经营企业在昨天取胜的原则在今天变为陈旧。

一、目前酒店营销存在的问题

酒店营销是酒店经营的龙头,其工作直接关系到酒店的生存。中国经济的发展,为酒店业带来机遇的同时亦带来严峻的挑战。另外,网络化、全球化,以及政治经济形势和社会的变化等各种因素给酒店营销环境带来变化,从而对酒店营销战略和策略产生不可忽视的影响。

第一,有相当一部分酒店营销管理依然停留在走团队、签合约或简单的推销、低级的削价等传统营销手段上。缺乏对自身酒店进行市场分析及市场定位,或分析不够深入,定位不准,使酒店经营策略模糊。

第二,当前,酒店经营销售的主要精力放在了解竞争对手,如何跟同行进行拼规模、拼价钱、拼服务、拼文化,只是在努力发掘自己的"潜力",逐渐形成了"闭关自守"、"闭门造车",使自己酒店的客源市场人为变小。

第三,酒店发展倡行"80/20 法则",即大部分酒店 80% 的营业额是来自于其中 20% 的忠实顾客群的重复购买或消费,而其他 20% 的营业额才来自于那些 80% 的游离顾客。不少酒店就缺乏对 20% 忠实顾客需求的研究,没有考虑到如何才能吸引他们入住,如何才能根据他们的需要进行饮食、娱乐、社交等活动和消费的激励促销,更没有考虑到如何进行"个性化"的经营销售。

拓展知识

国际酒店业营销协会(Hospitality Sales and Marketing Association International, HSMAI)的报告显示,数据的动态管理是帮助酒店进行决策的战略性资产,而且将成为酒店收益管理未来的发展方向之一。酒店业者将对社会网络平台进行追踪、分析和优化，让其成为收益管理不可或缺的一部分。让酒店可以从可靠、科学的角度来了解市场动态，采取正确的营销策略和渠道，从而以最佳的价值实现预订的转化。

随着全球酒店业走出经济低谷，酒店增长开始有所起色，这一时期有五个对酒店异常重要的发展趋势。

1. 数据的动态管理是帮助酒店进行决策的战略性资产，而且将成为酒店收益管理未来的发展方向之一。

2. 酒店业者将对社会网络平台进行追踪、分析和优化，让其成为收益管理不可或缺的一部分——这些工具可帮助酒店管理消费者评论网站和其他平台。酒店业者将对用户提交的酒店评论、博客、视频和图像采取积极主动的策略。

3. 收益管理总监将重新制定更加积极和创新的策略，进行更多的调研，重点关注刺激需求增长的因素，发展与竞争对手的关系，扩大市场份额，提高酒店声誉，并且熟练地指导渠道管理工作。

4. 自动化的收益管理技术将在实践中处于主导地位，为采用者迅速带来收益和投资回报率的大幅提升。

5. 酒店将把时间和资源集中在培养优秀的收益管理决策者方面——也就是首席收益官（Chief Revenue Officer，CRO），负责制定最出色的收益策略、并创造最佳的收入和利润。

（资料来源：迈点网.）

二、酒店市场营销策略

随着经济运行全球化，市场和资源跨国化的影响，世界酒店集团每年都在调整和兼并之中，酒店业的联盟和合并导致更大规模的酒店集团的诞生。如英国巴斯公司先后兼并了国际假日酒店集团、洲际酒店集团等成为更大规模、更具竞争力的英国巴斯酒店集团（Bass Hotels & Resorts）。与此同时，随着网络技术的发展，酒店销售除传统方式外，更多地利用互联网实行网上宣传、网上预订和不同行业间集团联合促销，酒店品牌在互联网上将有着巨大的魅力，品牌将越显重要，只有全球化、品牌化酒店才会在现代营销中得益。

所以，酒店市场营销策略应该从以下几个方面去考虑：

（一）提供个性化服务

酒店逐步进入了个性化服务时代，许多产品有特色、服务有个性的酒店在市场上呈现出强有力的竞争力和生命力，而那些产品雷同性强、服务无特色的酒店皆面临生存的危机。酒店在为所有来店客人提供规范化、标准化服务的同时，更注重对不同客人提供具有针对性、个性化的服务。个性化服务是规范化服务的延伸，它体现在工作责任心、感情投入、灵活、超常、自选等方面，它能让客人最感满意，有时还能为客人带来惊喜。如：豪华酒店中的“金钥匙”，被客人视为“百事通”、“万能博士”和解决问题的“专家”，它代表了酒店委托代办的最高水平，“尽管不是无所不能，却一定要竭尽所能”，这是“金钥匙”的服务哲学。

人们的消费观念及消费需求不断向高级阶段发展，消费者已从原有的数量消费、质量消费转向个性化消费。酒店提供的是生活服务，客人的一般心理总是求新、求异、求变的，比如对于异地的各种文化，人们往往表现得乐意接受。如果在服务中一味去迎合客人原有的生活方式，势必导向客户的“移情别恋”，无法取得理想效果。当然，创新服务不能强加于人，要给客人提供多种选择的余地，并尊重客人的选择，作好个性化服务。

酒店创新就要遵照顾客的要求去进行，特别是“顾客资料库”中的20%忠实客户群体。他们大多是某一行业的成功人士，重复购买力强，对于酒店的评价和选择，往往影响着周围许多人，且他们的消费品位变化极快。所以在营销战略上，应把忠诚顾客置于组织结构的中心，通过向会员提供超值和可供选择的服务与之建立长期的紧密性关系，使老顾客不断感受到新的服务和新的变化，提升他们对产品的忠诚度。

（二）强化人性化营销

人们的需求越来越多样化，顾客已不满意千篇一律、公式化的服务。酒店为了生存和发展，让顾客满意，所以在市场经济的竞争中按顾客的实际需求，进行产品与服务组合，提供特殊的有针对性的个性化服务，成为争夺顾客、争夺市场的焦点。这成为近代酒店业发展的一个特点。

特色服务的推出，其实对每一个酒店而言，都会随着不同时令段而不断推陈出新。因而，环境设施的花样设计、价格上的优劣势等不是最重要的环节，如何使服务做到深入人心，这才是酒店运营者所关注的最大课题，即人性化的服务，真正抓住顾客的心。所有乘坐过新加坡航空公司班机的客人，都会对它留下极为深刻的印象，许多乘客甚至认为那是生命中非常值得留恋的美妙时光。新航不是大公司，恐怕也永远成不了世界性的大公司，但它无疑是世界上最好的航空公司之一，其根本的原因在于新航员工所一贯秉持的理念：待顾客如亲人。这种理念深入骨髓、溢于言表，体现于员工的举手投足。从本质上来说，人性化营销并非一种策略，而是一种基本的态度，是信念。

（三）注重营销多元化

现代旅游者们的需求越来越多样化，因此，世界酒店业为了与需求相适应，也尽力提供多样化的产品，以满足需求。一些大的酒店联号不断调整其产品结构，改变产品形象，以寻找新的市场机会。

在美国，由于家庭旅游者与商务旅游者对大型城市酒店来说，变得越来越重要，许多酒店将传统的单人间、双人间改造成带会客室的套房，套房里配有家庭常用炊具。现在，不仅套房在酒店客房部量中的比例增加，还出现了一些全套房酒店。这些新型的套房比以往的为数甚少的高级套房更加实用而不过分奢侈，且房价适中，比一般客房更加方便，颇受欢迎。

同时，考虑到大众市场的日益扩大，一些经营传统的全服务高档酒店为主的联号，又开始开辟经济型的住宿设施，提供有限的服务项目与设备。由于这些酒店或系统的服务标准化，使之有力量取代那些独立的由某些家庭经营的"夫妻店"。酒店必须以创新和变革去对应个性化和多元化需求的发展，以新的理念、新的服务和新的文化，更针对性地充分满足酒店目标客源市场的一切需求。

先进的管理理念注入酒店，完全可以突破酒店营销领域所固有的本土化的局限性市场思维，代之以开阔的全局的市场定位，从而拥有了作为酒店最重要的新生力量，以求实现质的飞跃。资源共享、优势互补的双赢战略联盟在当前尤为重要。随之而来的不仅是企业间的相互竞争，而且还有共同利益上的"互动"和"联盟"。

（四）充分运用新的营销观念

随着近年来酒店营销理念和营销手段的不断成熟，酒店营销战略中也不断注重概念的应用。好的概念更以其对产品利益的精确传达、对品牌价值的传神演绎以及对目标群体的深度把握，在帮助酒店销售产品、塑造品牌以及建立竞争优势等方面都发挥了至关重要的作用。

营销概念是成功的市场细分的表现，一方面有利于引领行业发展，另一方面也便于顾客作出自己的选择。

1. 服务营销

服务营销是酒店营销的一大基础手段，要求顾客消费服务产品时无后顾之忧，主要包括安全上没有顾虑、财务上没有风险，在服务的过程中及服务过后不让顾客产生困扰，得到享受。

服务营销的核心是追求高质量的服务，待客要公平公道，注重工作效率，及时为顾客解决问题。针对顾客不同的需求，提供各种细节性的服务，来满足顾客的独特需求，体现酒店对顾客的人性化关怀。酒店可以据此建立顾客信息档案，不仅专业的销售人员要与之保持联系，而且通过一线服务人员来加强与顾客的沟通，使之在情感上对酒店产生认同和依赖感。

2. 文化营销

酒店文化营销主要是指酒店在特定环境中，以酒店阶段性发展目标为核心，确立、运用酒店基本文化理念，动员和依靠全体员工参与，开展文化主题活动，以文化手段影响酒店关联公众的关注与支持，提升社会知名度和品牌效应，创造消费新概念,刺激、吸引顾客到本酒店体验、感受、享受服务文化,从而增加服务他人机会、提升酒店经济效益和社会效益的全过程。

在实施酒店文化营销时,要把建立酒店文化与建立酒店品牌等同起来,舒适的酒店环境给酒店发展文化营销提供了良好的条件,同时增加了顾客的停留时间。酒店独有的文化环境给来自各地的顾客以独特的魅力,增加了酒店的吸引力。酒店以文化为营销手段来开拓市场,有利于酒店经济效益快速增长,自身形象、品牌有力提升,与此同时,酒店的社会影响也会逐渐增强。

3. 知识营销

知识营销作为一种新型的营销观念和管理观念,它的产生是知识经济迅速发展的产物,通过有效的知识传播方法和途径,将酒店所拥有的对用户有价值的知识(包括产品知识、专业研究成果、经营理念、管理思想以及优秀的酒店文化等)传递给潜在用户,并逐渐形成对酒店品牌和产品的认知,为将潜在用户最终转化为用户的过程和各种营销行为。酒店向顾客和社会宣传自己的服务,推广普及新技术,对顾客进行“传道、授业、解惑”,实现知识信息的共享,消除顾客的消费障碍,从而取得“两利”的营销效果。

知识营销要求酒店更加注重知识含量和知识的价值,帮助顾客增加对服务及产品知识的认识,提高顾客消费素质,引导顾客消费需求,从而达到营销效果,树立酒店良好的形象,培育和缔造潜在市场,并最终占有市场的目的。知识营销通过向广大新老顾客深入浅出地传播酒店文化,进而萌发对酒店产品的需求欲望。知识营销普及了有关文化知识,具有良好的社会效益。

4. 关系营销

关系营销是指酒店对有现实或潜在服务对象的任何群体采取的一系列旨在搞好关系,从而有助于产品或服务销售的酒店营销方式。关系营销核心是忠诚的老顾客。酒店通过关系营销建立与顾客长期友好的纽带关系。通过这种纽带关系可以减少交易成本和时间,在最佳状态下,双方的交易可以从每次都要协商变为惯例化,最大限度地增加常客、回头客的数目。

对一个现代酒店来说,不仅要处理好酒店内部关系,还要尽可能与其他酒店结成联盟,酒店营销必须与顾客、供应商、分销商、竞争者、政府机构及其他公众建立并发展良好关系。

5. 品牌营销

品牌营销是一种新的市场营销方法,品牌作为递延资产成为酒店无形资产的重要组成部分。在顾客选择日益多样化、追求个性化的情况下,品牌能够引发偏好,建立偏好,品牌营销能够创造顾客的认同感和建立品牌忠诚度。实施品牌策略的目的在于不断提升品牌,进而发展名牌。品牌的重要性已被越来越多的酒店所认识。

成功品牌形象的建立取决于严密持续的策略，其策略的贯彻和执行要取得酒店内外各方面的理解与合作。酒店品牌名称、标志物、标志语是酒店品牌的三种展示方式。增强了酒店的品牌认识和联想。酒店品牌名称应易记，有特色。同样，酒店标志物和标志语的设计应有利于品牌识别和定位，从而创造积极的品牌联想。顾客对酒店各种设施及服务的评价，特别是入住客房后的感受直接影响酒店品牌形象。成功的广告策划能够在更高的层次上以情感推广品牌。通过有效的策划，品牌形象能产生与感性顾客联结紧密的情感纽带。

大部分顾客认为，品牌的概念可以是规模大的连锁酒店，也可以是规模小的独立经营酒店。酒店只要搞好品牌建设，留住忠诚顾客，便可以增强其竞争力，获得可持续的竞争优势，从而获得更多的经济效益。

6. 网络营销

酒店业为了提高服务质量、工作服务效率、降低成本、提高安全性，更好地开拓地区和国际市场，必须广泛采用现代科学技术。

挖掘互联网营销的潜力，明确酒店网络营销的目标顾客群体，收集关于顾客和潜在顾客需要的信息，通过网络逐步提高顾客对酒店的知晓度、认可度、信任度和忠诚度。凡拥有全球订房网络的酒店，其市场营销更容易获得顾客的信任感，亦增强了其市场营销的核心竞争力，也逐步赢得越来越多的顾客信赖。

案例分享

锦江之星酒店网络营销

2010 年我国在线旅游行业热闹非凡，无论是酒店还是机票在线预订网站，都纷纷打起了网络营销牌，先是有国内某网站效仿澳洲大堡礁“世界上最好的工作”案例，发起了“万元试睡员”活动吸引了大批网民关注。而锦江之星与国内风头正盛的 SNS 媒体——开心网合作，是网络营销在酒店业营销中的新形式和新发展。

锦江之星携全国已开业的 300 多家连锁店在 2010 年 1 月 20 日到 3 月 10 日共同推出“千万（奖品）别错过”的主题优惠活动，奖品非常丰富，活动设置轻松、有趣。本次活动在开心网首页广告的网民浏览量超过了 100 万次，网友们对活动帖子的浏览量达到 500 万次，每天都有近 10 万人次将锦江之星的抵用券作为礼物在亲朋好友之间互相赠送。

与很多国内企业完全照搬国外的营销案例相比，锦江之星尊重中国用户的心理特征、文化背景特色；又能独辟蹊径，大胆创新颇具信心。对于酒店行业来说，口碑和品牌至关重要。在竞争激烈的连锁酒店业，锦江之星始终从客户体验的角度，坚持做好品质，用务实的精神、专业的技能和真诚的服务打动每一位顾客。而且，坚持走创新营销之路，本着互惠互利、合作双赢的目的与消费者进行全方位的沟通。能够敏锐地捕捉和把握不断年轻化、网络化的客群特点。

7. 绿色营销

未来酒店业将更注重保护大气臭氧层、生态环境平衡及节约能源和材料耗费。酒店的建筑尽可能减少现代建筑带来的光污染，利用先进的几何造型，使室内采光度好；酒店的能源尽量利用太阳能，节省普通能源的消耗，降低大气层的污染；酒店不使用塑料等无机化合物易耗品，而改用易分解的纸制品或木制品，以益于生态环境的平衡；客房的床单毛巾最好是纯天然的棉织品或亚麻织品，肥皂宜选用纯植物油脂皂，尽量体现绿色服务；客房不再每日更换一次性用品，床单、毛巾的更换也根据客人的需要而定。不少酒店已经在客房内放入这样的卡片："如果你不需要更换被单，请把卡片放到你的枕头上"，培养人们的绿色意识和消费精神。

酒店业不同于商业，不同于工业，也不同于纯服务业，在现代社会里它属于第三产业，具有生产加工，饮食品零售和劳动服务的综合性。改革开放 30 年来，我国酒店餐饮业发展迅猛，日新月异，各种风味特色，各种经营形式，各种组织结构的酒店餐饮企业星罗棋布，但"竞争激烈，亮点不足，服务水准低"也成了酒店业的"流行病"。更新营销方式，拓展大众市场，健全酒店业的"软硬"件设施，发展酒店信息渠道是我国酒店业应探索的主旋律。

市场营销是酒店经营活动的重要组成部分，它始于酒店提供产品和服务之前，研究宾客的需要和促进酒店客源的增长，开发酒店市场的潜力，增进酒店的收益，市场营销涉及满足宾客的需求产品从酒店流通到宾客的一切业务活动，最终使酒店实现其预设的经营目标。

酒店营销的特殊性决定了酒店社会形象对酒店发展的重要性，顾客在选择入住或用餐到哪家酒店的时候，很大程度上凭着酒店在社会中的形象与知名度，因此树立酒店良好的社会形象，是酒店营销的重点，因为形象占领的不是市场，而是顾客的心，占有了顾客的心，酒店就拥有了一切。随着我国综合实力的增强和旅游事业的发展，国际知名酒店集团纷纷涉足中国市场，出现了群雄逐鹿的局面。从国内来看，酒店增长速度过快，潜在供需失衡，微利时代已经来临。而展望世界，连锁经营成为中国酒店业迎接挑战的必然之路。酒店应通过一定程度的合作和资源共享来寻求竞争优势，从外部寻求优势互补。

思考与练习

面对国际品牌酒店的冲击，本土酒店如何进行有效的市场营销，调整营销策略？

实践与训练

实训项目主题:酒店市场营销新趋势调研报告

实训目的

通过实训让学生对目前酒店市场营销发展的新趋势有进一步的了解,增强对行业的认知度和学习的积极性。

实训内容和要求

1. 实训组织

将班级同学划分为若干项目小组,小组规模一般是5~7人。

2. 实训要求

(1)调研项目的基本内容

收集酒店营销发展中的新现象、新变革,以小组为单位,整理调研报告。

(2)控制项目进程

一周时间完成调研报告,并以PPT形式进行课堂展示,各组点评和交流之后,以PPT和Word版上交。

成果与检测

通过对各个小组最终形成的课题报告打分来确定小组实训成绩,分学生互评和老师评阅两部分,各占50%,主要从以下几个方面进行考查:1. 小组分工的合理性和成员积极性;2. 资料准备的充分性,报告书内容的深度和广度,格式的规范性;3. 小组汇报表现。

参考文献

[1]陈信康. 市场营销学案例集. 上海:上海财经大学出版社,2003.

[2]陈春宝,杨德林. 市场营销学. 北京:中国经济出版社,2004.

[3]符莎莉. 国际市场营销理论与实务. 北京:电子工业出版社,2005.

[4]甘碧群. 市场营销学. 武汉:武汉大学出版社,2004.

[5]郭国庆. 市场营销学通论. 北京:中国人民大学出版社,2005.

[6]何永祺. 基础市场营销学. 广州:暨南大学出版社,2004.

[7]何立居. 市场营销理论与实务. 北京:机械工业出版社,2004.

[8]纪宝成. 市场营销学教程. 北京:中国人民大学出版社,2002.

[9]加里·阿姆斯特朗,菲利普·科特勒. 科特勒市场营销教程. 北京:华夏出版社,2004.

[10]加里·阿姆斯特朗,菲利普·科特勒. 市场营销管理. 北京:清华大学出版社,2005.

[11]江明华. 市场营销案例. 北京:北京大学出版社,2002.

[12]科特勒. 现代营销学之父菲利普·科特勒经典译丛:市场营销. 北京:华夏出版社,2003.

[13]兰苓. 现代市场营销学. 北京:首都经济贸易大学出版社,2005.

[14]李品媛,等. 市场营销学精选案例评析. 合肥:安徽人民出版社,2002.

[15]李冬,杨文静. 市场营销. 北京:中国人民大学出版社,2004.

[16]胡德华. 市场营销经典案例与解读. 北京:电子工业出版社,2005.

[17]李海琼. 市场营销实训教程. 北京:清华大学出版社,2005.

[18]李文国,王秀娥. 市场营销. 上海:上海交通大学出版社,2005.

[19]林长富. 市场营销原理. 北京:机械工业出版社,2005.

[20]钱旭潮. 市场营销管理:需求的创造和传递. 北京:机械工业出版社,2005.

[21]邱斌. 市场营销学:基本原理与经典案例——21 世纪企业战略丛书. 南京:东南大学出版社,2005.

[22]王方华. 市场营销学. 上海:复旦大学出版社,2001.

[23]吴健安. 市场营销学. 合肥:安徽人民出版社,2004.

[24]文腊梅,冯和平,江劲松. 市场营销实务. 长沙:湖南大学出版社,2005.

[25]闫毅.市场营销理论与实务.北京:科学出版社,2005.

[26]张晋光,黄国辉.市场营销.北京:机械工业出版社,2005.

[27]曾晓洋,胡维平.市场营销学案例集(第二辑).上海:上海财经大学出版社,2005.